李玉珠 / 著

技能形成制度的
国际比较研究

An International Comparative Study of the System of Skill Formation

社会科学文献出版社
SOCIAL SCIENCES ACADEMIC PRESS (CHINA)

序

劳动者的技能是一个国家经济增长的重要引擎之一，也是千千万万劳动者安身立命、人生出彩的重要凭据。以往的职业教育制度比较研究往往集中在职业教育制度自身，而本书对此是一个明显的突破。在国家、企业、工会等更广泛背景中进行技能形成制度的比较研究，是一个既关乎技术技能人才培养制度的构建与完善，又关乎国家、企业与教育之间合作制度构建与完善的宏观战略问题，具有一定的研究意义与价值。

本书从技能形成制度的比较角度，来探索为什么在有些国家技术技能人才的培养能够成为一种不可替代的模式，而在有些国家技术技能人才的培养困难重重。

在梳理前人研究的基础上，作者站在历史制度主义的视角，回溯了不同模式下技能形成制度的形成与演化历程，分析制度形成与演化中的利益冲突，探究技能形成的制度构成；站在制度比较分析的视角，研究了不同模式下技能形成制度变迁的共性与规律，并对比我国的技能形成制度，分析了在技能形成制度的发展与演化中，我国与高技能形成模式、技能替代模式的共性与差异；基于利益相关者理论，分析了不同模式下技能形成制度变迁中的利益相关者及其利益冲突，并对比我国技能形成制度变迁中的利益相关者及利益冲突，探究我国缺失了哪些利益相关者、为何没有形成利益博弈与平衡；在历史回溯和制度变迁、利益相关者利益博弈分析的基础上，探究了高技能形成模式、技能替代模式等技能形成制度的构成，并对比我国的技能形成制度，分析了我国构建技能形成制度“缺什么”，“应如何做”。

简言之，本书探究的主要问题分四个方面。第一，“高技能形成”

模式与“技能替代”模式下技能形成制度变迁及规律如何？第二，“高技能形成”模式与“技能替代”模式的技能形成制度中，关键行动者是谁？其相互之间的利益冲突如何？其相互之间的博弈造成了哪些不同的结果？第三，“高技能形成”模式与“技能替代”模式技能形成制度的构成及其相互关系如何？高技能战略形成有无共同条件？第四，我国与“高技能形成”模式、“技能替代”模式的共性与差异是什么？我国在学习与借鉴其制度的过程中出现了哪些偏差？我国的技能形成制度该如何构建？

作者通过对这些问题的研究，为我国解决技术技能人才培养的实践问题，构建技能形成制度，以及技能形成制度的研究贡献了自己的绵薄之力。粗读该部书稿，我认为本书在以下几个方面做出了贡献。第一，建立了技能形成制度的分析框架。该书从历史的视角来分析技能形成的制度问题，从历时性研究中回溯技能形成制度的形成与演化过程，分析了其形成与演化中利益相关者的利益冲突与平衡，并从技能形成的关键问题——“谁投入、谁培养、谁评价、谁使用、合作制度状况”五个维度具体分析了技能形成制度的构成，为我国技能形成制度研究与分析提供了一个分析框架。第二，探究了“高技能形成”模式的一般规律和特点。系统总结了“高技能形成”模式的历史经验和国际经验、各国技能形成制度变迁的规律、技能形成具体的制度构成及互补性等，为后续我国技能形成制度的研究提供素材和基础。第三，有助于摆脱我国技能短缺困境。随着技术技能人才培养的逐步深入，一些带有普遍性的问题，就必定要在制度层面加以解决，最终形成一种与历史发展密切联系、内涵确定、系统完整、相互匹配、运行良好的系列制度，以规范、促进我国技能的形成与发展，摆脱技能短缺困境，为职业教育与培训搭建良好的制度环境，最终实现人力资源强国梦。

本书是作者在其博士学位论文的基础上修改而成，是其多年研究的倾心之作。作者在读博士期间，踏实钻研，具有做学术研究的韧性与冲劲儿。博士毕业后，她以“我国技能形成模式选择与制度构建研究”为题首次申报即获得教育部人文社会科学青年基金项目立项。希望作者作为一个职业技术教育、人力资源管理专业的学者，继续以国家需求为己任，勇为职业技术教育和技术技能人才的发展承担历史责任，坚持不懈，在学术研究的道路上稳步前行。

和震

北京师范大学教育学部教授、博士生导师

2017 年 12 月

目　录

第一章
技能形成制度的理论分析

技能形成制度的比较研究，既是一个关乎技术技能人才培养实践问题解决的战术问题，也是一个关乎技能人才制度构建与完善，进而关乎国家、企业、教育培训合作制度构建与完善的宏观战略问题，具有一定的研究意义与价值。

第一节　技能形成的内涵

一　技能形成的内涵

“技能”是一个耳熟能详的概念，在日常生活中，我们经常使用，比如“某某的驾驶技能真高”“他具有高超的演讲技能”“她的护理技能十分娴熟”。在这种语境下，人们所指的技能是一种个体层面的技能，也就是人们通常所说的一个人做事的技巧或能力，一个人在其专业领域工作的能力。

然而，在学术研究中，对这个在日常生活中被频繁使用的词语，笔者找不到公认的、统一的定义。学术研究者一般或者将其作为一种默会的概念，在一种“无须赘述”的论述环境下开展研究，通过分析过程本身即可明了研究的目标指向；或者将其进行分类——类属技能、可雇用技能、可迁移技能、一般技能、特殊技能、关键技能等——进行研究。

本书的主旨也不在于给技能下一个普遍适用、放之四海而皆准的定义，那是不可能的，也是不科学的，更不是本书的目的。本书在采取通常学术研究的做法的基础上，将技能从宏观、整体的意义上作为研究指向，并进行分类。

本书中的技能内涵，并非仅仅指个体意义上的私有技能，更是一种宏观的、整体意义上的公益物品，是一种集体意义上的社会能力。通俗地讲是将每个人所具有的个体私有技能看成是一个整体、一种社会的财富。

当然，这种研究定义的指向并非本人所首创，而是采用或延续的政治经济学的研究视野。在政治经济学的研究视野中，技能意味着经济收益，技能对国家经济增长具有绝对的核心作用，① 技能与生产力之间存在密切的联系，② 是生产力提高的必要条件。③ 政治经济学家从对经济增长和生产力提高的促进作用的角度谈论的技能，是一种整体意义上的、整个社会的技能，它包括社会个体的单个技能，但并非单纯社会个体的单个技能。

在这种技能内涵确定的基础上，技能形成也就不单纯是个体掌握、学习某些个人技能、私有技能了，更是一个国家、一个社会通过各种职业教育和培训机构以技能的方式所形成的在开发学习、创新和提高生产力方面的能力。概括地说，本书的“技能形成”指国家各部门（教育部门、产业部门等）以集体的方式培育社会经济发展所需技能的体系及活动。它是一个社会在学习、开发、创新和提高生产力方面所具有的能力，劳动者获得的技能不单纯是一种个体意义上的、私有的技术和技巧能力，更是一种国家层面的、集体意义上的社会能力。

二　技能形成与相关概念

与技能形成相关的概念，也就是技能形成途径：技能可以通过企业内培训、职业教育、学徒制、现代学徒制、产教融合、校企合作等途径形成。可以说，技能形成与这些概念密切相连，甚至不可分割，技能形成是

---

① Becker, G. S. Investment in Human Capital: a Theoretical Analysis [J]. *The Journal of Political Economy*, 1962, 70 (5): 9 – 49.

② Acemoglu, D., Pischke J. S. Why do Firms Train? Theory and Evidence [R]. Cambridge: National Bureau of Economic Research, 1996: 16.

③ Streeck, W. Skills and Politics: General and Specific [A]. Busemeyer, M. R., Trampusch, C. *The Political Economy of Collective Skill Formation* [M], New York: Oxford University Press, 2011: 32.

一个综合了职业教育、职业培训、学徒制等内涵的概念。因此，研究技能形成离不开对职业教育、职业培训、现代学徒制等的研究。

（一）职业教育

职业教育是教育的一种类型，一般指职业技能和技术教育。对什么是职业教育，职业教育界尚有不同的认识：《大英百科全书》（1980 年第 15 版）认为“职业教育旨在给人们以培训，使其能从事各种工商职业。在学校中进行职业教育”。可见，职业教育的传统概念，是指工商技艺方面的培训。《辞海》把职业教育解释为“给予学生从事某种生产劳动所需要的知识技能教育”，与《大英百科全书》的解释意义相近。还有学者把职业教育分为广义的概念和狭义的概念：广义的职业教育是，按照社会的需要，开发智力，发展个性，培养职业兴趣，训练职业能力；狭义的职业教育，系指对全体劳动者在不同水平的普通教育的基础上所给予的不同水平的专业技能教育，培养能够掌握特定劳动的基础知识、实用知识和技能技巧人才的教育。前者重点反映教育本身的任务和作用，后者则是反映教育事业内部的结构和分工。①

（二）职业培训

职业培训指为了开发劳动技能，提高劳动素质，增强就业能力和实际工作能力，对劳动者进行的有组织、有计划的教育训练活动。广义的职业培训包括各级各类职业教育、技术教育、技术培训以及普通教育中的职业高中教育等。它包括所有侧重有关技术和技能学习的技术教育，着重技能训练以便就业的职业教育。狭义的职业培训仅指以“应知”“应会”训练为主的短期教育训练活动。我国目前的职业培训体系可以概括如下：从培训技能分类有职业技能开发、职业教育、职业技术培训、职工教育培训等；从培训方式分类有职业技术学校、技工学校、职业高中、职业培训中心、培训班、技术竞赛等；从管理主体分类，有教育部门、劳动行政部门、人事部门、企事业单位、社会团体以及个人。职业培训既不同于普通教育，也不同于其他方面的培训，如国家机关公务员培训和干部的政策学

---

① 魏英敏主编．中国伦理学百科全书·职业伦理学卷［M］．长春：吉林人民出版社，1993：28－31.

习等，它的特点在于注重劳动技能的训练和劳动素质的提高。职业培训一般可分为就业前培训、学徒培训、岗位培训、技术等级培训、转业培训、其他职业培训以及职业学校教育和技工学校教育等不同类型。[①]

（三）现代学徒制

学徒制即用以师带徒的方式培训从事专门职业劳动者（主要是技术工人）的培训制度，它是一种传统的技术培训制度。产生最早并且流传时间最久的是父传子的学徒制，它的特点是师徒关系寓于父子关系，父亲把技艺传给儿子。当时，职业的世袭已被确立，职业教育不发达，父亲为使儿子将来继承父业，就要亲自对儿子进行有关知识和技能的培养。在古代希腊、罗马和纪元前后的古埃及，即西方社会奴隶制晚期，开始盛行合同学徒制。这种学徒制的特点是：①学徒制是以合同的形式加以固定，合同包括学徒期限、内容、报酬三个方面；②合同由当事人签订，一般不受国家成文法的束缚和管理；③学徒所学知识技艺有明确的职业基础；④学技艺不只是为了继承父业，更多的是为了从事新的职业。自16世纪开始，一些国家以法律形式控制学徒制，对学徒教育进行管理，并称之为“国家学徒制”。这是学徒制的一种规范形式。各国做法不一，其共同点是：①国家以法律形式规定学徒制的资格、年限、人数、学费、结业证明等具体事项；②师、徒被置于受国家法律约束、被国家监督的地位上；③使职业教育法律化。我国现行学徒制度规定的具体办法是：新工人进厂后，以学徒身份，先经过2~3年的学徒期，与师傅订立师徒合同，明确学习期限、学习内容以及师徒双方的权利与义务。学徒期满后经过考试合格，转为正式技术工人，准许上技术岗位独立操作；考试不合格的，延长学徒期；多次考试不合格，则取消学徒资格。学徒在学徒期间享受国家规定的各项学徒待遇。学徒培训的优点是，有利于充分利用企业现有设备和技术力量，培训的数量大、工种多，能够结合生产边做边学，边学边用，及时满足企业用人的需要。缺点是偏重技术操作的训练，容易忽视技术理论的学习，学习的广度和深度受企业条件限制较大，并且在师徒之间容易形成带有封建

① 苑茜，周冰，沈士仓等．现代劳动关系辞典［M］．北京：中国劳动社会保障出版社，2000：625－626.

色彩的人身依附关系。为满足企业发展对技术工人的需要，学徒培训制度需做进一步改革。①

三　制度的内涵

制度是经济学中的一个重要概念。在经济学上，“制度是共享预期的系统化模式，是理所当然的假定，也是人们所接受的交互作用的规范和惯例，它在塑造相互联系的社会行为者的动机和行为上产生了深刻的影响”②。

演化发展经济学家认为，有三种制度观，第一种以新制度经济学家道格拉斯·诺斯（Douglass C. North）和奥利弗·威廉姆森（Oliver Eaton Williamson）的观点为代表，他们认为制度是约束条件。诺斯在《制度、制度变迁与经济绩效》一书中指出：“制度是一个社会的博弈规则，或者更规范地说，它们是一些人为设计的、形塑人们互动关系的约束”。③ 诺斯认为制度的作用是“提供人类在其中相互影响的框架，是协作和竞争的，制度是由一套表现为规则和准则的对人类行为的约束所构成，是由一套对偏离规则与准则的行为进行探测的程序所构成，是由一套伦理道德行为规范所构成，这种行为规范作为一个轮廓，约束着规则与准则如何被详细规定以及如何被实施的方式”④。

德国学者柯武刚和史漫飞在《制度经济学：社会秩序与公共政策》一书中对制度定义为：“制度是广为人知的、由人创立的规则，它们的用途是抑制人的机会主义行为。它们总是带有某些针对违规行为的惩罚措施。”⑤

---

① 苑茜，周冰，沈士仓等．现代劳动关系辞典［M］．北京：中国劳动社会保障出版社，2000：244.

② ［挪威］埃里克·S. 赖纳德．穷国的国富论——演化发展经济学论文选（上卷）［M］．贾根良，王中华等译．北京：高等教育出版社，2007：237.

③ ［美］道格拉斯·C. 诺斯．制度、制度变迁与经济绩效［M］．杭行译．上海：格致出版社，上海人民出版社，2008：3.

④ ［挪威］埃里克·S. 赖纳德．穷国的国富论——演化发展经济学论文选（上卷）［M］．贾根良，王中华等译．北京：高等教育出版社，2007：241.

⑤ ［德］柯武刚，史漫飞．制度经济学：社会秩序与公共政策［M］．北京：商务印书馆，2000：17.

第二种观点将制度看成是促进（enabling）的手段而不是约束条件，但并不是说否认制度产生的约束力，“促进型”制度包括对某一部分人的某些行为的约束。①

我国学者盛洪②认为，制度就是多人社会中促成合作的行为规范或游戏规则，它能够带来社会财富的增量，可视为一种社会的资本。

第三种观点认为制度不仅是促进手段和约束条件，还是组成要素，这是因为所有的制度都具有象征性，因此，制度对其管束之下的人们反复灌输某些价值观或世界观。换言之，我们是在一套确定性的制度中采取连续的行为，所以先前在这些制度中的价值观就会内化到我们自身，其结果是改变了我们自身。也就是说，人们信仰制度背后的价值观，以及在没有稳定的监督和惩罚机制时，人们的行为也能够与价值观保持一致。这种制度也就成了自身的组成要素。③

日本学者青木昌彦（Masahiko Aoki）在《比较制度分析》一书中，从博弈论的角度对制度定义如下：“制度是关于博弈如何进行的共有信念的一个自我维系系统，制度就以一种自我实施的方式制约着参与人的策略互动，并反过来又被他们在连续变化的环境下的实际决策不断再生产出来。”④

上述三种制度观并不一定是相互排斥的，同时说制度是约束条件、促进手段和组成要素并不矛盾。事实上，除非我们能够全面认识到制度的这三个方面，否则我们的制度分析就是不完备的。本书认为制度是以上三者的整合，即一种整合的制度观，既指约束条件，又指促进手段，并且本身也是一种内化了的组成要素。

---

① 〔挪威〕埃里克·S. 赖纳德. 穷国的国富论——演化发展经济学论文选（上卷）［M］. 贾根良，王中华等译. 北京：高等教育出版社，2007：241.

② 盛洪. 为什么制度重要［M］. 郑州：郑州大学出版社，2004：25.

③ 〔挪威〕埃里克·S. 赖纳德. 穷国的国富论——演化发展经济学论文选（上卷）［M］. 贾根良，王中华等译. 北京：高等教育出版社，2007：241－242.

④ 〔日〕青木昌彦. 比较制度分析［M］. 周黎安译. 上海：上海远东出版社，2001：11－12.

第二节 技能形成的理论发展与研究范畴

技能形成作为一个跨界的时间问题，一个开放的领域，其研究也具有开放性。这种开放性为其借鉴、吸收其他学科方法（论）精华提供了可能，从而也有可能形成职业教育实践与理论的创新。正如皮埃尔·布迪厄及华康德所提出的，“一个领域的思想被证明有可能在另一个领域中开花结果，而且，哪里突破了学科的藩篱，哪里就会取得科学的进展。”①

一 技能形成理论的发展

技能形成理论是西方政治经济学者在研究教育体系与劳动力市场关系过程中，发展起来的一种聚焦于国家技能形成的理论，它兴起于20世纪七八十年代，至今虽然仅有三四十年的历史，但已经具有丰硕的成果、坚实的基础，已经成为比较政治经济学研究的中心议题。②

最早进行技能形成研究的是美国学者布拉夫曼（Braverman，H.）。1974年，布拉夫曼在研究中指出“社会分工导致了劳动者技能的不断细化，与之相关的技能培训市场在不同的国家呈现不同的情形，有些国家培训市场有效、劳动力技能水平较高，有些国家企业间存在‘挖墙脚’现象，企业不愿意培训，劳动力市场失效，劳动力技能水平较低”③。他对技能形成与“挖墙脚”效应的研究逐渐引起人们的关注，尤其是加里·贝克尔（Gary S. Becker）等人的研究。

1987年，施特雷克（Streeck，W.）等人发表了对德国技能形成的研究，指出：“在职业教育体系全国范围内实现统一标准的背景下，相比其他国家，德国企业向员工提供了更多的一般技能培训。进而，他提出德国

① 〔法〕皮埃尔·布迪厄，〔美〕华康德．实践与反思——反思社会学导引［M］．李猛，李康译．北京：中央编译出版社，1998：197.

② Streeck，W. Skills and Politics：General and Specific［A］Busemeyer，M. R.，Trampusch，C. *The Political Economy of Collective Skill Formation*［M］. New York：Oxford University Press，2011.

③ Braverman，H.，Sweezy，P. M.，Foster，J. B. *Labor and Monopoly Capital：The Degradation of Work in the Twentieth Century*［M］. New York：Monthly Review Press，1974：73.

立足于企业的职业培训模式形成了异质多样化的生产战略”①。施特雷克将技能形成与企业的生产战略联系起来，为后来学者将技能形成模式的不同归因于企业生产战略的不同奠定了研究基础。之后，学者们开始纷纷研究不同国家的技能形成，出现技能形成的案例研究热潮。

1988 年，芬戈尔德（Finegold，D.）和索斯凯斯（Soskice，D.）的研究将技能形成依据技能水平的高低分为“高技能均衡”和“低技能均衡”。他们分析了德国的双元制，得出德国立足于企业的双元制模式，为企业保持竞争优势提供了充足的高技能人才保证。他们将德国定位于“高技能均衡模式”，将英国定位于“低技能均衡模式”。在分析企业生产战略对技能形成的影响基础上，得出了技能形成受国家政治、经济等多方面因素的影响，② 在技能形成中，社会合作者的作用不可或缺，而且不同的技能形成体系也会对宏观社会结构和制度安排产生影响的结论。③

同年，科藤（Curtain，R.）以制造业为例，分析了澳大利亚技能形成的发展情况、其面临的机遇与挑战等，并进一步探讨了企业对技能形成的影响及二者之间的关系。④

20 世纪 90 年代，艾什顿和宋（Ashton，D. N. 和 Sung，J.）等人以亚洲“四小龙”为案例，研究了国家和地区政府在技能形成中的作用。在亚洲“四小龙”中，国家和地区政府对技能形成起到了非常重要的作用，引导学校教育和企业技能需求密切匹配，并从各方面制定相应的制度，保障了技能形成的发展。她们的研究确定了国家制定有利于技能形成战略的依

① Streeck，W.，Hiblert，J.，Van Kevelaer，K. H. *The Role of the Social Partners in Vocational Training and Further Training in the Federal Republic of Germany* [M]. Berlin：Cedefop Berlin，1987：49.

② Estevez，A. M.，Iversen，T.，Soslice D. Social Protection and the Formation of Skills：a Reinterpretation of the Welfare State [A] Hall，P. A.，Soskice，D. W. *Varieties of Capitalism：The Institutional Foundations of Comparative Advantage* [M]. Oxford：Oxford University Press，2001：145 – 183.

③ Estevez，A.，Soslice D. An Asset Theory of Social Policy Preferences [J]. *American Political Science Review*，2001，95（4）：875 – 894.

④ Curtain，R. Skill Formation in Manufacturing：Obstacles and Opportunities [J]. *Asia Pacific Journal of Human Resources*，1988，26（4）：7 – 21.

据，并把此总结为技能形成的新政治经济学。[①] 安迪·格林（Green，A.）从国家形成的角度探究了国家与技能形成的关系，认为国家的政治经济发展与技能形成是相互影响、相互制约的。[②]

2000年以后，迈耶（Mayer，K. U.）和苏格（Solga，H.）从跨国和跨学科的视角对技能形成理论做了一个较为全面的探讨。他们将技能形成研究分为三个方面：从探讨不同技能形成体系差异的角度分析了不同国家技能形成体系的起源、变迁和制度差异；从技能形成的经济学和社会学的角度分析了技能形成的途径、投资和对教育培训的回归；从个人获得技能和能力的角度分析了技能的学习环境以及测量问题。[③]

马库斯（Markus. Maurer）分析了斯里兰卡和孟加拉国纺织服装产业的技能形成制度，指出技能形成制度是一种介于产业制度和教育制度之间的制度，是二者的交叉。他的研究还指出技能形成不仅受政治、经济等的影响，也受学习者对学历、证书等的追求的影响，也就是说，学习者也在一定程度上影响着技能形成的发展历程。[④]

在这个时期，对技能形成研究最突出的要数凯瑟琳·西伦（Ketherine，T.）。她从历史制度主义的角度研究了德国、日本、美国、英国技能形成制度演化历程，演化中雇主、工会、行会、技能依赖型企业的利益冲突，及其对技能形成制度的影响。凯瑟琳·西伦的研究显示，技能形成并不是一个孤立的制度，它是一个制度包，受劳资关系制度、用工制度、金融制度等多种制度的影响，加之这些制度之间形成了相互匹配

---

① Ashton，D. N.，Sung J. The State，Economic Development and Skill Formation：a New East Asian Model？［M］. Leicester：Centre for Labour Market Studies，University of Leicester，1994：212. Ashton，D. N. *Education and Training for Development in East Asia：the Political Economy of Skill Formation in East Asian Newly Industrialised Economies*［M］. New York：Psychology Press，1999：74.

② Green，A. The Reform of Post – 16 Education and Training and the Lessons from Europe［J］. *Journal of Education Policy*，1991，6（3）：327 – 339.

③ Mayer，K. U.，Solga，H. *Skill Formation：Interdisciplinary and Cross – national Perspectives*［M］. Cambridge：Cambridge University Press，2008：9.

④ Maurer，M. *Skill Formation Regimes in South Asia：A Comparative Study on the Path – Dependent Development of Technical and Vocational Education and Training for the Garment Industry*［M］. New York：Peter Lang Pub Incorporated，2011：3.

的关系，不同的技能形成制度模式与不同的劳资关系、用工制度、金融制度匹配。[①]

进入21世纪，学者的研究已经不再限于研究技能形成的影响因素，而将视野扩展为高技能形成的条件。例如，1996年，艾什顿等提出高技能形成体系的建立需要具备六个必要的制度条件。第一，执政者要共同致力于实现高水平技能形成的目标，以高技能形成为目标，创新生产。第二，教育部门应该使学生具备基本技能，这些基本技能包括语言、科学、数学、信息技术等。第三，雇主必须为高技能形成而努力。第四，必须具有遏制短期培训主义意识的约束机制，以及严格的问责机制。第五，技能人才，包括学徒和学生，也要为实现高技能而努力。第六，必须有基本制度的保障，使企业内培训成为学校教育的补充。艾什顿等认为只有具备了上述条件，才能实现高水平的技能形成。[②]

二　技能形成理论研究范畴

（一）企业与技能培训市场的失败：问题与解释

一些研究者从雇主和个人层面分析了技能形成体系中的问题，这些问题的重要性在于：对政府而言，公共投入的增加是否能够促进社会技能形成，还取决于其形成的场所这一条件是否有利，以及技能形成市场是否有效的问题。[③] 传统经济学对技能和职业教育的分析模式主要包括市场需求-供给分析、成本-效益分析等，它们主要关注的是技能形成过程中的三个方面的问题：技能形成过程中的个体承诺问题、技能形成过程中的集体行动问题以及技能形成过程中的市场选择。

从图1-1可以看出，在一个完全竞争劳动力市场中，技术工人的薪酬趋同于其边际产品价值，企业没有动机投资一般技能培训，但是工人有动

① 〔美〕凯瑟琳·西伦. 制度是如何演化的：德国、英国、美国和日本的技能政治经济学［M］. 王星译. 上海：上海人民出版社，2010.

② Ashton, D. N., Green, F. *Education, Training and the Global Economy*［M］. London: Edward Elgar Publishing Limited, 1996: 100-105.

③ Acemoglu, D., Pischke, J. S. Why do Firms Train? Theory and Evidence［R］. National Bureau of Economic Research, 1996.

机投资一般技能的自我培训。工人有时候能够从职业培训学校获得一般技能的培训，或者进入大学学习更高层次的技能。尽管企业不愿意分担工人学习技能的成本，但是如果能够将培训成本成功高效地转嫁给受训者，那么企业还是乐于给工人提供培训的。技能形成体系制度化为稳定的制度体系所面临的关键挑战是，受训者和企业之间难以达成可信承诺关系，在这种可信的承诺中，学徒制就是一个成功的典范。① 这里就涉及一个关于企业和雇员之间的承诺问题，如何设计一个合同或契约，保证企业和雇员达成可信的承诺关系，西伦认为，其中之一的解决办法就是建立职业资格认证体系，这一技能认证体系能防范企业随意剥削学徒工，因为如果受训工人不通过常规的技能资格标准化测试，企业将会失去其提供培训的许可资格，这一体系还能削弱学徒工跳槽的动机。② 在集体行动方面，西伦认为，导致培训投资疲软的主要问题是对受训者的资本约束。对这个问题有两个解决办法：对策一——建立供给体系，大量提供高度可转移技能；对策二——企业建立自我技能培训方式，保护自身免受外部劳动力市场的竞争冲击，不同的国家采取的对策完全不同。

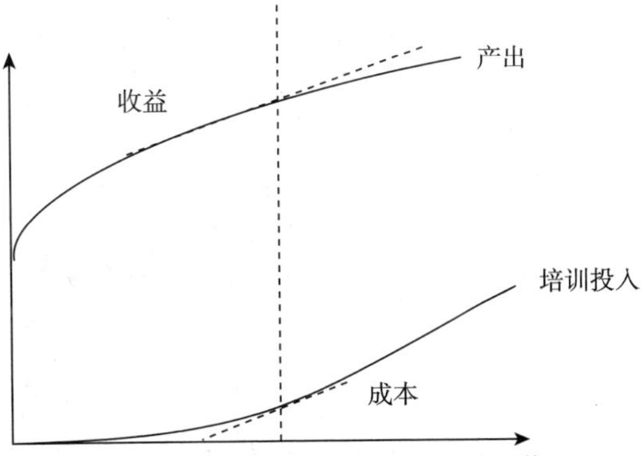

图1-1　技能培训成本与收益图

---

① 凯瑟琳·西伦．制度是如何演化的：德国、英国、美国和日本的技能政治经济学［M］．王星译．上海：上海人民出版社，2010.

② 凯瑟琳·西伦．制度是如何演化的：德国、英国、美国和日本的技能政治经济学［M］．王星译．上海：上海人民出版社，2010.

在技能培训市场的选择问题上，前文已经回顾，一些经济学家将技能形成制度的失效归因于“挖人”，一些企业不愿意承担培训成本而选择搭便车。贝克尔的人力资本理论则认为，技能形成制度的失效不是因为挖人，恰恰相反，挖人反而促进了技能形成制度的形成，技能形成制度失效的根本原因是资本市场约束尤其是信贷约束对受训学员的影响。贝克尔的理论认为，技能可分为一般技能和特殊技能，企业不愿意教给员工一般技能，而更愿意培训其特殊技能，这种技能的适用性单一，离开企业就无法使用。因此，在现实社会中，企业将一般技能推给学校，自己则培养特殊技能。[①] 但是阿西莫格鲁（Acemoglu D.）等人提出，这一理论有其明显的缺陷：一般技能和特殊技能的划分不能包括所有的技能类型，一般技能所处的市场环境也是完全竞争的。[②] 这些研究者的理论被称为“超越贝克尔”理论，他们一致认为，贝克尔的模型并没有找到技能培训投资疲软的根源。[③] 贝克尔的假设是两种理想培训市场类型：充分竞争的劳动力市场（一般技能）和非竞争性的劳动力市场（特殊技能），而不完全竞争劳动力市场的特定技能培训问题无法解决。

技能形成理论发展到今日，其研究日益明确，主要分为三个不同的方面。第一，由布拉夫曼引发的关于技能形成与劳动力培训市场的关系问题，试图解释劳动力培训市场成功或失效的原因，这一研究领域以贝克尔和阿西莫格鲁等为代表。

第二，以芬戈尔德、索斯凯斯、艾什顿、凯瑟琳·西伦、布斯迈尔等为代表，着重研究技能形成制度间的差异和差异产生的原因，最终探究影

---

① Becker, G. S. *Human Capital: A Theoretical and Empirical Analysis, with Special Reference to Education, by Gary S. Becker* [M]. London, 1964.

② Acemoglu, D., Pischke, J. S. Beyond Becker: Training in Imperfect Labor Markets [J]. *The Economic Journal*, 2001, 109 (453): 112-42.

③ Estevez-ABE M., Iversen T., Soskice D. Social Protection and the Formation of Skills: a Reinterpretation of the Welfare State [J]. *Varieties of Capitalism: The Institutional Foundations of Comparative Advantage*, 2001: 145-83. Iversen T., Soskice D. An Asset Theory of Social Policy Preferences [J]. *American Political Science Review*, 2001, 95 (4): 875-94. Acemoglu D., Pischke J. S. The Structure of Wages and Investment in General Training [R]. City: National Bureau of Economic Research, 1998.

响技能形成的因素。芬戈尔德和索斯凯斯认为，一个国家的各种制度构成一种压力网络，单凭某一个制度变量的改变是不可能引起一个国家整体社会制度和经济制度的根本性转变的。[①] 施特雷克认为，一个国家占主导地位的技能制度可以依据它自身的发展历史以及国家的特殊体制结构，资本和劳动力的运行，尤其是工作组织和它生产的真实水平来体现，即使这个体系显然不是经济组织在交易费用基础之上的产出结果。[②] 艾什顿、凯瑟琳·西伦等人认为技能形成的关键是处理好政府、教育与培训系统、资本以及劳动力之间的关系，这四个方面分别代表社会中的四个利益集团，它们在各个国家特定的背景下，在维护和争夺各自利益过程中相互影响，其冲突和合作的结果形成一种特定的制度环境，而技能则在这种环境中形成、传递。由于不同国家在面对这些利益冲突过程中的结果明显不同，因此，职业教育与培训的途径及发展往往也因社会的不同而有所不同。[③]

第三，高技能形成的条件。除了艾什顿对高技能形成条件的研究，2001 年，菲利普·布朗（Brown，P.）也总结了实现高技能形成所需要的因素。第一，政府、雇主与工会共同致力于技能形成，在形成高技能还是低技能、如何形成技能、如何应对技能升级、采取何种方式升级技能等问题上达成一致意见；第二，经济发展要具备一定的基础，产业、企业要具有创新的能力、变革的潜力，努力提高国家在世界经济竞争中的市场份额，提升竞争力；第三，高技能形成要具有普惠性，要使大部分人都能够从技能形成、技能升级以及终身学习中受益；第四，实现技能供应与需求的匹配；第五，国家的各个经济部门均需采用高技能发展战略，使高技能在国家的行业企业中广泛存在、传播、流动；第六，技能形成的各行动主

---

① Finegold，D.，Soskice，D. The Failure of Training in Britain：Analysis and Prescription［J］. *Oxford Review of Economic Policy*，1988，4（3）：21－53.

② Streeck，W. National Diversity，Regime Competition and Institutional Deadlock：Problems in Forming a European Industrial Relations System［J］. *Journal of Public Policy*，1992，12（4）：301－330.

③ Ashton，D.，Sung J. *Adopting the Market for Skill Formation*：*Two Contrasting Approaches*［M］. Leicester：Centre for Labour Market Studies，University of Leicester，Leicester，2000：231.

体之间要进行合作，在社会制度结构中建立信任关系；第七，推行全纳性技能形成政策，创造社会弱势群体在教育、培训、劳动力市场上的参与机会。[①]

2005 年，英国教育顾问鲍威尔（Powell，M.）也提出了高技能形成的机制。第一，营造并发展工人终身学习的工作环境；第二，利益相关者齐心协力，共同促进高技能形成，且积极参与技能形成的各种规划和实践；第三，高度重视劳动力市场信息的准确性。[②]

（二）技能形成的路径与模式

1. 形成路径

琳达·克拉克和克里斯托弗·温奇的研究认为，我们在进行相关考察的时候，不仅能深入了解我们自己的社会，也能看到我们与其他社会的相似和不同之处，从而制定出不同的政策以供选择。[③] 她们总结了社会职业形成路径的三种选择：现代年轻人普遍追寻的普通教育——高等教育路线；基于学校或学院的“职业路线”以及以雇主主导的国家职业资格体系为基础的学徒制。[④] 笔者针对后面两条道路进行更进一步的研究。

在对不同国家技能形成体系分析的基础上，有研究者开始对不同的发展模式和路径进行总结。鲍威尔等人提出内部劳动力市场（Internal Labor Market）和职业劳动力市场（Occupational Labor Market）的概念，并认为它们的共同点是有完备的技能形成机制[⑤]。在内部劳动力市场背景下，技能的形成主要是在 OJT（On Job Training，在岗培训）的基础上形成，通常被称为基于工作的技能；而职业劳动力市场下其技能为“基于职业的技能”。他们通过这两种模式的划分对德国、英国、美国、日本的技能形成

---

① Brown, P. Globalisation and the Political Economy of High Skills [J]. *Journal of Education and Work*, 1999, 12 (3): 233 - 251. 转引自许竞．英国教育领域关于劳动者技能形成研究现状综述 [J]. 比较教育研究, 2007 (12): 85 - 89.

② Powell, M. *Skill Formation and Globalization* [M]. England: Ashgate Publishing, 2005: 1 - 3.

③〔英〕琳达·克拉克，〔英〕克里斯托弗·温奇．职业教育：国际策略、发展与制度 [M]. 翟海魂译．北京：外语教育与研究出版社, 2011.

④〔英〕琳达·克拉克，〔英〕克里斯托弗·温奇．职业教育：国际策略、发展与制度 [M]. 翟海魂译．北京：外语教育与研究出版社, 2011.

⑤ Powell, M. *Skill Formation and Globalization* [M]. London: Ashgate Pub Co, 2005.

进行了比较，并认为德国的双元制是一种基于职业的技能形成模式，而英国不仅仅是基于职业，更是一种基于“职群”（craft）的技能形成模式，并由此分析出英国低技能现状的原因：在学徒制训练之后，学徒学会的是多种熟练的技能，能够在职群范围内从事多种职业工作，这些经过学徒制训练的熟练劳动者通过成立行会来保障其正常的权益。但行会一方面保障了熟练劳动者对保全或修理等熟练技能岗位的独占，另一方面又阻碍了他们技能的提高。从劳动者的角度来看，工人与管理的分离，割断了工人向管理层晋升的可能性，同时又未在全社会范围内建立起相应的职业资格制度来保障熟练劳动者的权益，因而员工缺乏进一步提高自身技能的意愿。而对企业来说，由于工会成员对熟练劳动岗位的独占，企业无法通过对一般劳动者进行追加训练来将其安置在熟练劳动岗位上，只能从市场上雇用现有的技能劳动者，这构成了英国低技能现状的主要原因。

艾什顿和宋也把技能形成的途径分为两大类：盎格鲁－撒克逊途径（The Anglo－Saxon approach）和亚洲虎途径（The Asian Tigerapproach）[①]。其具有代表性的国家和地区，前者为美国、英国、加拿大、澳大利亚和新西兰；后者为新加坡、韩国、中国台湾和中国香港。盎格鲁－撒克逊途径最主要的特点是技能的形成是通过市场来实现的，政府在这一过程中发挥最小的作用，技能市场全部依赖对技能的供求关系。在这一途径中，政府的作用是支持市场运行，消除市场运转的阻碍，并仅仅在市场失灵的情况下进入市场，比如说失业等。亚洲虎途径是指政府经常采取措施来帮助维护劳动力市场的运作。这些措施有可能会加速劳动力市场的调整，以及改变市场运行的一般均衡。（它可能包括影响获得技能的人所从中获得的回报）此处，政府调控是劳动力市场的一个基本组成部分。

2. 技能形成的模式

每个国家人力资源与职业教育发展的制度环境都不一样，不同的制度环境下，有不同的技能形成模式及其特征，当然，也存在相似的模式及其特征。对模式的相关研究进行综述，有利于从丰富的实践中归纳出这种制

① Ashton, D., Sung, J. *Adopting the Market for Skill Formation: Two Contrasting Approaches* [M]. Centre for Labour Market Studies, University of Leicester, Leicester. 2000.

度的共性与差异。

技能形成制度也是一种教育培训制度和生产制度的交叉制度。本书对不同制度环境下技能形成模式展开研究，主要梳理技能形成制度的模式分类，并补充以职业教育体系及投入机制的分类和初始培训的分类等内容。

（1）技能形成制度模式

在技能形成制度方面，不同的学者从不同的角度区分了不同的制度模式。艾什顿和宋从微观的角度分析认为，技能形成是人们借以获得每日生活所需和就业机会的技能的过程，① 职业教育是实现技能形成的途径，一个国家的技能形成制度在很大程度上反映了这个国家的职业教育制度。在国家技能形成制度的研究中，哈佛大学、剑桥大学、康斯坦茨大学、柏林社会经济研究中心的研究者都对此问题有较为深入的探讨。其中，以艾什顿、索斯凯斯等人为代表的研究者从国家层面分析了技能形成的制度问题，并试图解释不同国家技能形成制度产生差异的原因；以鲍威尔、阿西莫格鲁等人为代表的研究者从产业层面分析了技能形成市场的选择问题，并试图解释企业如何被强有力地吸引到职业教育和培训的投资、管理工作当中；以布斯迈尔、芬戈尔德等人为代表的研究人员在个体技能形成问题上，分析了不同国家制度的影响，分析了行业组织、利益相关者在技能形成制度中发挥的作用，以及不同国家技能形成的路径、模式和制度安排。

芬戈尔德和索斯凯斯探讨了德国“高技能形成”和英国“低技能形成”的制度基础。②

1991 年，格林归纳了四类技能竞争模式：德国的“高技能社会”模式、日本的“高技能制造业”模式、以新加坡为代表的“开发型高技能”

---

① Ashton, Sung, J., Halsey A. H., et al. *Education, Culture, Economy and Society* [M]. Oxford: Oxford University Press, 1997.

② 〔美〕凯瑟琳·西伦. 制度是如何演化的——德国、英国、美国和日本的技能政治经济学[M]. 王星译. 上海: 上海人民出版社, 2010.

模式、以英美为代表的“高低技能并存”模式。[①] 进而，格林将技能形成制度划分为雇主拉动模式、教育拉动的学院基础模式，从这一划分中也能看出技能形成在不同模式下的特征，前者以工作场所学习体系为基础，后者以学校教育为基础。[②]

艾什顿等人归纳出当前世界上存在的四种主要的技能形成模式：市场模式、社团合作主义模式、发展型国家（地区）模式、新市场模式。此外，他们还补充了两种模式：“转型模式”“文化性模式”。市场模式以英国、美国、加拿大、澳大利亚、新西兰等国为代表；社团合作主义模式以德国、奥地利、芬兰和丹麦为代表；发展型国家（地区）模式以亚洲“四小龙”——新加坡、韩国以及中国台湾、中国香港为代表；新市场模式以墨西哥和智利为代表。[③] 不同的技能形成模式也具有不同的特征。以新加坡等亚洲“四小龙”的发展型高技能形成模式为例，艾什顿等人的研究认为，发展型国家（地区）——亚洲“四小龙”的重要特征是其产教的密切联合，国家将技能形成政策与经济发展各个时期的特殊需求紧密联系，国家不但控制着有技能的劳动力市场供应，而且通过工业和行业发展政策控制着技能的需求。他们将技能需求与技能供应高度紧密地联系在一起，以使经济朝着预期轨迹发展，技能劳动力成为经济发展阶段的特殊需求，在一定程度上也是被预先确定了的。在发展型国家（地区），国家在技能形成中的作用非常重要，弥补了单靠市场模式使技能供应与需求难以迅速、有效匹配的弊端。[④]

1999 年，著名政治经济学家凯瑟琳·西伦[⑤]从政治经济学的角度将技

---

① Green, A. The Reform of Post - 16 Education and Training and the Lessons from Europe [J]. *Journal of Education Policy*, 1991, 6 (3): 327 - 339.

② 许竞. 英国教育领域关于劳动者技能形成研究现状综述 [J]. 比较教育研究, 2007 (12): 85 - 89.

③ 许竞. 英国教育领域关于劳动者技能形成研究现状综述 [J]. 比较教育研究, 2007 (12): 85 - 89.

④ Ashton, D., Green, F., James, D., et al. *Education and Training for Development in East Asia: The Political Economy of Skill Formation in Newly Industrialised Economies* [M]. Routledge, 2005: 3 - 4.

⑤ Ketherine T., Kume, I. The Rise of Nonmarket Training Regimes: Germany and Japan Compared [J]. *Journal of Japanese Studies*, 1999, 25 (1): 33 - 64.

能形成与职业培训制度分成两种类型：一种是市场培训制度，另一种是非市场培训制度。市场培训制度以英美为代表，这种制度环境下，形成了通用式技能形成制度或称替代式技能形成制度。非市场培训制度以德国、瑞士、日本为代表。在非市场制度下，又有两种不同的模式，一种是社团主义模式（solidarism），在这种模式下，形成了社会合作式技能形成制度，以德国为代表，技能培训与教育意在培养可携带的职业技能，雇主超越自身需求，广泛开展较大规模地培训，由企业和工人代表组成的委员会制定国家技能标准，技能培训与教育的内容以国家技能标准为基础。另一种是分裂式模式（segmentalism），这种模式下，形成了企业内部自给自足式技能形成制度，以日本为代表。职业学校和企业的联系并不密切，职业学校培养通用技能，企业提供自身所需的具体技能，大型企业主要是为了招聘和留住人才而开展培训。

2005 年，鲍威尔等人从内部劳动力市场（Internal Labor Market）和职业劳动力市场（Occupational Labor Market）的概念出发，分析了技能形成的差别。[①] 从他们的分析中，我们依然能够得到不同制度环境下，不同的技能形成模式及其特征。在内部劳动力市场制度下，技能形成以在岗培训模式为主，主要培养专门岗位所需人才；而在职业劳动力市场制度下，技能形成以“基于职业的技能”为主要内容，更强调技能形成中教育的力量。

另外，一些国际组织也对技能形成制度进行了分类。国际劳工组织将技能形成制度划分为合作模式、企业基础模式、国家驱动模式（又可分为需求拉动模式和供给推动模式）；经济合作与发展组织（OECD）将技能形成划分为市场驱动的高技能模式、市场驱动的低技能模式、交互模式、企业基础的交互模式和中介驱动模式。[②]

表 1 - 1 是国际学者对技能形成制度模式分类研究的总体情况。

---

① Powell, M. *Skill Formation and Globalization* [M]. London: Ashgate Pub Co, 2005.

② Sung, J., Turbin, J., Ashton D. Towards a Framework for the Comparative Analysis of National Systems of Skill Formation [J]. *International Journal of Training and Development*, 2000, 4 (1): 8 - 25.

表 1-1　国际学者对技能形成制度模式研究分类结果概览

主要代表人物	技能形成制度模式	代表国家和地区	不同模式的特征
格林	雇主拉动模式	德国	技能形成以企业培训为主
	教育拉动的学院基础模式	新加坡	技能形成以学校教育为主
艾什顿和宋	市场模式	英国、美国、加拿大、澳大利亚、新西兰	市场培训制度
	社团合作主义模式	德国、奥地利、芬兰、丹麦	协作式培训制度
	发展型国家（地区）模式	新加坡、韩国、中国台湾、中国香港	技能形成政策与经济发展各个时期的特殊需求紧密联系，国家控制技能劳动力的市场供应，且通过工业发展政策控制技能需求
	新市场模式	墨西哥、智利	—
	转型模式	—	—
	文化性模式	—	—
凯瑟琳·西伦	通用模式或技能替代模式	英国、美国	市场培训制度、“低技能均衡”的发展战略
	社团主义模式	德国	意在培养可携带的职业技能，雇主超越自身需求大规模地开展培训，由企业和工人代表组成的委员会制定国家技能标准，技能培训的内容以国家技能标准为基础
	分裂式模式	日本	企业内部自给自足式技能形成与培训的产教合作制度
鲍威尔	内部劳动力市场制度	日本	以在岗培训模式为主，主要培养专门岗位所需人才
	职业劳动力市场制度	—	以“基于职业的技能”为主要内容，更强调产教合作中教育的力量

（2）以职业教育体系为基础的分类模式

不同的职业教育体系下，也有不同的模式。W. D. Greinert 对国际职业教育体系进行了分类，他把职业教育体系分成三种类型，即市场模式、学校模式、混合模式（或称为双元制模式）。类似的分类模式也可以在 Leney 的《里斯本－哥本哈根－马斯特里赫特联盟伙伴》报告中找到，这里采用的主要分类标准是“国家职责”。20 世纪 90 年代，W. D. Greinert 将上述三种模式发展成为三种新类型：科层模式、市场模式、混合模式（或称双元制模式）。W. D. Greinert 的分类与各国政治管理模式非常接近，这种分类模式与政治学理论有密切的关系，而与职业教育的教和学的联系少。①

Deiβinger 在对职业教育体系进行划分时，以课程与教学以及表示社会化进程中的职业资格获取地点为维度进行分类，这是首次将职业教育学的核心内容引入相关讨论的尝试。Deiβinger 称之为资格类型，并将其划分为“企业独有”“知识导向”“职业导向”三种类型。②

Busemeyerm，R. 和 Trampusch，C. ③ 对影响技能形成模式的相关因素进行了总结。他们在对德国、瑞士、奥地利、丹麦和荷兰的职业教育体系进行分析的基础上认为，工业关系、劳资纠纷、福利国家和劳动力市场模式共同影响技能形成制度模式的形成和发展。

Dieter Timmermann④ 依据不同国家的职业教育投入机制，将职业教育体系划分为“由国家投入办学的职业教育模式”“企业内培训和在职培训”“培训中心模式”“合作式教育模式”。不同的职业教育模式，代表不同的制度环境，在国家投入办学的职业教育模式中，教育部门，即全日制的职业学校或综合院校中的二级学院等是技能人才培养的主体，具有统一的教育标准和课程标准，但是其与产业和经济发展的联系不大，技能培训做得并不成功。

在企业内培训和在职培训模式中，技能人才培养的场所主要在企业，企业内培训在一系列工作场所中进行，接受多种岗位的培训，属于通用技能的培训。在职培训一般为单一岗位的培训，属于专门技能培训。这种模

① Philipp Grollmann. 职业教育比较研究——方法论的思考［A］.〔德〕菲利克斯·劳耐尔，〔澳〕鲁珀特·麦克林. 国际职业教育科学研究手册［M］. 赵志群等译. 北京：北京师范大学出版社，2014：164.

② Philipp Grollmann. 职业教育比较研究——方法论的思考［A］.〔德〕菲利克斯·劳耐尔，〔澳〕鲁珀特·麦克林. 国际职业教育科学研究手册［M］. 赵志群等译. 北京：北京师范大学出版社，2014：165.

③ Busemeyerm，R.，*Trampusch*，*C. The Political Economy of Collective Skill Formation*［M］. New York：Oxford University Press，2012：3.

④ Dieter Timmermann. National Systems of Financing TVET［A］. Felix Rauner，Rupert Maclean. *Handbook of Technical and Vocational Education and Training Research*［M］. Dordrecht：Springer，2008：412.

式下教育与培训的内容与企业需求密切相关，因此，技能培训做得比较好。

培训中心的模式以拉丁美洲国家为主，当地政府、雇主联合会和工会一起创建了专业化的职业培训机构，一起满足经济发展所需的资格要求，培训中心通过提供量身定做的课程重点迎合企业的近期需求，对经济发展的中长期技能需求有所忽视，处于一种短视状态。合作式职业教育模式以德国双元制职业教育体系为代表，该模式意在培养学生胜任职业工作的能力，并认为这种能力不可能在纯粹的学校环境中获得，只能在企业的职业实践中获得，强调工作场所的学习。因此，这种模式下的技能形成是较为理想的，基本能满足企业的需求，促进学生的发展。

（3）初始培训制度模式

不同的国家具有不同的初始培训，其约束和激励初始培训的制度也不同，Labarca① 认为在世界范围内，有三种初始培训的制度模式，在不同的制度模式下，技能形成制度也是不同的。第一种模式以英国、美国、日本为主，是市场导向模式，在这种模式下，政府对技能形成的干预最少，教育系统与基于企业需求的培训没有直接的联系。第二种模式以法国、西班牙为主，是政府导向的模式，在这种模式中，政府大量干预职业培训计划及其规范化，这种模式的职业培训与教育系统联系紧密，但与市场没有直接的联系。第三种模式主要存在于德国、奥地利、瑞士，是国家政府干预下的市场导向模式，这些国家的学徒制通过国家的作用，使职业学校与教育系统紧密联系，而且保持了与企业的密切联系。

从以上研究可以看出，不同学者对技能形成的不同制度环境与模式进行了研究，对我们进行技能形成的制度研究提供了很好的借鉴。

（三）技能形成制度的影响因素分析

1. 技能形成的影响因素

对技能形成的影响因素，既有研究从参与者的特征、职责、技能形成的内容、方式、管理、评价等多方面进行了丰富的剖析。

---

① 转引自 Siegfried，H.，Bossio，S. Costs and Benefits of Dual Apprenticeship：Lessons from the Swiss System［J］. *International Labour Review*，1998，137（4）：483－500.

从参与者的特征和职责来说，Charles K. Parsons、Evan Caylor 和 Harold S. Simmons 研究了影响技能形成效果的组织特征和个人特征。从组织方面来说，组织的积极反馈、任务日程表、工作任务的连续性等会对技能形成的效果产生影响；从个人方面来说，学生个人的社会经历对技能形成影响较大，社会化的方式和内容影响非技能学习结果，而一般认为很重要的个人动机，对技能形成效果的影响反而不大。①

Sutarto Hadiprayitno，M. S. 研究了企业对双元制的接受度及其在双元制中的作用。研究显示，在德国的双元制中，雇主、政府、劳动力代表通过一种三方机制，协同合作。其研究中引用了施特雷克（Streeck）的观点，即认为德国雇主主要在项目设计、资金支持、管理和监管中起主要作用。② 在企业对双元制的接受程度中，Sutarto Hadiprayitno，M. S. 研究发现企业是否积极主动参与到双元制中，对其接受双元制的影响并不显著，也就是说，在之前没有与教育机构合作经历的企业中，双元制也能实施；规模较大的、位于城市的企业、国有企业更积极地参与到双元制中，而规模较小的、位于郊区的企业、私人企业参与到双元制中的积极性不高。

Ray Bowman 和 Carla Dawson - Jackson 研究了佛罗里达的一项由企业、当地政府、大学和军队共同实施的合作教育项目，并总结出了高技能形成的必备因素。第一，在技能形成创立的初始时期，政府充足的资金保障非常重要。第二，企业领导、学校领导等人员之间的非正式交流也很重要。第三，应明确规定社会中的每个成员都有教育的责任，企业尤其不能推卸责任。第四，有进取心的教师，如果在技能形成中处于领导地位，更能对技能形成的其他团队成员产生积极影响。第五，技能形成的持续发展需要由热心的支持者和关键学校代表组成指导委员会，指导委员会对技能形成

① Parsons, C. K., Caylor, E., Simmons, H. S. Cooperative Education Work Assignments The Role of Organizational and Individual Factors in Enhancing ABET Competencies and Co - op Workplace Well - Being [J]. *Journal of Engineering Education*, 2005, 94 (3): 309 - 318.

② Sutarto Hadiprayitno, M. S. Employers' Acceptance of Pendidikan Sistim Ganda (dual system) and Their Roles in Its Implementation in the Province of Yogyakrta, Indonesia [D]. The Ohio State University, 1997.

的长远发展非常重要。①

Rachelle Kisst Haclett、Gary R. martin 和 David P. Rosselli② 对影响工程专业学生在技能形成中表现的相关因素进行了分析。结果显示，在基本人种学因素方面，学生在技能形成中的表现与学生的年龄关联较大，与学生的性别、种族关联不大；在学术因素方面，学生所处的年级、作业完成情况与技能形成的表现密切相关，与其所学专业类型关系不大；在合作背景因素方面，学生是否处于团队合作中、是否有薪水、合作的类型等与学生的学业表现密切相关，而公司的规模以及学生是不是第一次参与技能形成与其学业表现关系不大；在工作经历因素方面，研究表明，学生在非工程领域的经历数量与学业表现相关，而先前是否有工程专业的经历却与学业表现不相关。

在技能形成的实践发展过程中，越来越多的研究发现，具有约束、促进机制和制度的实践发展得更好，也越来越走向制度化。

Robert W. Glover、Lewis Clopton、Malcolm McCollum 和 Xinge Wang 研究了美国的学徒制，阐释了美国交通运输行业学徒制的优秀成功案例。面对新的形势，美国交通运输行业的学徒制进行了一些改革：在全国范围内学习和促进成功的培训实践，包括超额的努力，以使新的工人胜任行业工作；组织区域级别的合作，以支持培训的持续发展；为学徒制和培训建立国家框架，包括交通维修职业的技能标准。以美国交通运输行业学徒制为案例，总结出任何国家培训制度的设计，都需要具有严格性和一定的弹性。严格性是指严格的伸缩目标，在这个伸缩范围内，目标达成是允许的，在伸缩范围之外，是明令禁止的，目的是提高培训的质量；充分的弹性可以满足不同地区的需求。③

---

① Bowman, R., Dawson - Jackson, C. Development of a Business - education Partnership to Reform Secondary Education [J]. Education, 1994, 114 (3): 464 - 469.

② Haclett, R. K., Martin, G. R., Rosselli, D. P. Factors Related to Performance Ratings of Engineering Students in Cooperative Education Placements [J]. *Journal of Engineering Education*, 1998, 87 (4): 455 - 458.

③ Glover, R. W., Clopton, L., McCollum, M., et al. Building an Apprenticeship and Training System for Maintenance Occupations in the American Transit Industry [J]. *Education & Training*, 2007, 49 (6): 474 - 488.

罗杰斯（Rogers）指出，一项制度改革的顺利实施，与改革的相对优势、兼容性、复杂性、可实施性和可观察性密切相关。相对优势强调经济利益和社会地位；兼容性是一项改革与既有价值观点、经验的一致性以及与未来改革潜在采纳者的需求的相适应程度；复杂性是改革被理解和应用的相对难度；可实施性是改革最低限度的实施力；可观察性是改革的结果对他人的可见度。罗杰斯总结说，改革的相对优势越高，兼容性、可实施性和可观察性越高，改革越容易被接受；而复杂性越高，越不容易被接受。职业教育改革的成功与否也与其上述特征相关，技能形成制度的构建也与其上述特征密切相关。①

从以上研究中可以发现，成功的技能形成制度具有以下特征：参与方，包括企业、学校、学生主体的积极努力，尤其是企业作为主体之一的作用不可或缺；合理的管理机构和人员，并切实发挥作用；充足的资金支持，尤其是学生的实习、工作的薪水要有保障；各方职责的制度规定和要求，合作者之间高度的信任与合作等。

2. 技能形成的制度环境

制度环境是指一系列作为社会基础的政治、经济、社会、文化以及自然环境等。在技能形成的制度环境方面，学者们主要研究了其历史、文化背景、社会基础等方面，其中以德国的 Thomas Deissinger、Silke Hellwig 和英国的 Barry Nyhan 为代表。

德国康斯坦茨大学经济学院的 Thomas Deissinger 和 Silke Hellwig② 研究了德国双元制的历史和文化背景，认为德国的双元制是一种基于两项原则的、以制度为基础的培训方式，这两大原则形成双元制学习培训哲学的主要内容。第一个原则是双元的学习场所，例如，双元制的在职和脱产培训都是由职业学校和培训企业共同实施的，这样就形成了一种培训文化，这种培训文化认为职业培训不单纯是一种雇佣形式，也是一种教育形式。第

① Sutarto Hadiprayitno, M. S. Employers' Acceptance of Pendidikan Sistim Ganda (dual system) and Their Roles in Its Implementation in the Province of Yogyakrta, Indonesia [D]. The Ohio State University, 1997.

② Deissinger, T., Hellwig, S. Apprenticeships in Germany Modernising the Dual System [J]. *Education & Training*, 2005, 47 (4/5): 312 - 324.

二个原则更为有效，即职业原则，这个原则象征着整体的能力观，而不是单纯的职业领域的能力。它包含了350多种职业认证体系，这350多种职业几乎够能得到双元制的完美培训，并且具有国家职业培训的认证标准。因此，德国的职业原则不仅与教育质量相关，还与劳动力技能认证制度相关。他们获得的证书是某种职业能力的象征，也是高等教育的象征。职业培训基于一种叫作“架构图”的标准，这种标准由国家政府颁布，使得职业培训不再单纯是一个人工作范围内的事情，培训的技能和知识的数量、质量受监督，并被确认是有效的。

Barry Nyhan① 研究了爱尔兰学徒制创建的社会基础发现，在最初爱尔兰发展学徒制的时候，很多评论说爱尔兰的制度不适合学徒制的发展，因为她缺乏合作的传统文化，但是事实上爱尔兰创造了一种工业文化氛围，为学徒制提供了更好地发挥作用的社会基础。研究表明爱尔兰独立以后，尽管很多政策制定者都在不同时期尝试建立制度体系，打破传统，但都因为缺乏经济、社会、教育者关于发展路径的一致协议而受阻。然而随后州政府对学徒制的介入、对积极劳动政策的采纳，在一定程度上推动了爱尔兰学徒制的发展。后来爱尔兰先后出台了《工业培训法》及各种法律法规，赋予了雇主及其他学徒制参与者各种权利与义务，并制定了各种制度：为支付培训的企业提供税收补助金制度、企业进入标准、雇用合同制度、雇主教授学徒的行为约束、学徒学分记录制度等。爱尔兰以一种更宽广的心态制定工业和社会政策，学习德国等国家的产业和行业组织合作方式。Barry Nyhan 认为学徒制应该是基于标准的，有精确的应获能力水平的标准规范和课程标准，而不仅仅是关于学徒制时间的规定，应该强制性要求未来的产业工人都具有国家职业资格证书，应该根据模块化的课程使在职培训与脱产学习达到平衡。

Lotze Christinf Helga 和 Wolfgang L. Lehmann 在其博士学位论文的研究中，也涉及了技能形成的历史背景和发展文化的问题。

---

① Nyhan, B. Creating the Social Foundations for Apprenticeship in Ireland [J]. *Journal of Education Industrial Training*, 2009, 33 (5): 457–469.

第三节 技能形成制度的分析框架

一 技能形成制度的演化

技能形成制度研究的理论基础是历史制度主义，历史制度主义兴起于20世纪80年代，新制度经济学家从各国历史发展和比较的过程中探求不同国家制度变迁的不同过程，从渐进的、具体的历史事件中寻找稳定、均衡的制度安排失去均衡、丧失稳定的原因，制度变化的根源以及制度变迁的规律，开启了历史制度主义的研究。

历史制度主义从决定制度产生的那些渐进的、基础性事件中寻找制度的根源，以制度为手段去研究历史。① 历史制度主义更为关注历史发展过程，强调“路径依赖”现象在历史发展中的作用，历史制度主义者认为所有看上去偶然的历史事件，都不是纯粹偶然发生的结果，其背后都有深厚的历史因素的影响，具有丰富的发生背景。整个历史结构因素，包括制度构成因素等都只是在当时的历史背景下产生的，要结合当时的历史条件来研究才具有借鉴意义。“制度在长时期的历史发展过程中，不可能是静止不变的，制度的外部世界是不断变化的，制度不可能只通过初创时所涉及的生产路径而得以存续，面对其所嵌入的政治和经济环境的变化，制度更多是通过积极调整以适应这些变化。”②

依据这种观点，一个国家占主导地位的技能形成制度，也是依据其自身的发展历史以及当前的特殊结构而运行的。“技能形成和发展不是一个无拘束的、随机的选择，而是受到包括历史和现实状态下政治经济学等的体制内容在内的因素影响和决定的。”③ 我们探究当前技能形成制度构成的

① Peters, B. G. *Institutional Theory in Political Science: the New Institutionalism* [M]. Bloomsbury Publishing USA, 2011: 69.

② 刘荣民．国际比较视野下国家技能形成体系构成要素及其关系研究 [D]. 北京：北京师范大学，2014：16.

③ Busemeyer, M. R., Trampusch, C. (Eds.). *The Political Economy of Collective Skill Formation.* [M] Oxford University Press, 2011: 2.

原因，就要回到技能形成的历史长河中寻找。因此，本书非常关注技能形成制度的形成与演化历程。

历史制度主义者也把历史发展进程划分为出现“断裂”的不同的“连续性阶段”，由于这些断裂的出现，历史有可能发展到新的路径。出现“断裂”的历史时刻，也成为“关键节点”。本书试图采取划分“关键节点”的方式，对各国技能形成制度的变迁历程进行较为系统的分析。技能形成制度的历史是具有一定的延续性和稳定性的。这种“关键节点”和“断裂”并不代表历史的真正断裂，而只是为了研究方便而进行的划分。

进行历史研究要确定历史研究的起止时期，技能形成制度的变迁主要源于世界现代化过程中的工业化发展时期，各国工业化发展的起始时间并不相同，其技能形成制度变迁的起始时间也不尽相同。在现代化研究领域，德国和美国是在第二次现代化浪潮中开始工业化发展的国家，属于后进现代化国家，其现代化起始时间大约为 19 世纪 60 年代。新加坡和中国是在第三次现代化浪潮中开始工业化发展的国家，属于晚近现代化国家，其现代化的起始时间大约是 20 世纪 50 年代。①

本书对各国技能形成制度变迁历程的起始时间研究就因循其现代化的起始时间，即德国和美国从 19 世纪 60 年代开始，新加坡和中国从 20 世纪 50 年代开始。其截止时间均为 21 世纪初。

二　技能形成制度变迁中的利益冲突与平衡

历史制度主义认为，一种制度的“平衡”状态被打破或者被干扰之时，就是制度变迁之时。制度变迁就是打破原有的制度“平衡”，而这种制度“平衡”的被干扰或者被打破总是与环境有关，制度变化依赖于环境变化，他们强调权力在制度实施、制度发展过程中的非均衡状态。② 历史制度主义特别关注制度在不同的社会成员或者社会组织中分配权力的状况，关注这种权力分配是均衡的还是非均衡的，关注不同的利益相关者、

---

① 罗荣渠．现代化新论——世界与中国的现代化进程［M］．北京：北京大学出版社，1993：115.

② 赵晖，祝灵君．从新制度主义看历史制度主义及其基本特点［J］．社会科学研究，2003，04：24－29.

拥有不同社会组织的不同行动选择，并关注不同的行动选择是如何形成均衡的利益分配或者非均衡的利益分配的。

因循历史制度主义对制度变迁中利益相关者（不同的社团组织）的关注，对技能形成制度变迁的关注也不能忽视其中的利益相关者。国际学者在关于技能形成制度的研究中发现，在技能形成制度的演化与变迁中，其利益相关者或者说关键行动者包括政府、雇主及雇主组织、工会、学徒、行会、技能密集型企业等。当然，并不是说这些利益相关者都存在于每个具体国家的技能形成制度中，不同国家的利益相关者会有所差异，但主体的利益相关者不会缺席，如政府、企业雇主、工会及学徒。

因此，在技能形成制度演化的历史过程中，本书着重关注利益相关者政府、雇主及雇主组织、工会、学徒、行会、技能密切型企业等，在回溯技能形成制度的演化过程中，分析这些利益相关者的行动选择，以及不同利益相关者的不同行动选择带来的利益冲突，不同的国家又是如何平衡这些利益冲突的。

正是不同的技能形成演变历史，以及不同的利益相关者、不同的行动选择以及不同的利益冲突的平衡方式，造成了各国技能形成制度的差异。德国形成了社会合作式技能形成制度，新加坡形成了国家发展型技能形成制度，美国形成了技能替代式技能形成制度，而这些不同的技能形成制度的有效性，又形塑了不同国家的技能发展路径，德国和新加坡走上了高技能形成路径，而美国则发展了技能替代路径。

三　技能形成的制度构成

（一）既有研究分析

目前，国际国内对技能形成的制度构成研究已经起步，并形成了初步的成就。

1994 年，学者 Lotze Christinf Helga① 对德国的双元制的正式政策、理

① Lotze, Christine Helga. The German Dual System: Formal Policy, Theory and Practice, and Legitimation. What the U. S. Can Learn from an Apprenticeship Model in Context [D]. University of Virginia, 1994.

论与实践、法律等进行了研究，以期阐释美国人能从德国的双元制中学到什么。他的研究主要分析了德国官方的学徒制的规则和组织结构，以及支持学徒制的架构；在双元制体系中学习和工作的人的经历；支持学徒制持续发展的文化和制度构成以及这种制度、法制的官方描述。

1996 年，Wolfgang L. Lehmann① 研究了德国双元制职业培训制度的历史背景、与普通教育的关系，双元制职业培训制度的复杂的组织、结构及不同培训场所的特征，双元制职业培训制度的参与者、教师、培训者、背景和双元制职业培训制度的资助体系。

1996 年，艾什顿等人提出高技能形成体系的建立需要具备六个必要的制度条件。第一，执政者要共同致力于实现高水平技能形成的目标，以高技能形成为目标，创新生产。第二，教育部门应该使学生具备基本技能，这些基本技能包括语言、科学、数学、信息技术等。第三，雇主必须为高技能形成而努力。第四，必须具有遏制短期培训主义意识的约束机制，以及严格的问责机制。第五，技能人才，包括学徒和学生，也要为实现高技能而努力。第六，必须有基本制度的保障，使企业内培训成为学校教育的补充。艾什顿等人认为只有具备了上述条件，才有高水平的技能形成。②

2000 年，Paul Ryan③ 从教育治理、教育的角色和内容、基于工作的培训制度以及学徒制的资助四个方面，比较了德国、奥地利、丹麦、荷兰、爱尔兰、英国六个国家的学徒制的制度安排。研究表明，奥地利、丹麦、荷兰、爱尔兰四个国家都像德国一样具有关键的学徒制度安排和法律规则约束，都有集中的管理部门，学徒制都明显地与国家教育体系密切联系，都具有基于工作的制度安排，都具有适度、透明的公私财物责任分配原则。从教育的法制治理上来说，几个国家的学徒制的实施都

① Lehmann, W. L. The Dual System of Vocational Training in Germany: Its Organization, Structure, Context, and Current Debate [D]. University of Toronto, 1996.

② Ashton, D. N., Green, F. *Education, Training and the Global Economy* [M]. London: Edward Elgar Publishing Limited, 1996: 100 - 105.

③ Ryan, P. The Institutional Requirements of Apprenticeship: Evidence from Smaller EU Countries [J]. *International Journal of Training and Development*, 2000, 4 (1): 42 - 65.

有国家法律框架的支撑，在法律条文里都有一条或数条关于“学徒制是什么，不是什么”的规定，并且规定了学徒制的职业覆盖范围和培训内容；从管理部门来说，几个国家的法律机构都将学徒培训的正式职责分派给了专门的（particular）职能部门，在德国、丹麦、荷兰是教育部，在奥地利是经济事业部，在爱尔兰是就业部，这些部门或自己掌控学徒培训的管理权，或将其下放给国家权威机构；在与国家教育体系的联系上，几个国家的学徒制都被认为是国家中等后教育的重要组成部分，与国家的教育体系密切联系；在基于工作的培训中，几个国家的法律制度都规定了培训场所的培训制度和培训内容，其管理权大多归于国家中等级别的委员会。例如，在德国是地区立法机构；在资金的支持上，公共资金基本只负责正式教育的费用，包括教学成本、教师工资、教学材料和设备费用等，而工作场所培训发生的一切费用由雇主承担，或者由雇主与学徒共同承担。而这些制度安排和环境在英国并不具备或不成熟，Paul Ryan 认为，在英国大规模地实施现代学徒制，如果不进行制度改革，几乎不会收到政府预期的效果。

2005 年，Robert W. Glover① 研究了美国的注册式学徒制，尽管美国有 850 多个职位是适合学徒制的，但学徒制主要注册行业还是集中在建筑业。因为，第一，在工作场所的实践和教室的理论联合学习，非常适合产业宽广的建筑行业所需要的技能。第二，多部门联合支持下的建筑行业的项目，已经形成了制度框架设计，以应对劳动力市场的挑战，这些制度包括：联合实施的招聘大厅、多元雇主赞助学习，为培训、健康、个人收益提供的多元雇主信赖等。这些制度保障了学徒制的有效实施。

2011 年，Markus Maurer② 研究了南亚国家——斯里兰卡和孟加拉国两个国家纺织行业的职业教育与培训制度。他通过系统的历史制度主义的分析，提供了关于工业和教育发展的关键结合对技能形成制度影响的充分证

① Glover, R. W., Bilginsoy, C. Registered Apprenticeship Training in the US Construction Industry [J]. *Education & Training*, 2005, 47 (4/5): 337 - 349.

② Maurer, M. *Skill Formation Regimes in South Asia——A Comparative Study oN the Path - Dependent Development of Technical and Vocational Education and Training for the Garment Industry* [M]. Frankfurt am Main: Peter Lang Gmbh, 2011: 417.

据。Markus Maurer 的研究不同于以往政治经济学的研究，认为除了雇主组织、政府、劳动力联盟等技能形成制度的利益相关者，学生和家长集体也是技能形成制度的利益相关者，他们对学历证书和资格证书的追求，影响着技能形成的发展，影响教育与产业结合的程度。

2012 年，Teresa Oultram[①] 通过多元的视角和多元的方法，阐释了不同的学徒制培训参与者的不同目的、实践及其本质。作者认为，了解与计划相关的不同参与者有助于发现宏观政策在微观层面是如何调整的，从而满足不同利益群体的要求；在了解学徒制计划的过程中揭示隐藏于其中的冲突，加以区别对待，以制定出满足不同利益相关者需要的学徒制计划。

我国学者姜大源、邢晖、李继延、余祖光、和震等从不同的角度研究了职业教育校企合作的机制、国际经验等。姜大源认为，职业教育是一种跨界教育，主张跨越教育与经济的界域的话语体系，为“政、校、企”合作的职业教育赢得更加广阔的发展空间。[②] 邢晖等人从职业教育体制改革的角度入手，分析了职业教育产教合作制度的构成及制度匹配与协调的需求。[③] 余祖光认为，“校企合作机制应该包括：合作中利益与责任关系—动力与制约机制、合作中的政府引导与激励机制、灵活适应的调节机制、合作中的社会化服务机制”[④]。和震研究了联合国教科文组织、世界银行、国际劳工组织等国际组织的职业教育政策和培训制度。以国际劳工组织的政策为例，和震详细介绍并评论了国际劳工组织划分的三种职业培训制度——合作式制度、以企业为主的制度、国家主导型制度的优势和缺陷，“世界上不存在一种理想的产教合作制度，不同国家的产教合作制度也不同；即使是同一国家不同地区，产教合作制度也不同。但是富有效率的产教合作制度又具有共性：第一，技能形成与发展要在坚实的、高质量的教育基础上展开，基础教育要为技能发展打好基础；第二，要有一种促使培

---

① Oultram, T. Fresh Insights into British Apprenticeship Schemes [J]. *International Journal of Organizational Analysis*, 2012, 20 (1): 51 -67.

② 姜大源. 教产跨界合作的大手笔 [N]. 中国人民政协报, 2012 -8 -8 (C02).

③ 邢晖, 李玉珠. 职教体制改革行至水深处 [N]. 中国教育报, 2014 -3 -17 (6).

④ 余祖光. 职业教育校企合作的机制研究 [J]. 中国职业技术教育, 2009 (4): 5 -11.

训制度发挥作用的激励机制；第三，技能形成的良好运行，需要有效的制度安排，而且离不开雇主、技术技能工人和政府等多方主体的支持与合作"①。李继延提出，"产教合作机制是产教合作各参与主体形成的合作运行规则和方式，这种规则和方式在合作内部关系和外部环境之间，相互影响、相互制约；产教合作机制包括外部保障机制和内部保障机制，其中外部保障机制包括利益分配机制、信息资源服务机制；内部保障机制包括动力机制、保障机制、实施机制、评价机制"②。陈锡勇等提出，"校企合作制度建设主要包括五个方面，分别为：优惠政策扶持制度、媒体推进制度、校企共建人才培养培训联合体制度、校企共建技术创新战略联盟制度和在企业建立教授工作室制度等"③。

（二）本书的分析框架

对制度构成或制度结构进行剖析，是制度分析的基本理论前提。历史制度主义将制度界定为嵌入政体或政治经济组织机构中的正式或非正式的程序、规则、规范和惯例。也就是说，制度包括正式制度和非正式制度。

正式制度是指人们有意识地创造的一系列政策法则，主要包括政治规则、经济规则和文化教育规则，以及由这一系列的规则构成的一种等级结构，是正式的或有形的成文制度。正式制度能够界定人们在教育活动中的"责任"，为人们给出行动的目标，为人们定出"选择空间"的边界并对违反规则者进行惩罚，还可以确定度量和评价人们行为的标准。

非正式制度是人们在长期交往中无意识形成的，具有持久的生命力，并构成代代相传的文化的一部分。一般来说，非正式制度包括对正式制度的扩展、细化、限制，以及社会公认的行为规则和内部实施的行为规则。具体而言，非正式制度主要包括价值信念、伦理规范、道德观念、风俗习性、意识形态等因素。

---

① 和震．国际劳工组织的职业培训政策：框架、特征与问题［J］．现代远程教育，2010（4）：15－19.

② 李继延．构建高职教育产教结合良性互动机制［J］．江苏技术师范学院学报，2008（6）.

③ 陈锡勇，余晓华．关于校企合作制度建设的思考［J］．职业教育研究，2011（5）：9－10.

从变革的速度来看，正式制度可以在一夜之间发生变化，而非正式制度的改变是长期的过程。从制度的可移植性来看，一些正式制度尤其是具有国际惯例性质的规则是可以从一个国家移植到另一个国家的，这就大大降低了正式制度创新和变迁的成本。但非正式制度由于内在的传统根性和历史积淀，其可移植性就差得多。一种非正式制度尤其是意识形态能否被移植，其本身的性质就决定了它不仅取决于所移植国家的技术变迁状况，更取决于后者的文化遗产对移植对象的相容程度。这一点对于技能形成制度的国际交流与相互借鉴具有很大的启发意义。总之，进行制度变迁研究时，要充分考虑改变了的正式制度与持续的非正式制度之间的紧张程度，即改变了的正式制度与非正式制度的偏离程度。正式制度只有在社会认可，即与非正式制度相容的情况下，才能发挥作用。

由于笔者精力所限，本书主要关注技能形成的正式制度，以下简称“制度”。

具体到技能形成制度的构成，国际学者的研究主要关注四个因素，即“谁提供”（Who Provides）、“谁主导”（Who Controls）、“谁投入”（Who Pays），以及“职业教育和普通教育的关系处理方式”。考虑到“谁主导”和“谁投入”的主体在很多情况下都是统一的，因此，本书在延续国际学者的研究时将“谁主导”与“谁投入”因素合并。本书将职业教育与普通教育的关系处理部分融入其他因素的分析中。

基于前期对技能形成制度进行文献研究和技能短缺问题及原因的研究基础，本书发现技能的评价、技能的使用、利益相关者的合作，对于技能形成制度也具有非常重要的影响。

从技能评价来说，有无技能资格认证制度，有什么样的技能资格认证制度，对于技能形成制度的发展具有影响。德国是以行业组织的技能认证制度为主导的技能评价制度，而美国是以学历为导向的技能评价制度，二者在某种程度上影响着技能形成制度的有效性。

从技能的使用来说，对“谁使用、如何使用”问题的回答不同，也会造成不同的技能形成制度。比如在我国计划经济时期，技能（技能人才）的使用权在国家，技能工人是国家的工人，而国家依据工人的技能水平等因素给予其不同的工资待遇，此时的技能形成是一种内部技能形成方式。进入社会主义市场经济时期，技能（技能人才）在体制外劳动力市场中由企业使用，技能工人是企业的工人，企业决定工人的工资待遇，此时的技能形成是一种外部技能形成方式。技能使用者及其使用方式对技能形成制度影响巨大，因此本书加入了这一因素。

从利益相关者的合作来看，不同的利益相关者的合作方式也会促成不同的技能形成制度，如德国是社会合作为主，行业、企业、工会对技能形成制度的影响深远，而新加坡是一种国家统合的合作方式，政府、政府主导的工会、企业的合作对技能形成制度的影响深远。因此，本书也加入了这一因素。

综合而言，本书对技能形成制度的构成从五个层面进行分析，包括“谁投资”“谁供应、供应什么”“谁评价、如何评价”“谁使用、如何使用”“利益相关者的合作及其方式”，即技能投资制度、技能供应制度、技能评价制度、技能使用制度、社会合作制度。

本书认为技能形成制度的基本构成应该如图 1－2 所示。

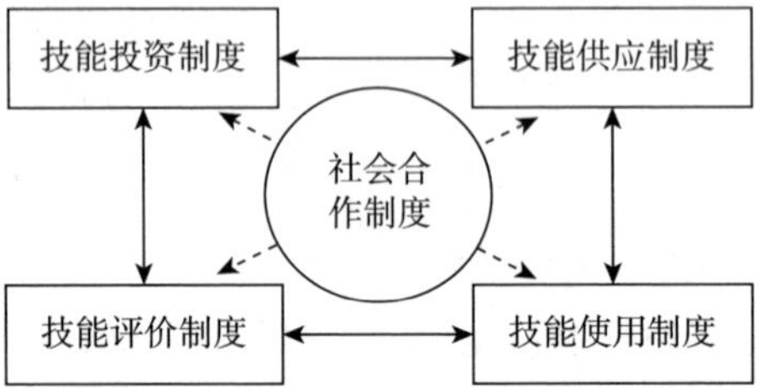

图 1－2　技能形成制度的制度构成

技能投资制度主要是想通过对投入政策的分析，发现技能投资的钱从哪里来、投资的主体是谁、不同投资主体之间投资比例的分配等。技能供应制度主要是分析技能供应体系，哪些机构提供技能培训，主体是谁，技能培训的内容是什么，培训内容是如何确定的，技能培训与普通教育的关系如何等。技能评价制度是对于技能的评价有无特有的、不同于普通教育的评价方式，如技能资格认证方式，评价的主体是谁，评价的影响因素是什么等。技能使用制度主要是分析技能养成后由谁来使用，使用的方式如何，使用中有无体现技能水平的差异等。社会合作制度，确切地说，它不是与其他四种制度并列的一种制度，而是在其他制度中会涉及的一种制度，在其他四种制度中都会涉及不同的利益相关者如何合作或博弈，以形成不同的制度，但是，正因为其在每种制度中都会涉及，其重要性不容忽视，因此，本书将其单列为一种制度。

第二章

德国社会合作式技能形成制度分析

从19世纪末20世纪初以来，国际学者一直把德国职业教育培训模式作为发现思想和灵感的源泉，德国的职业教育培训模式以其独特的双元制赢得了世人的瞩目。但是德国双元制的技能形成制度并不是“完整一块”一瞬间被全部创立而成，而是在19世纪末逐步创建的主干框架基础上，通过国家、企业、工会、行业协会等在各层面展开利益的博弈及相互妥协，得到持续不断的完善、层层的修整、逐步的演化而成的，[①] 最终形成了德国社会合作式的技能形成制度。

第一节　德国技能形成制度演化历程

制度的现有功效和制度初设动机之间没有必然的联系，制度是在当时的具体历史过程中形成的，我们有必要回到历史中寻找答案。历史制度主义认为在技能发展过程中，何种均衡能够达成以及最有效的方案是否被选择，时间和次序因素起到了决定性作用。

一　技能形成的初始法制化（1860～1909年）

19世纪60年代，德国走上了现代化的道路，成为第二次现代化大浪潮中的主要国家之一。[②] 现代化的发展表现在经济上，即工业化的发展。

---

① 〔美〕凯瑟琳·西伦．制度是如何演化的：德国、英国、美国和日本的技能政治经济学［M］．王星译．上海：上海人民出版社，2010：36.

② 罗荣渠．现代化新论——世界与中国的现代化进程［M］．北京：北京大学出版社，1993：115.

在德国，工业化是在威权政府支持下展开的，手工业部门在学徒制培训过程中是一个重要的行动者。面对工业化的冲击，德国的手工业部门开始寻找立法的支撑。

当时，面对强大而激进的劳工运动，德国保守势力试图扶植手工业部门以对抗社会民主党，对抗劳工。1897 年《手工业保护法》出台，为组织化的手工业部门所控制的学徒制培训创立了一个制度框架，使学徒制培训完成了初始制度化。

新法律赋予手工业协会监管学徒培训内容和质量以及技能资格认证的准公共权力。[①] 手工业协会有权对一个企业所能够招收的学徒工数量设定上限，同时也有权对包括学徒受训时限在内的学徒合同进行管制。学徒培训质量的监管，由手工业协会所主持的制度化学徒技能考核体系完成。为了保证手工业协会新增的责任职权得到落实，手工业协会被授权可以派代表进入手工业企业中去评估其培训工作，而且当一个企业培训达不到规定标准时，手工业协会有权撤销该企业培训学徒工的资格。[②] 手工业协会的监督和管理帮助学徒制避免了沦为剥削童工的工具的命运，并为学徒与雇主之间达成可信承诺协议，提供了一个强有力的保障机制。在当时的工业化初期，手工业协会独掌的技能培训体系不仅为自身提供技能劳动力，还为工业部门提供技能劳动力。

当时手工业部门的学徒制培训已经有了职业学校的补充，19 世纪德国的进修学校就承担起了这一任务。后来，随着经济发展的需要，政府进一步建立了一批具有职业教育性质的进修学校，如工艺学校、制图学校、商业学校等，开设普通文化课与职业教育相结合的课程。后来，魏玛宪法第 145 条明确规定：进修学校作为义务教育进行普及。在全国学校大会上，“职业学校”正式代替“进修学校”，德国“双元制”的技能形成模式雏

① Mayer Karl Ulrich, Solga Heike. *Skill Formation: Interdisciplinary and Cross - national Perspectives* [M]. Cambridge New York: Cambridge University Press, 2008: 26.

② 〔美〕凯瑟琳·西伦. 制度是如何演化的：德国、英国、美国和日本的技能政治经济学 [M]. 王星译. 上海：上海人民出版社，2010：40.

形显现。[①]

就像 Manow 所言，德国技能培训制度与社会政策领域的结果一样，通过与社会利益组织分享“公共空间”，试图把功能性组织作为维护秩序的指定代理者，从而搭建了一个调和利益的现代模式。[②]

二 技能形成迈向标准化（1910～1949 年）

1897 年《手工业保护法》出台之后，在技能形成领域，虽然有很多利益博弈，但对制度本身的建设而言，没有实质性的变化。第一次世界大战后，德国技能形成的双元培训体系重要的发展就是推进技能标准化。以往是以大型企业为主的德国机械设备制造业联合会（VDMA），一战后在国家的支持下，合并吸纳了大量的中小企业，成为一个联系紧密的企业联盟组织，协调了系统内的企业生产活动，以及工资、培训等行动战略，成为当时德国实力最强、组织结构最完善、最现代化的行业协会之一。[③]

由众多中小企业支持的德国机械设备制造业联合会，更倾向于采取一种集体的技能形成战略，追求技能标准化。于是，工业界于 20 世纪中叶发展起一种新的培训模式，这种新的培训模式包括以下内容：建立厂办技校[④]和实习车间、制定标准化教学课程和教材以及制定以职业为导向的教学计划和考核规程等。[⑤] 当时，工业界的培训人数已经大大超过了手工业界的培训人数，而且质量也不断提高。

当时，德国的金属制造行业开始通过自己的行业协会——德国金属铸业总联合会发展和宣传自己的职业技能框架标准，以产生一种公认的技能

---

① 国家教委职业技术教育中心研究所．历史与现状——德国双元制职业教育［M］．北京：经济科学出版社，1998.

② Manow，P. *The Uneasy Compromise of Liberalism and Corporatism in Postwar Germany*［M］. University of California，Berkeley，Center for German and European Studies，1999.

③ Feldman，G. D.，Nocken，U. Trade Associations and Economic Power：Interest Group Development in the German Iron and Steel and Machine Building Industries，1900－1933［J］. *Business History Review*，1975，49（04）：413－445.

④ Dehen，P. *Die Deutschen Industriewerkschulen in Wohlfahrts－，Wirtschafts－und Bildungsgeschichtlicher Beleuchtung*［M］. A. Huber，1928：264－270.

⑤ 国家教委职业技术教育中心研究所．历史与现状——德国双元制职业教育［M］．北京：经济科学出版社，1998：6.

“蓄水池”。[1] 1919年，德国金属铸业总联合和VDMA拟订出了一份适用于整个机械制造产业的学徒合同，而且，在VDMA的领导下，德国技术学校委员会（DATSCH）为金属加工业（包括大量新兴的特种行业）制定出台了行业技术标准目录，为每一种技能标准界定了基本轮廓。DATSCH同时还编写和提供标准培训的材料，材料中包括了内容非常详尽的多种行业的培训课程设置，基本囊括了最基础的行业——机器制造、装配、工具制造、模具制造、铸模、金属品加工以及精密机械等。VDMA还通过制定学徒合同范本从而使其会员企业学徒合同更加统一，这个范本“要么被该会员企业完全采用，要么只是做微小改动”。[2] 在这种压力下，手工业协会也开始发展和宣传自己的培训材料标准，这些培训材料标准的设计与工业部门的设计相似。[3]

尽管DATSCH的方针是自愿性参与，但是DATSCH的做法在实践中得到了广泛的普及，并对德国的职业学校教育产生了影响，1938年德国规定职业学校教育为义务教育，1940年统一了职业学校的教学时间。自1937年，联邦政府着手密切联系职业学校和企业培训的工作，着手制定统一的教育规划，在同一年，有关职业学校的管理和经费问题也以法律形式被统一起来。

虽然技能标准化的任务——在工业领域中重新界定和规划科技目标从而为技能发展重新搭建一个制度框架——并未完成，但是其对技能的发展起到了推动作用。

三 技能形成的“国家介入”（1950～1989年）

虽然德国在二战前后经历了政治上的动荡，但双元的技能形成制度还

① Thelen, K., Busemeyer, M. R. Institutional Change in German Vocational Training: from Collectivism toward Segmentalism [A]. Busemeyer, M. R., & Trampusch, C. *The Political Economy of Collective Skill Formation* [M]. Oxford University Press, 2012: 68-100.

② 〔美〕凯瑟琳·西伦. 制度是如何演化的：德国、英国、美国和日本的技能政治经济学[M]. 王星译. 上海：上海人民出版社，2010: 64-66.

③ Thelen, K., Busemeyer, M. R. Institutional Change in German Vocational Training: from Collectivism toward Segmentalism [A]. Busemeyer, M. R., & Trampusch, C. *The Political Economy of Collective Skill Formation* [M]. Oxford University Press, 2012: 68-100.

是得到了延续，与之前的体系有着千丝万缕的关联，并继续追求其法制化和合理化。

德国分别于1953年和1956年颁布了《职业教育法草案》和《职业培训法草案》两项法律，不断追求双元制的法制化，最终于1969年颁布《联邦职业教育法》，该法的出台保障了国家对职业教育的影响力，为职业培训奠定了一个统一的法律基础，强化了国家的监管。

1969年《联邦职业教育法》通过新成立的联邦职业教育科学研究所管理委员会（即后来的联邦职业教育研究所，简称BIBB）负责执行。该管理委员会接管了过去由行业协会掌握的调控管理职能，包括界定培训标准、建立技能培训内容、规定学徒制的年限等。在国家层面上，《联邦职业教育法》为建立由相等数量的雇主、工会及州政府代表所组成的职业教育委员会提供了条件。这些委员会负责职业技校与厂内培训之间的协调工作，同时促成州政府之间的合作以确保全国范围的统一性。①

法律规定，职业教育包括：初始职业教育、职业继续教育和职业改行培训（或称职业转业训练）。除公务员的职业技术教育以及船舶行业的职业培训外，这一法律适用于所有职业和经济部门，并对职业的培训、进修、改行培训以及残疾人的职业技术教育和远程职业技术教育均做出了规定。

在新的管理制度框架下，厂内培训的一些最重要的监督和管理职能依然通过行业协会完成，在地方层面上，法律认同职业教育的管理比如培训监管和考核管理等，由相关行业协会（如手工业协会、工商协会）成立特别委员会进行负责。关于培训材料及政府部门的管辖权问题，政府部门之间经过反复磋商达成了一种妥协——由经济事务部负责核准培训条例，由劳工部配合；更高层次的职业培训（即初级学徒制以上的培训）则由劳工部负责，但是同样依赖和遵循经济事务部出台的培训条例。②

① Streeck, Wolfgang. *Skills and the Limits of Neo - Liberalism: The Enterprise of the Future as a Place of Learning* [M], Berlin: WZB Discussion paper FS I. 1988: 88 - 16.

② 〔美〕凯瑟琳·西伦. 制度是如何演化的：德国、英国、美国和日本的技能政治经济学[M]. 王星译. 上海：上海人民出版社，2010：226.

在《联邦职业教育法》中，由于劳动力被纳入技能培训管理结构，职业培训的技能内容开始拓展。这次，工资协商制度在国家层面上被确定下来，而且工会利用其在培训体系中的地位，强化了一般性的技能框架。双元制职业教育的内容更加标准化，可迁移技能增多，基本建立了统一的职业资格框架。①

至此，德国著名的双元制度，以一种集体主义的模式，正式地、完整地建立起来了，即基于统一的职业资格框架的培训内容（在这个资格框架中，职业培训的技能以可迁移、标准化技能为主），统一的职业资格认证、责任共担的技能投资制度、公共培训学校与企业合作实施的双元制培训制度建立起来了。双元制的建立，为今后德国技能形成制度的发展奠定了基础，为维持德国经济稳定做出了积极贡献，促使德国的经济生产保持着高工资、高技能、高附加值的“高技能形成”模式。

四　技能形成制度的发展变革（1990年以后）

德国集体主义模式的技能形成制度建立后，并不是一劳永逸、一成不变的。随着社会政治、经济的变革，其技能形成制度也在不断地发展、变迁。

1990年，民主德国和联邦德国合并对整个德国技能形成制度产生重要影响。联邦德国企业看到民主德国企业的职业培训具有巨大的政府支持，自身却要承担大部分职业培训的职责，便纷纷改变培训策略。在其他政治经济原因的共同促使下，1990年以后，德国企业提供的学徒岗位数量不断下降，一些大企业开始以强有力的方式培训与自身企业密切相关的特殊技能。政府为了维持企业培训，也不断调整需求，允许企业进行个别化的培训，进而加速了技能形成制度的变革。

面对新的发展形势，虽然企业仍然视双元制的学徒制为获得核心劳动力的主要途径，但是维持双元制培训的企业也在不断地追求更具弹性技能的培训内容，以作为其参加双元制培训的条件。企业不断地将培训内容与

① Thelen, K., Busemeyer, M. R. Institutional Change in German Vocational Training: from Collectivism toward Segmentalism [A]. Busemeyer, M. R., & Trampusch, C. *The Political Economy of Collective Skill Formation* [M]. Oxford University Press, 2012: 68 - 100.

自己的工作需求相匹配。在20世纪七八十年代几乎被判“死刑”的两年制学徒制，在90年代又恢复了，因为期限较短的学徒培训相较于期限较长的学徒培训，对企业来说成本更低一些。当时，除了两年制的学徒制被恢复，2005年，修订后的《联邦职业教育法》还引入了“阶段式”学徒制的做法。根据这种做法，学徒在开始较短的时间内学习一般技能，完成之后，由企业决定是否对其进行更进一步的、多样化的企业特殊技能的培训。这种短期学徒制使企业在面对“是承担长期的学徒制培训，还是不参与职业培训”的问题上多了一种选择。

随着学徒培训时间的被分割，其培训的技能也被分化成较小的模块，企业从这些模块中寻找适合生产发展的技能。面对这种现象，社会合作者达成了基本的妥协，通过模块化的技能培训和短时期的学徒任期，在企业的特殊技能培训需求与工会的一般技能培训需求中做出了整合。

德国技能形成制度的变革，是在其辉煌的双元制基础上的一种完善与发展，随着时代的变迁、经济社会的发展，其变革是持续、动态的。

第二节　德国技能形成制度变迁中的利益冲突与协调

在德国技能形成制度发展与变迁的历程中，一直存在多种利益冲突与博弈，包括学徒、雇主、政府间技能投资的博弈，工会与雇主间培训管理权的博弈，手工业与工业界间技能资格认证权的博弈，学徒与雇主间培训内容的博弈，技工和雇主间技能工资的博弈五个方面。这五个方面的冲突与博弈，影响着技能形成制度的形成及其今后的变迁方向。

一　学徒工、雇主、政府间技能投资的博弈

在德国技能形成制度的形成过程中，学徒制培训是一种雇佣关系还是一种教育关系，一直在学徒、雇主与政府间争论不休。

在19世纪末20世纪初，很多地方在补习学校中的强制入学、国家财政支持以及培训内容等方面出现了争论。小手工企业主强烈反对强制入学

制度，尤其是占用上班时间的强制入学，因为这样将会增加培训成本。从强制入学的公共职业技校的规定中，大型企业获益较多，他们能够影响培训内容，这相当于对他们的一种直接补贴。在 1908 年之后，厂办学校的创办势头出现了下滑，就与当时企业转嫁培训成本的战略息息相关。

索斯凯斯研究指出，德国学徒工的工资还没有非技术工人的工资高，非技术工人的工资基本上是学徒工工资的三倍或四倍，这样企业能够从学徒工的劳动中获得经济价值，相当于学徒工与企业共同分担了培训成本。① 然而，工会经常与企业雇主或企业组织就学徒工的工资及待遇问题发生冲突，为学徒工争取一定的权益。但一般而言，学徒工一旦能够预期未来会获得高收入和稳定的就业机会，也会接受学徒期间的低工资。所以，只要在可接受的范围内，学徒工的低工资没有引发大规模的劳资冲突。

就学徒的培训，企业还认为，这是为年轻人提供的职业教育，属于公共事务，需要国家的资助，例如，DATSCH 就宣称年轻人培训属于社会公共物品，因而社会应该承担其成本，DATSCH 试图通过此举说服国家增加投入以分担培训成本。国家政府则规定，企业所提供的学徒工培训岗位数量要比申请者的数量多，否则就要向企业征收培训税。例如，德国 1976 年法律中最具争议之处为，该法律规定企业所提供的学徒工培训岗位数量（全国范围内的）至少要超过申请者数量的 12.5%，否则政府就有权向企业征收培训税。② 尽管此法律后来被废除了，但足见政府和企业在学徒培训投资中的博弈。其实国家通过建立公立的职业技校，已经分担了部分成本，而国家分担成本的这种情况，在民主德国更为常见，据统计，到 1997 年，民主德国国家政府承担或部分承担了 79% 的学徒制培训岗位的费用。③

学徒工、雇主、政府之间就学徒制培训投资的博弈，基本上形成了现

① Soskice, D. Reconciling Markets and Institutions: The German Apprenticeship System [A]. *Training and the Private Sector* [M]. Chicago: University of Chicago Press, 1994: 41.

② Taylor, M. E. *Education and Work in the Federal Republic of Germany* [M]. London: Anglo - American Foundation for the Study of Industrial Society, 1981: 271 - 275.

③ Culpepper, Pepper, D. The Future of the High - Skill Equilibrium in Germany [J]. *Oxford Review of Economic Policy*, 1999, 15 (1): 43 - 59.

在德国责任共担的技能投资制度。

二 工会与雇主间培训管理权的博弈

工会与雇主之间在学徒培训管理权上的利益冲突，在学徒制初始制度化时期就已经存在了，1897 年《手工业保护法》出台的目的就是镇压新兴的有组织的劳工运动，法律赋予了手工业协会更大的学徒培训的管理权力。此次法律的出台虽然以工会的失败告终，但是工会一直没有停止争取学徒制参与管理权的斗争。一战期间，工会组织就职业培训问题进行了内部讨论，有些产业和地区的雇主和工会达成了一些协议，如在木材加工业，工会与雇主联合在 1916 年举办了一个联席会议，会议就劳工参与学徒培训管理的问题提出了四点方案。① 1920 年，在书籍印刷行业也出现了雇主与工会间的合作协议，在金属加工制造业中，地方层面的跨阶级合作意愿也已经很强，比如，在莱姆尼茨，雇主联合会与工会于 1919 年就学徒培训的管理权问题达成了共识。②

在国家层面，由雇主和工会共同组成的中央劳动共同体组织（ZAG）也开始关注职业教育改革问题，以期“在未来共同经济社会政策的制定过程中，结成制度化和组织化的联盟”。1921 年，ZAG 社会政策委员会发布了一套关于这个领域未来立法的指南。该指南设想了一个覆盖工业和手工业培训管理的正式制度框架，还号召成立由相同数量的雇主代表和工人代表组成的监管委员会。③ 虽然此政策并未实施，但足见当时工会与雇主之间就学徒制的管理权问题的利益诉求。

工会参与学徒制培训管理权的问题，直到二战后才得以解决，1969 年《联邦职业教育法》规定，新成立的 BBF 管理委员会应该分别由 6 名来自工会和雇主协会的代表、5 名州政府代表、3 名职业教育专家以及 1 名 BBF

---

① 〔美〕凯瑟琳·西伦．制度是如何演化的：德国、英国、美国和日本的技能政治经济学［M］．王星译．上海：上海人民出版社，2010：55.

② Ebert，Roland. *Zur Entstehung der Kategorie Facltarbeiter aIs Problem der Erziehungsunssenschaft*［M］．Bielefeld：Kleine. 1984：270.

③ 〔美〕凯瑟琳·西伦．制度是如何演化的：德国、英国、美国和日本的技能政治经济学［M］．王星译．上海：上海人民出版社，2010：56.

机构的代表所组成。[①] 自此，工会在双元制培训中的平等管理权被赋予了法律地位，雇主与工会之间达成了妥协。

20 世纪 80 年代，为了适应变化的经济形势，工会组织与雇主之间在职业教育内容上达成了高度的合作。例如，在钢铁行业中，工会与雇主一起对岗位设置进行了全面的调整。

从历史上说，工会在德国的双元制中起到了第二位的作用，但这种“第二位”的作用，意义重大。强大的企业内培训的幸存，一直与工会的多样作用保持一致，德国工业（行业）工会主义使得技能形成在工会与雇主及雇主协会之间避免了阶级冲突，而形成了跨阶级的联合。[②] 正如施特雷克等指出的，在那个时候，劳资冲突不应该掩盖雇主和工会在职业教育体系上所达成的深层次协作：“工会和雇主双方都相信每一所学校的年轻人都应该接受高质量的职业教育，而且职业教育应该不断地与时俱进并保持现代化。尽管工会和雇主双方都看到了现存体系存在着严重缺陷，但是双方都不愿意让现存体系堕入失效或衰败的境地。”[③]

雇主与工会之间培训管理权的博弈，以及跨阶级联合的实现，保证了德国技能形成中学徒的利益以及技术工人的利益，对技能形成的制度变迁意义深远。

三　手工业与工业界技能资格认证权的博弈

在 19 世纪末之前，因为手工业部门提供的技能劳动力从数量和水平上都无法满足工厂生产扩大化及日新月异的需要，技能密集型企业开始提出模仿和获得技能形成控制权的战略，一些大型机械制造企业发出了反对手

① Deissinger, T. Germany's Vocational Training Act: Its Function as an Instrument of Quality Control within a Tradition – based Vocational Training System [J]. *Oxford Review of Education*, 1996, 22 (3): 317 – 336.

② Culpepper, P. D., Thelen K. Institutions and Collective Actors in the Provision of Training: Historical and Cross – national Comparisons [A]. Solga, H. *Skill Formation: Interdisciplinary and Cross – national Perspectives* [M]. New York: Cambridge University Press, 2008: 21 – 49.

③ Streeck, W., Hilbert, J., Van, Kevelaer, K., et al. *The Role of the Social Partners in Vocational Training and Further Training in the Federal Republic of Germany* [M]. Berlin: CEDEFOP – European Centre for the Development of Vocational Training, 1987: 3 – 4.

工业协会独掌技能培训体系的声音，并开始制定工厂内部技能形成战略，这些企业成立厂内的学徒车间，在较大群体的学徒工中实施工作与生产过程相互分离的培训。[①] 1900 年之前，德国有 17 家厂办技校开始招生，1914 年，又增加了 55 家。然而困扰这些企业的问题是，它们无力对其所培训的技术工人进行资格认证，由于没有与手工业协会类似的权威组织或者得到官方认可的机构为工业培训提供技能认证，其学徒培训受到了严重影响。1902 年，金属加工业企业家联合会已经开始寻求对工业企业内学徒制培训进行认证的正式权力，但并没有获得成功。

随后的几年里，技能考核与资格认证成为工业企业与手工业企业所争论的主题。在工业企业看来，现存的以手工业为基础的资格认证体系使次等培训拥有了优先权，其所大力支持的技能形成体系也是落后的。这些工业企业的管理者们指出，手工业技能培训模式无法满足他们的技能需求，所以需要建立新的技能考核和认证体系以适应工业发展。但是，在 1908 年恢复传统学徒制的准工业化时代，培训学徒的权力一直由手工业协会垄断。[②]

工业企业一直寻求的资格认证权，最终在纳粹时期获得了授权。纳粹政党通过赋予工业和行业协会类似于过去手工业协会的特权，使其负责管理和认证专业技术工人的培训，并在工业培训中建立起一个标准体系。

1969 年《联邦职业教育法》规定成立考试委员会，并颁布考试条例，来对学徒工进行中间和结业考试，[③] 共享了行业协会在职业教育领域原有的排他控制权，从而将部分权力转交给了具体的监管委员会，不但为工会提供了平等参与的平台，还使学徒制培训考核制度更加完善。

---

① Culpepper, P. D. , Thelen, K. Institutions and Collective Actors in the Provision of Training: Historical and Cross - national Comparisons [A]. Solga, H. *Skill Formation: Interdisciplinary and Cross - national Perspectives* [M]. New York: Cambridge University Press, 2008: 21 - 49.

② Harris, R. , Deissinger, T. Learning Cultures Forapprenticeship: a Comparison of Germany and Australia [Z]. Queensland Australia: Griffith University, 2003.

③ 国家教委职业技术教育中心研究所 . 历史与现状——德国双元制职业教育 [M]. 北京: 经济科学出版社, 1998: 16.

四 多方之间培训内容的博弈

就补习学校的上课内容，普鲁士州的教育部与贸易部之间的争论可谓众人皆知，教育部试图增加更多意识形态的内容，换言之，将之作为教唆年轻人反对社会民主化的工具；贸易部受支持西南模式的政客影响，倾向于传授更具技术性的内容以及与当地经济、企业密切相关的内容。与这些争论同步，德国大型机械制造企业也在不断争取独立提供培训，已经建设厂办技校的企业通过公关地方政府，一方面获得办学的授权，另一方面促使补习学校按照其生产需要进行课程设置。大型工业企业通过捐赠模具、工作图纸、加工品以及材料等方式，竭力对公立补习学校的课程设置施加影响。

对于企业培训来说，受经济形势的影响，学徒与雇主之间也存在一些分歧，学徒希望得到更多可转移的一般技能，雇主却希望回收更多的培训成本，进而培训企业的特殊技能。当然，一般技能和特殊技能是相对而言的，而且一种技能的习得对另一种技能的习得具有影响作用。因此，在技能类型的培训上，学徒与雇主更容易达成妥协，只要学徒能够看到未来就业的前景，还是愿意接受企业特殊技能的培训。

而关于培训内容的争论，逐渐加强了德国职业教育技能供应主体——企业和学校的双元化。

五 技工和雇主间工资的博弈

19 世纪末 20 世纪初，德国的劳资冲突不断，除了工会争夺学徒培训的参与管理权之外，技能工资的博弈也是其中的重要内容。比如，由于大量非技术工人加入工会，因此，在 1919 年柏林的冲突中，工会要求工人只能分为三个类别——技术工人、准技术工人以及非技术工人，同时要求企业缩小工人技能工资等级的差距。[①] 然而，雇主却试图保持工资差距。当时，职业资格与工资等级直接挂钩，这样，就能保证企业支付给员工公平

① Thelen, K., Busemeyer, M. R. Institutional Change in German Vocational Training: from Collectivism toward Segmentalism [A]. Busemeyer, M. R., & Trampusch, C. *The Political Economy of Collective Skill Formation* [M]. Oxford University Press, 2012: 68 - 100.

的工资，不管工人具有何种教育程度、是否在工作中独立完成工作，只要其职业资格相同，其工资待遇也相同。[①] 如果企业采用高技能、高附加值的生产战略，劳方与资方就会合作保持学徒的低工资。

在工资的博弈中，雇主对工人确实做出了一些妥协让步，这部分是因为雇主担心如果不让步将会促使工人加入更激进的共产主义或工团主义工会。而且有些雇主认识到，建立稳定的集体协商机制也是有利可图的，它能够防止企业在技术劳动力相对短缺的时候发生工资竞争，集体工资谈判也削弱了工人跳槽的动机。

国家是支持雇主扩大技能工资等级差距的，因为工资差距的存在允许企业从培训中获得部分租金，从而诱使企业对培训进行投资。那个时候，工资差距压缩相对提升了非技术工人的劳动力价格，但拉低了技术工人的工资，从长远看，不利于国家的技能形成。

因此，在技能人才的使用上，德国的劳资双方建立了集体协商制度，在学徒与雇主之间建立了可信的承诺关系，促进了学徒制培训的发展。

通过对以上德国技能形成制度发展历程和利益冲突的分析可知，在德国的技能发展制度形成过程中，有四个利益相关者：学徒及工会组织、企业及企业组织、技能依赖型企业及其协会、政府。四个利益相关者在技能形成与发展过程中，相互博弈、相互影响，形成了跨阶级的联合。四个利益相关者的博弈与合作，构成了德国技能形成制度的制度框架，并最终促使技能形成制度与劳动力市场制度、经济发展制度联系起来，成为支撑德国经济发展的“发动机”。

第三节　德国技能形成制度的制度构成

德国技能形成制度，在其历史形成过程中一直伴随着工会及其代表的技工和学徒、企业及企业组织、技能依赖型企业及其协会、政府的四方利

---

① Thelen, K., Busemeyer, M. R. Institutional Change in German Vocational Training: from Collectivism toward Segmentalism [A]. Busemeyer, M. R., & Trampusch, C. *The Political Economy of Collective Skill Formation* [M]. Oxford University Press, 2012: 68 - 100.

益冲突与合作，并在这种冲突与合作中建立、不断完善。可以说，四者的冲突与合作形塑了德国技能形成制度的基本框架，如图2－1所示。本节主要详细阐述德国技能形成制度的基本框架及其内容。

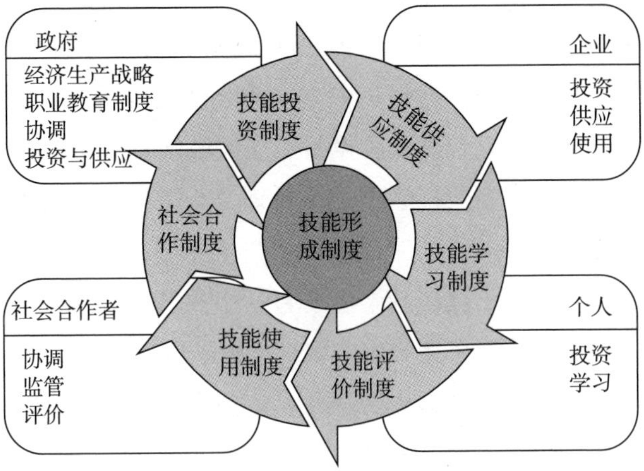

图2－1　德国技能形成制度

一　责任共担的技能投资制度

在德国技能形成制度形成的过程中，企业、政府、学徒三方就培训成本的分担问题，经历了多次的博弈、合作，最终形成了责任共担的技能投资制度。在这个制度中，技能投资由企业、政府、学徒三方主体共同完成，并以培训学徒工资支付制度和企业学徒选拔制度作为匹配制度。

（一）培训成本分担体系

在德国，技能形成的成本由企业、国家、学徒共同分担，国家通过州政府及相关部门负责职业学校及其他公共教育部分的成本，企业负责所有的企业内培训成本，学徒通过低工资承担部分培训成本。

1. 企业成本

在德国，企业是技能形成的投资主体。一旦培训合同签订，主要的学徒培训投资责任都由企业承担，不仅包括培训津贴，还包括所有直接和间接的培训成本：培训人员经费、设备费、培训管理费、社会保险费等。[①] 承担这种成本的企业主要是大中型生产企业及经营服务企业。大型企业中存在大量的技术工人的需求量，不可能全部由外部劳动力市场补充，因此，需要企业自身培养技术工人，这些企业一般都有企业培训中心。[②] 小型企业，受规模和财力所限，一般没有能力构建本企业单独所属的企业培训中心，小企业会与其他企业联合到一起，共同构建企业培训中心，这种培训中心就是跨企业培训中心，而小企业要承担的成本就是跨企业培训中心的各种费用，包括购置设备、支付培训教师和学徒工资等。

在德国，并非所有企业都参与学徒培训，为了实现参与培训的企业与没有参与培训的企业在权利、义务各方面平等，德国还设置了各种基金，并明确基金的使用条件。这些基金主要包括中央基金、劳资双方基金、特殊基金等形式，企业需要依据一定的规定承担这些基金的成本。

“中央基金是一种由国家收取，由所有企业，包括国企和私企、承担培训企业和不承担培训的企业共同集资，并在法律上得到保障的经费筹措模式。该基金从企业员工工资总额中，依据一定的百分比提取，百分比的制定和调整由国家政府依据不同时期的不同经济发展现状而定，一般在0.6%到9.2%之间。”[③] 中央基金是一种由国家统一分配和发放的资金，资金申请的条件比较严格，并不是所有企业都能够获得资助，只有承担培训的企业以及跨企业的培训中心才能申请资助；资金的分配也有严格的制度规定，不同行业、地区和企业所获得的经费资助差别较大。通常情况下，培训企业可以得到其净培训费用50%～80%的经费支持；有些经济发展急需行业或职业的培训，企业还可以得到全额的资助。

“劳资双方基金是指，签订劳资协议的企业按照一定的百分比，从职工工资总额中抽取、交纳的，且其收取和使用均由合同保障的资金。”[④] 基

---

① Deissinger，T. Vocational Education and Training －VET System ［J］. *International Encyclopedia of Education*，2010 （8）：448 －454.

② 国家教委职业技术教育中心研究所．历史与现状——德国双元制职业教育［M］．北京：经济科学出版社，1998：94 －97.

③ 国家教委职业技术教育中心研究所．历史与现状——德国双元制职业教育［M］．北京：经济科学出版社，1998：94 －97.

④ 国家教委职业技术教育中心研究所．历史与现状——德国双元制职业教育［M］．北京：经济科学出版社，1998：94 －97.

金主要用于构建跨企业的培训中心以及支付学徒企业外培训的费用。

特殊基金主要包括行业基金、区域基金和行业协会基金等形式。行业基金是在某个行业内部设定的，以满足该行业的特殊需求为目的；区域基金是为了满足某个区域的特殊需求而设定的；行业协会基金是由行业协会向其所属的企业收取的一定的资金，同一行业，但没有加入行业协会的企业不在征收范围之内，这种资金主要是由行业协会管理、支配，供其运行跨企业培训中心。

2. 国家投资

在德国，学徒制既不属于学校教育领域，又不属于就业市场领域，因此，这样一个明显分离的次体系意味着：如果没有国家的支持，学徒的期望和劳动力市场之间的摩擦很难弥合。[①] 因此，德国联邦政府通过联邦劳动局、联邦职业教育研究所等政府部门以及州政府等地方政府机构对各类职业学校、大型企业的企业培训、中小型企业的跨企业培训中心等提供经费支持。其中，职业学校的花费，占据了德国国家职业教育公共经费的大部分。“联邦劳动局通过向年轻人提供企业培训、职前准备设施等帮助来资助培训，这种年轻人的培训资助在其他地方是无法获得的。联邦劳动局每年还要向年轻的残疾青年支付学徒补贴。联邦政府会提供一些跨企业培训中心的设备补偿费用，还会向全日制的职业学校学生提供一种补助，不论学生家庭情况如何，这种补助均具有稳定的比例。为了解决劳动力市场的问题，联邦政府还会发起并资助一些促进企业培训的项目。”[②]

从20世纪80年代到90年代，直到2000年，德国政府资助的以上培训相关费用见表2－1。2010～2013年联邦政府支持的促进企业培训的各种项目，见表2－2。

① Deissinger, T. Vocational Education and Training – VET System [J]. *International Encyclopedia of Education*, 2010 (8): 448 – 454.

② Berger, K., Walden, G. Developmental Lines of Public Funding for in – company Training in Germany [A]. Burke, G. & Reuling, J. Vocational Training and Lifelong Learning in Australia and Germany [M]. Australia Centre Series, 2002 (5): 135 – 149.

表 2－1　德国职业教育产教合作国家资助类目及金额

单位：亿欧元

类目	20 世纪 80 年代	20 世纪 90 年代	2000 年
联邦劳动局青年人培训资助		4.04	71.58
联邦劳动局残疾青年培训资助	21.00		676.00
联邦政府跨企业培训中心设备补偿费	7.15		11.00
联邦政府全日制职业学校学生补助			14.25
联邦政府培训岗位项目经费		10.20	11.20
联邦政府促进企业培训项目经费		25.56	21.98
联邦政府失业青年培训补助		102.26	145.71

资料来源：依据 BIBB 网站数据整理，http://www.bibb.de/。

表 2－2　德国国家近几年资助项目（2010～2013 年）

项目	政府机构	项目内容
培训未来青年项目	联邦教育与研究部	资助企业实施企业内培训、提供学徒岗位，向青年人提供多种、多样培训机会
对接项目	联邦教育与研究部	辅助青年参与双元制的学徒培训，学习技能学习框架的内容，完成培训
试点项目	联邦职业教育与培训学会	资助职业教育创新项目并加以监测，包括“公司内培训的质量开发与保障”“可持续发展的职业教育与培训”等
跨企业培训中心过渡项目	联邦职业教育与培训学会	帮助初中生顺利过渡到双元制，减少中途放弃学徒培训的学徒数量
跨企业培训中心规划与资助	联邦职业教育与培训学会	资助跨企业培训中心的各项费用，例如，设备购买及更新等，以提升其培训能力
弱势群体资助项目	联邦职业教育与培训学会	支持弱势群体，如残疾人、家庭困难人群顺利接受职业培训、提升就业能力

资料来源：依据 BIBB 网站数据整理，http://www.bibb.de/。

另外，联邦政府还会依据一定的情况，将企业缴纳的部分培训经费从国家税收中扣除，当前，德国的企业培训扣除款项包括：专门扣除款、及时扣除款、固定扣除款、补偿款和社会福利优惠款等。

国家资助的培训项目和企业培训提供的补助费用，确实在短期内为企业实施学徒制减轻了压力。然而，与此同时，国家也发送消息给企业，国家可以退出其资助的企业培训,① 以督促企业积极实施培训，保障学徒培训的质量。

3. 学徒成本

在德国，从某种程度上说，学徒承担了相当一部分学徒培训成本。德国的学徒周期比较长，一般为 3 ~4 年，即使在《联邦职业教育法》修订后，实施两年制学徒的情况下，其学徒期限还是相对较长的。在长期的学徒任期中，学徒的工资非常低。德国的学徒工资远远比德国的成人工资、英国和澳大利亚的学徒工资低，学徒工资在工资协商制度下达成，但这种工资水平是以不给企业增加额外的负担为前提的。② 表 2 –3 清晰地说明了德国和英国的学徒工资占技术工人工资的比例。③

表 2 –3　德国和英国学徒工资占技术工人工资的比例

单位：%

	德国	英国
平均	27	45
工程部门	29	41
零售业	34	70

另外，一些社会合作机构通过给予学徒培训咨询、监管、研究等服务，也分担了一部分成本。

（二）学徒工资协商制度

在德国技能形成制度形成过程中，学徒的工资支付问题，一直在工会以及其代表的学徒和雇主之间存在利益冲突。最后采用学徒工资由工会和雇主的集体协商制度来解决。

据调查，学徒工资协商制度没有覆盖的企业比覆盖的企业的学徒工资要低，作为一个经济整体，大约要低 3.1%，在工程部门要低 3.7%，在零

① Klaus, B., Dick, M. Financing Models Forinitial and Continuingvocational Training [R]. Information Serviceof the Federal Institutefor Vocational Education and Training, 2008. 5.

② Deissinger, T. Vocational Education and Training – VET System [J]. *International Encyclopedia of Education*, 2010 (8): 448 –454.

③ Ryan, P., Wagner, K., Teuber, S., et al. Trainee Pay in Britain, Germany and Switzerland: Markets and Institutions [J]. *SKOPE Research Paper*, 2010 (96).

售业要低4.2%，而且工资协商制度覆盖的企业支付给学徒的工资要比本领域标准工资高，不同行业的平均学徒工资要比标准工资高7%，在工程部门和零售业，工资协商制度覆盖的企业支付的学徒工资有的甚至达到了技术工人工资的一半。①

学徒工资协商制度是工会与雇主利益博弈与协调的结果，是保障学徒利益、避免学徒沦为廉价劳动力的有力保障。

（三）企业严格的学徒选拔制度

企业具有严格、有效的学徒选拔制度，企业希望得到最好的学徒，因此，他们密切关注学徒在学校的表现，并会严格实施自己的测试（面试、笔试等）。学徒选拔出来后，还有1～3个月的试用期，不同水平的企业对学徒在学校表现的要求不同，好的企业要求相对较高。② 在一些企业，除了学习成绩之外，还有其他许多标准，如动机、兴趣等。比起学习成绩（特指学术学习成绩），有的企业更看重学徒对待本行业的态度与学习动机。有些企业还采用了避免看错学徒的机制，例如，在酒店业，就比较重视学徒的学习成绩，除此之外，还重视学徒的兼职工作经历和长期或中期海外居留经历，他们不会雇用学习成绩太差的学徒，他们认为学徒如果学习成绩太差，不能完成一些事务性的工作。③

正是由于企业严格的学徒选拔制度，在德国，未接受高等教育的学生对待学徒制的态度与美国学生对待高等教育的态度一样，都非常重视，而且努力达到目标。学徒选拔制度就像一场锦标赛，激励学生在学校努力学习。

二　优势互补的技能供应制度

（一）技能供应体系

教育体系“是指互相联系的各种教育机构的整体或教育大系统中的各

---

① Ryan, P., Wagner, K., Teuber, S., et al. Trainee Pay in Britain, Germany and Switzerland: Markets and Institutions [J]. *SKOPE Research Paper*, 2010 (96).

② Soskice, D. Reconciling Markets and Institutions: The German Apprenticeship System [A]. *Training and the Private Sector* [M]. Chicago: University of Chicago Press, 1994: 32.

③ Grollmann, P., Rauner, F. Exploring Innovative Apprenticeship: Quality and Costs [J]. *Education & Training*, 2007, 49 (6): 431-446.

种教育要素的有序组合。”① “教育结构体系，是指教育总体各个部分的相互关系及组合方式。”② 既然是组合方式并且是有序的组合，就不仅仅涉及教育的要素，还要涉及教育要素之间的关系。③ 具体到技能供应体系，既包含职业教育的各级各类教育机构，及其在整个教育系统中的位置，又包括与其他教育体系，如普通教育体系等的关系。

1. 德国双元制的技能供应机构

在 1969 年德国《联邦职业教育法》和 1981 年《联邦职业教育促进法》的基础上，2005 年德国颁布并实施了新的《联邦职业教育法》，该法将前两者合并，并加以修订，2007 年又进行了再次修订，成为德国应对新世纪的挑战、进一步大力发展职业教育的基本纲领。2007 年《联邦职业教育法》规定的主要学习地点包括经济界的企业，经济界以外特别是公共事务、自由职业成员以及家政的同类机构（企业职业教育），职业教育的学校（学校职业教育），以及学校职业教育和企业职业教育以外的职业教育机构（企业外职业教育）。④ 从中可以看出，德国的职业教育供应机构是教育企业和职业学校以及跨企业的培训中心，以教育企业和职业学校为主。

（1）学校职业教育

德国的学校职业教育主要是指职业学校提供的教育，包括职业专业学校、职业提高学校、专科高中、专业文法学校、护士学校、高等专科学校、行业与技术学校等。它们依据学生的水平，提供不同的职业教育。德国教育体系具体情况如图 2－2 所示。

学生在完成主体中学、实科中学、文法学校教育之后，如果不接受全日制的教育的话，就要进入非全日制的职业学校，进行基础职业培训的学习，或者进入职业提高学校、护士学校、职业专科学校、专科高中、专业文法学校等接受职业教育，之后还可以进入更高层次的高等专科学校、综合大学、行业与技术学校等学习。

---

① 百度百科．教育体系［EB/OL］http://baike. baidu. com/view/3994096. htm.

② 郝克明．当代中国教育结构体系研究［M］．广州：广东教育出版社，2001：12.

③ 和震，李玉珠．基于《国际教育标准分类法（2011）》构建中国现代职业教育体系［J］．首都师范大学学报，2014. 03：127－135.

④ 姜大源．当代世界职业教育发展趋势研究［M］．北京：电子工业出版社，2012：500.

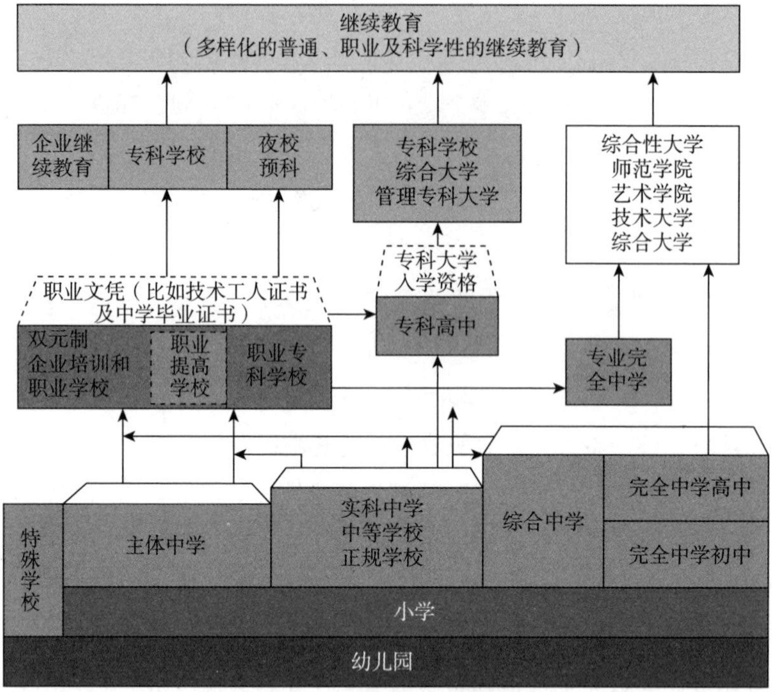

图 2－2　德国教育体系①

从教学内容上来说，德国的职业学校除传授与职业相关的专业理论知识，还传授政治、语文、体育、外语等普通文化知识。② 具体的任务包括继续普通教育（主要教授普通文化课课程）、养成教育（学生道德规范、职业规范的养成）、职业教育（职业专业理论教育、部分技能训练）等。总之，职业学校教育作为德国双元制模式中的一元，主要发挥学校集体学习、接受学习的优势，进行基础、理论、规范方面的教育。

（2）企业职业教育

德国的企业职业教育，是主要在企业进行的技术技能培训。据统计，1999 年，德国共 210 万家企业，其中约 50% 的企业具有资格提供培训，有

① 黄尧．体现终身教育理念的现代职业教育体系构建［R］．北京师范大学国家职业教育研究院，2014：12.

② 〔英〕金．教育大百科全书·职业技术教育［M］．张斌贤等译．重庆：西南师范大学出版社，2011：157.

23.3%的企业选择了提供培训。当时，提供培训的企业与企业规模密切相关，其中，雇员超过500人的大企业、雇员在50～499人的企业、雇员在10～49人的企业、雇员在1～9人的企业中提供培训的企业在其同等规模企业中的比例分别为93.3%、70.1%、46.9%、16.5%，如图2－3所示。

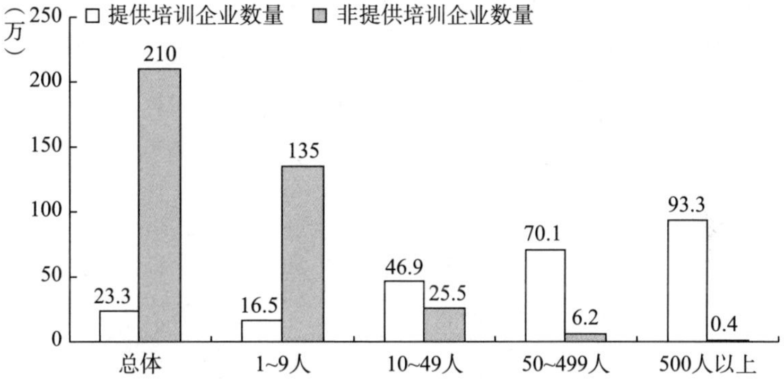

图2－3　德国各规模企业中提供双元制培训企业比例（1999年）[①]

提供培训的企业，我们称之为"教育企业"，教育企业按照生产计划、新产品研发、新技术采用等计划制订人员需求计划及未来五年的技术后备人才的需求计划，根据人员需求计划招收学徒，学徒的数量和学习方向严格按照企业需求计划而定。在这种背景下，学徒学习的技能能够满足行业企业的需求，发挥企业技术培训、实训的优势。

（3）跨企业培训中心

跨企业的培训中心，按照培训内容，应该属于企业培训机构。德国中小企业数量很多，中小型企业由于规模和财力受限，一般没有能力构建本企业单独所属的企业培训中心，他们会联合到一起共同构建企业培训中心，即跨企业培训中心。这种培训多在生产岗位上进行，它把职业教育的第一学年变成了职业教育基础年，平衡各企业间培训质量的差异，弥补一些落后地区培训岗位不足的问题，行会可以决定跨企业培训中心的教学内容。[②]

---

① BMBF. Germany's Vocational Education at a Glance [R]. Berlin: Federal Minister of Education and Research, 2003: 25.

② 国家教委职业技术教育中心研究所．历史与现状——德国双元制职业教育［M］．北京：经济科学出版社，1998：128.

2. 双元制技能供应体系与普通教育的关系

在德国，双元制的职业教育体系与教育体系中其他子系统有着密切的联系，如普通中学、高等教育等。

德国普通中学的毕业生，如果不继续普通教育的学习，可以选择进入双元制的学徒培训，这已经为世界所知。值得一提的是，在德国，双元制的学徒培训与高等教育也是相互衔接的，如图 2－4 所示。近年来，拥有高等教育入学资格的学生选择首先进入双元制的学徒培训，完成学徒培训后再继续高等教育的学生越来越多，他们被称为双资格的拥有者。

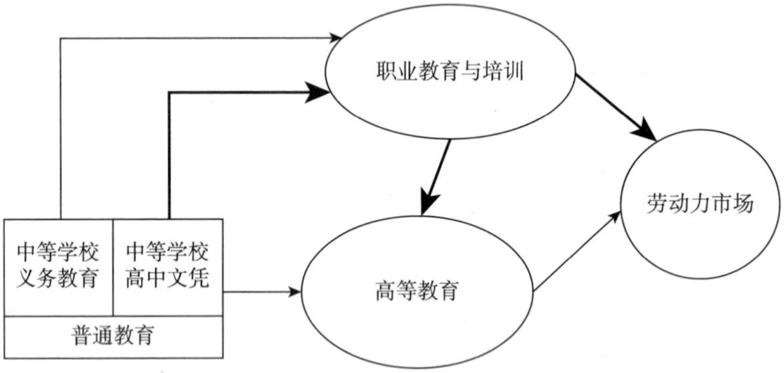

图 2－4　德国双循环体系①

由此可以看出，德国双元制的技能供应体系与普通中等教育和高等教育是相互衔接、相互联系的。正如 Thomas Deissinger 所言，在德国，学术生涯发展途径和非学术职业发展途径尽管彼此“分离”，但又相互联系、相互影响、相互依赖，这种关系使德国的“职业发展轨迹”比其他国家都稳定。②

---

① Pilz，M. Why Abiturienten do an Apprenticeship before Going to University：the Role of “Double Qualifications” in Germany ［J］. *Oxford Review of Education*，2009，35（2）：187－204.

② Deissinger，T. 职业教育体系研究［A］. 菲利克斯·劳耐尔，鲁伯特·麦克林. 国际职业教育科学研究手册［M］. 赵志群等译. 北京：北京师范大学出版社，2014：156. Deissinger，T. Cultural Patterns Underlying Apprenticeship：Germany and the UK［A］. Lang，P. *Diveregence and Convergence in Education and Work*［M］. Bern，Switzerland：2008：34－55.

（二）技能供应内容：标准化、可迁移技能

在德国双元制培训中，其培训内容标准化程度非常高，而且大部分为行业内可迁移的技能。这一方面保障了技能学习的公平性，另一方面，因为技能的可迁移性而吸引了众多学徒。

1. 技能供应的标准化

在德国技能形成制度发展的过程中，经历过工会与雇主、手工业与工商业界的利益博弈、冲突与合作，形成了双元制四方组织合作进行的局面，即政府、企业、行业协会、工会协调合作。这些组织共同制定职业培训项目，协商所需传授的技能的种类、水平和数量，以及技能学习规范、技能认证程序等，以满足劳资双方需要。这种体制结构导致了德国双元制职业培训内容的标准化和德国劳动力在就业资格上的高度标准化。①

Harris，R. 和 Deissinger，T. 认为德国《联邦职业教育法》的作用是使培训课程体系化、标准化，这可以从三个方面看出来：第一，契约，它使《联邦职业教育法》成为最全面、最详细的学徒制法律制度；第二，教育企业的技能需求，在某种程度上被模块化；第三，双元制下的学徒如何被教、什么知识和技能被传授，均在法律上有较为详尽的规定，该法律不仅规定了学徒和教育企业的责任和义务关系，还规定了个人和技能教育教师的责任和义务。②

确切地讲，标准化意指教育的性质符合全国通行标准的程度，衡量标准化程度的变量因素包括师资培训、教育预算、教材教法以及统一的毕业考试。③

从师资培训方面来看，德国较早就规定了带徒师傅的资格，规定了带徒师傅的工作年限、技术水平等，并严格要求师傅必须取得技能资格认证

---

① Crouch，C.，Finegold，D.，Sako，M. *Are Skills the Answer*：*The Political Economy of Skill Creation in Advanced Industrial Countries*：*The Political Economy of Skill Creation in Advanced Industrial Countries*［M］. Oxford University Press，1999.

② Harris，R.，Deissinger，T. Learning Cultures Forapprenticeship：a Comparison of Germany and Australia［Z］. Queensland Australia：Griffith University，2003.

③〔美〕约西·沙维特，沃尔特·穆勒．中等职业教育、分流与社会分层［A］．莫琳·T. 哈里楠．教育社会学手册［M］．傅松涛，孙岳等译．上海：华东师范大学出版社，2004：584.

后方可带徒。此后更是出台了《企业教师资质条例》。

从教育预算方面来看，前文已经明确阐释，德国技能形成的双元制培训学校教育的经费由州政府承担，在企业进行的培训由企业承担，国家通过各种项目的实施补助双元制培训，学徒通过接受较低工资和较高的普通教育水平而分担一部分成本。学徒津贴是在工资协商制度下统一制定的，全国标准几乎统一，具有明显的标准化特征。

从培训内容及教材方面来说，20 世纪中叶，德国的金属制造行业开始通过自己的行业协会——德国金属铸业总联合会——发展和宣传自己的职业技能框架标准，[①] 当时，DATSCH 为金属加工业制定出台了行业技术标准目录，为每一种技能标准界定了基本轮廓。DATSCH 同时还编写和提供标准培训的材料，材料中包括了内容非常详尽的多种行业的培训课程设置。[②] 1996 年德国各州文教部长联席会议颁布职业学校使用的被称为"学习领域"的课程指南，所谓学习领域的课程，指的是工作过程系统化的课程。1999 年，有关部门对每个学习领域课程的数量、名称、学习时间和课程内容进行统一规定，形成了学习领域课程的框架教学计划，并作为德国"双元制"学校的国家课程标准。[③] 德国的学徒制，必须在经过国家认证的培训职位中进行，目前有 350 个经过认证的培训职位，[④] 从这 350 个国家认证的培训职位的培训内容中，均可见到标准化的影子。

从统一的毕业考试方面来说，在每年的年初，德国行业协会会统一发布职业资格认证考试通告，规定具体的考试时间和考试内容，行业协会还会组织成立相应的考试小组，具体实施考试并监督考试过程，评价学生的考核结果。这种考试，标准统一、命题统一、时间统一，保障了考试的标准化与公平性。

---

① Thelen, K., Busemeyer, M. R. Institutional Change in German Vocational Training: from Collectivism toward Segmentalism [A]. Busemeyer, M. R., & Trampusch, C. *The Political Economy of Collective Skill Formation* [M]. Oxford University Press, 2012: 68 - 100.

② 〔美〕凯瑟琳·西伦. 制度是如何演化的：德国、英国、美国和日本的技能政治经济学 [M]. 王星译. 上海：上海人民出版社，2010：64 - 66.

③ 姜大源. 当代世界职业教育发展趋势研究 [M]. 北京：电子工业出版社，2012：288.

④ Deissinger, T. The Cultural Foundations of VET and the European Qualifications Framework: a Comparison of Germany and Britain [J]. *The Australian TAFE Teacher*, 2009 (9): 20 - 22.

因此，从以上四方面都可以看出，德国技能供应的标准化程度较高，保障了教育的公平性和可比性。

2. 技能供应的可迁移性

在德国企业中，职工的技能大部分是行业内可迁移的技能（marketable skills），工人的流失率很低。[①] 而职工技能大部分通过双元制获得。20 世纪，德国双元制技能供应的课程模式就被称为核心阶梯式的课程，它也具有三段式的结构特点：第一年强调宽泛的职业基础；第二年强调职业大类的内容；第三年强调职业专门化内容，这一模式的课程标准由联邦职业教育研究所开发，根据德国《联邦职业教育法》，核心阶梯式课程适用于所有“教育企业”。[②] Lisop 和 Husinga 认为德国的双元制的学习领域分为三种类型：基础性学习领域、迁移性学习领域、主体性学习领域。[③] 从这种分类来看，可迁移技能学习是德国双元制培训的主要内容之一。

2003 年 12 月 4 日，德国各州文教部长联席会议就确保职业教育与培训及所有教育资源的有效利用，发表了一个关于确保德国职业教育稳定性并提出多项改革建议的“要求清单”。“清单”要求学习内容应更宽且集中于核心专业能力，而不是过窄且局限于过分专门化。为了防止“双元制”职业教育“过度专门化”现象，要求在制定相关专业的《职业教育条例》时，继续坚持“宽基础”的职业基础教育与掌握“宽广”核心能力的职业专业教育的原则。[④]

现在，德国经过认证的培训职位有 350 个，大部分的培训职位都是所谓的单独职业（mono occupation），这些培训不允许任何类型的特殊化，更不用说培训时间和培训内容的特殊化了。宽广的初始职业资格，可以最大

---

① Soskice, D. Reconciling Markets and Institutions: The German Apprenticeship System [A]. *Training and the Private Sector* [M]. Chicago: University of Chicago Press, 1994: 37.

② 姜大源. 世界职业教育课程改革的基本走势及其启示——职业教育课程开发漫谈 [J]. 中国职业技术教育, 2008, 27: 7-13.

③ 姜大源, 吴全全. 德国职业教育学习领域的课程方案研究 [J]. 中国职业技术教育, 2007 (02): 47-54.

④ 姜大源. 当代世界职业教育发展趋势研究 [M]. 北京: 电子工业出版社, 2012: 288.

化地支持企业或工作岗位之间的弹性和可移动性技能需求。①

因此，无论从双元制培训的内容、特征，还是从其法定要求上，都能看出德国双元制职业培训的主体内容之一是企业间，尤其是行业内部可迁移技能。这从某种程度上吸引了大量的学徒参加培训。

三　有效的技能资格认证制度

（一）第三方评价制度

严格统一的第三方评价制度是德国职业教育持续、稳定发展的有力保障。

在德国，职业资格认证的主体是行业协会，而不是联邦政府，联邦只是对职业资格认证提供法律保障并进行宏观调控，包括提供严格考试、注册和执照颁发、就业准入规则等方面的政令，以就业准入规则为例，联邦政府规定不允许没有资格的人从事规定的职业。联邦政府引导职业资格认证制度的实施及其方向，充分调动各方面的力量参与职业技能认证，保障职业资格认证的公平性。

资格认证的具体职责由行业协会、雇主联合会、工商会以及手工业协会等社会合作者组成的考试委员会实施，委员会的代表包括平等数量的雇主代表、雇员代表和职业学校教师，可以反映各方利益诉求，以达成共识，保障考试的公平性。考试委员会的代表由选举推荐产生，代表的年龄要在24岁以上，而且要经过培训，通过考核并取得相应的资格证书后才能上岗。通常情况下，代表的任期为5年。考试委员会的代表，是一个荣誉性的职位，只有象征性的津贴，一般没有其他报酬。②

在每年的年初，考试委员会会统一发布职业资格认证考试通告，规定具体的考试时间和考试内容，并安排相应的考试小组，对考试过程进行监督，并对考试结果评分。在这种考试中，考试标准统一、命题统一、时间

---

① Deissinger, T. Cultural Patterns Underlying Apprenticeship: Germany and the UK [A]. Lang, P. *Diveregence and Convergence in Education and Work* [M]. Bern, Switzerland, 2008: 34 - 55.

② 邓泽民，张扬群．现代四大职教模式［M］．北京：中国铁道出版社，2006：95.

统一，保障了考试的标准化与公平性。

第三方机构成员中虽然有证书的供给方和需求方，但他们不是主要成员，主要成员是处于中立地位的行业协会、学会、商会等行业组织，这种第三方评价制度，保证了职业资格证书获取的公平性及有效性。

（二）技能资格认证制度

德国的职业教育考试既有中间考试又有结业考试，中间考试在学徒学习一年半左右的时间实施，考试合格颁发培训毕业考试证书；结业考试是在学徒学习结束时实施，考试合格颁发职业资格证书。

在德国，职业资格认证制度既是一项重要的劳动就业制度，又是一种技术技能人才的考试制度。先前，手工业部门垄断着技能资格认证权，技能依赖型企业经过多年的争斗，获得了同等的技能资格认证权。这种技能资格认证的价值在于，首先，能够保障学徒的利益，技能资格证书能够为学徒打开通往未来的路，技能资格证书对完成培训的学徒来说是一种保障，保障其能够以自己过硬的技能，在公司得到相应的职位，技能资格证书是技工晋升为独立师傅的必需条件。工会与雇主约定，不得雇用未经职业训练并获得职业资格的人承担技术性工作。因此，没有职业资格证书的人，很难在就业市场上找到工作，即使能够找到工作，其稳定性也非常差，待遇也与获得职业资格证书的人存在很大差距。

另外，如果工人被裁员，技能证书可以使其迅速在劳动力市场中获得新的职位。当然一般情况下，学徒不愿意离开自己的培训企业，除非当学徒面临家庭情况变动、工作条件较差、工会不满等不确定性问题时。一旦学徒被迫离开培训企业，技能资格证书能够保障学徒以最小的损失，找到新的工作。而且，技能资格证书赋予技工争取自己权益的力量，比如，当技工受到骚扰时，可以提出控诉，不用担心会因为控诉而使自己的境况更差。①

其次，技能资格认证的价值还在于能够让企业得到关于学徒的可信任的工作能力信息。这种高度标准化的劳动力培训内容和职业资格，使

---

① Soskice, D. Reconciling Markets and Institutions: The German Apprenticeship System [A]. *Training and the Private Sector* [M]. Chicago: University of Chicago Press, 1994: 55 - 56.

得企业对学徒的培训质量和证书的信任度比较高，能够放心聘用和使用学徒。[①]

这一职业资格认证制度为德国技能形成体系的下一环节做了铺垫准备。

四 公平、可信的技能使用制度

有学者曾经指出，德国职业教育社会化的方法是使职业成为个人身份的核心要素。然而，职业教育的这一理念仅是德国双元制成功的一个因素，而不是主要的原因。如果职业机会（就业和收入）的现实不一样的话，即使这种理念的“民主化”说法提倡普通教育和职业教育的同等价值，但也不是完全具有说服力。[②] 这充分说明了技能使用制度的重要性，即学徒学成以后，雇主如何对待和使用其技能，技能工人的工资和待遇如何体现技能水平的差异？在德国，经过长期的利益博弈，基本形成了公平、可信的技能使用制度，其中工资协商制度和技能工资制度是其核心。

（一）内部劳动力市场制度

索斯凯斯认为，德国的劳动力市场更多地属于内部劳动力市场，这可以从德国企业员工在同一企业的任期时间长度来判断。相比而言，德国企业员工的任期要比美国长，无论是哪个年龄组，也无论其任期是相对较短的3~5年，还是任期较长的5~10年，德国的工人任期都比美国要长（见表2-4）。就业的稳定性是雇主和技工共同的追求，而且进入德国技能劳动力市场的途径是学徒制。[③]

---

① 〔美〕约西·沙维特，沃尔特·穆勒．中等职业教育、分流与社会分层［A］．莫琳·T.哈里楠．教育社会学手册［M］．傅松涛，孙岳等译．上海：华东师范大学出版社，2004：582.

② 〔英〕金．教育大百科全书·职业技术教育［M］．张斌贤，和震译审，重庆：西南师范大学出版社，2011：44.

③ Soskice, D. Reconciling Markets and Institutions: The German Apprenticeship System［A］. *Training and the Private Ssector*［M］. Chicago: University of Chicago Press, 1994: 55-56.

表 2-4　德国和美国 20 岁以上从业者在同一企业或单位任期对比①

单位：%

年龄分组		任期	
		3~5 年	5~10 年
20~24 岁	美国	29.4	19.4
	德国	37.9	50.1
25~29 岁	美国	33.3	36.7
	德国	44.9	62.2
30~34 岁	美国	33.0	48.4
	德国	38.6	72.3
35~39 岁	美国	28.1	47.5
	德国	45.7	83.5

德国的内部劳动力市场是学徒制实施的关键。它保障了企业，尤其是大中型企业能够留住自己培训的学徒，而且刺激学生参加学徒制，以进入企业的内部劳动力市场。这种内部劳动力市场制度，使得企业和学徒之间可以建立可信任的承诺关系及双重动机，形成了一种均衡，雇主提供高质量的学徒培训，学徒努力使自己具有较强的学术能力。雇主高质量的培训，使得年轻人在学校教育中努力学习，以获得更好的学徒岗位；学徒较强的学术基础能力，使得企业培训成本降低。二者实现了双赢。

内部劳动力市场制度也使得企业不愿意在外部劳动力市场中招聘员工，而更愿意留用自己的学徒，他们认为在外部劳动力市场中无法获得真正优秀的人才，而且，传授自己的学徒本企业的特殊技能，要比传授学成技工所需负担的成本低。因此，德国双元制学徒培训的留用率非常高，这保障了德国技能形成体系的双元制培养人才的出口问题。

（二）工资集体协商制度

集体的工资协商制度由雇主协会和工会在行业层面上达成，行业层面的基本工资在实际上和法律上都已经和雇主绑定在一起，行业内，每个企

① Soskice, D. Reconciling Markets and Institutions: The German Apprenticeship System [A]. *Training and the Private Sector* [M]. Chicago: University of Chicago Press, 1994: 32.

业的基本工资几乎相同，而且这种工资协商制度还可能有非法律层面的、企业层面协商的辅助。①

由于集体工资协商制度的存在，对于德国企业来说，采用低工资战略或者依靠自由地应用外部劳动力市场以协调企业工人的技能构成规格和水平，是非常困难的。低工资的雇用战略已经在德国的工资决定制度中被划去。除此之外，通过对裁员的频繁使用，以实现劳动力的灵活性也是受法律限制的。工会被赋予一定的法律权力以推迟裁员，或者强加大量的费用给试图裁员的企业。如果非要裁员，雇主必须在法律上与工会达成“社会计划”的协议，协议中需要详细说明裁员的补偿金、被裁员工的再培训计划和重新安置的可能。

同样，由于工资协商制度的存在，德国企业利用高工资挖人的做法也是很难实现的。工会不支持企业采用高工资来挖人，那样会削弱工会在工资谈判方面的能力，尤其是工会向企业施压以培训现有员工的能力。

工资协商制度保障了企业共同承担职业培训的职责，避免了因承担职业培训职责与否，给企业带来的不公平利益，并使参与职业培训成为德国企业的常态。

（三）技能工资制度

在德国，技能资格认证制度和强大的技能培训体系，为其技能工资制度的实施带来了便利。技能工资是对员工所具有的各种在工作中能够应用的技能进行考核并依此发放薪酬的一种工资制度。技能工资的导向性很明确，即员工拥有的技能数越多，便可获得越多的薪酬。②

德国的技能工资等级差距，也经历了多年工会与雇主的利益冲突及相互妥协。早在20世纪初，由于工会吸纳了大量的非技术工人，金属加工制造业的工会要求减少区分工资差距的等级数量，工会要求工人只能分为三个类别——技术工人、准技术工人以及非技术工人，同时要求企业缩小工人技能工资等级的差距，要求非技术工人的工资达到技术工人工资的

① Soskice, D. Reconciling Markets and Institutions: The German Apprenticeship System [A]. *Training and the Private Sector* [M]. Chicago: University of Chicago Press, 1994: 39.

② 杨伟国，代懋. 中国技能短缺治理 [M]. 上海：复旦大学出版社，2011：113.

86%。雇主则希望企业内有稳定的内部劳动力市场制度和工人职位级别晋升体系，因而，试图保持工资等级差异，而且要进一步扩大工人技能工资等级差距，要求非技术工人的工资是技术工人工资的76%。[①] 当时，就整个德国而言，雇主担心如果不让步将会促使工人加入更激进的共产主义、工团主义工会，因此，对工人做出了一些妥协让步。[②] 1924年以后，政治环境的变动扩大了国家仲裁权力，而国家是支持雇主扩大技能工资等级差距的，因此，德国技能工资等级差距再次得到了一定程度的扩大。[③] 到2008年，德国的技术工人工资比非技术工人工资高出11.8%。[④] 现在，工资差异形式和政府的资助还鼓励很大一部分德国工人通过进一步的教育和培训来提高自己的技能，以获得技术管理工人或技术员资格。[⑤]

尽管在技能工资等级差距的扩大和缩小中，一直存在争议甚至冲突，但可以看出德国采用的技能工资形式，充分尊重了技术工人的技术地位，保障了其根本利益，使得优秀的技术工人工资待遇不比管理人员低，鼓励了技术工人自我提升和学习技术的积极性。

五　社会统合的合作制度

（一）多元的社会合作者及其职责

在德国有一个重要的概念——社会自治，这意味着政府的职责下放给一些社会组织，让其自己处理自己的事宜，只要他们不违反重大的一般利益。德国的社会合作传统在职业教育领域也非常强大，社会合作者共同致力于职业教育的持续发展。例如，行业协会的影响力不在于限制

① 〔美〕凯瑟琳·西伦．制度是如何演化的：德国、英国、美国和日本的技能政治经济学［M］．王星译．上海：上海人民出版社，2010：58－59.

② Mosher, James. 2001. Labor Power and Wage Equality: The Politics of Supply－Side Equality［D］. Madison: University of Wisconsin－Madison, 2001: 306－308.

③ Mosher, James. 2001. Labor Power and Wage Equality: The Politics of Supply－Side Equality［D］. Madison: University of Wisconsin－Madison, 2001: 306－308.

④ 转引自臧志军．职业教育国家制度的比较研究［D］．上海：华东师范大学，2013：85.

⑤ Piopiunik, M., P. Ryan. Improving the Transition between Education/Training and the Labour Market: What Can We Learn from Various National Approaches?［R］. EENEE Analytical Report No. 13, 2012: 54.

学徒培训以保持技术工人的工资，而是致力于培训体系在数量和质量上的持续扩大或提高。在德国，像行业协会一样的社会合作者不是一枝独秀，表2-5列举了2007年德国《联邦职业教育法》中所提到的社会合作者及其职责。

表2-5 德国职业教育的主管机构

社会合作者	职责
手工业协会	手工业条例界定的手工类职业的职业教育主管机构
工商业联合会	非手工业工商类职业的职业教育主管机构
农业协会	农业包括农村家庭经济类职业的职业教育主管机构
律师协会、专利律师协会和公证员协会	法律事务领域里专业职员的职业教育主管机构
经济审计员协会和税务咨询员协会	经济审计和税务咨询领域里专业职员的职业教育主管机构
医生协会、牙医协会、兽医协会及药剂师协会	卫生健康服务领域里专业职员的职业教育主管机构

资料来源：德国《联邦职业教育法》2007年4月1日版。①

除了这些社会合作者，联邦非法定福利工作组、联邦雇主联合会、联邦国民服务联合会、德国工会联合会、德国教育联合会、德国学生联合会、联邦私立学校联合会等都是职业教育中的社会合作者，他们在法律和实践领域发挥自身的职责。综合来说，德国社会合作者的职责包括职业教育目标、内容、标准的集体决策权，职业教育资助，职业教育的实施和管理职责，职业教育的监管和控制职责。②

1. 职业教育目标、内容、标准的决策职责

联邦政府大部分职业教育决策都是在没有州政府的反对下，由联邦职业教育所的工会和雇主代表的同意下做出的。这些决策权包括工作领域的职业教育规则，公共学校职业教育内容的标准化，协调工作领域和职业学

① 姜大源．当代世界职业教育发展趋势研究［M］．北京：电子工业出版社，2012：512.

② Streeck, W., Hilbert, J., Van Kevelaer, K., et al. *The Role of the Social Partners in Vocational Trainingand Further Training in the Federal Republic of Germany* [M]. Berlin: CEDEFOP – European Centre for the Development of Vocational Training, 1987.

校的职业教育。这些职责都是由联邦教育与科技部负责，由联邦职业教育所具体实施的。其中由德国工业联合会和德国联邦行业协会推荐行业协会、雇主、州、联邦的代表组成联邦职教所的中央委员会，负责职业教育基础建设方面的问题。它会在职业培训的内容、期限、条件、教育原则、工具、监管、控制、考核等方面提出建议，力促达成一致协议。另外，国家层面的作用还在于颁布职业教育的法律和规则，它的颁布是一个复杂、长期的咨询过程，联邦要咨询雇主联合会、工会以及州政府的意见，咨询过程由联邦职业教育所主持，最后达成一致协议，并商定为职业教育相关法律或规则，目前，在联邦层面具有420多种不同的职业培训法规。联邦层面的社会合作者的参与基于协商一致的原则，这就使得联邦政府机构的职责仅限于一种“公证人”的作用。

行业层面的雇主联合会和行业协会在企业职业教育的目标、内容和标准的制定与决策中具有重要的作用。通常，决策的制定过程由BIBB的代表，来自各行业协会或雇主联合会、工会等组织的职业教育专家代表以及企业代表组成的专家组来协商讨论实施。这些社会合作者经常作为企业职业教育的监督员进入企业，致力于充实企业职业教育的实践。当决策涉及工资等问题时，决策的过程会很艰难。

区域层面的社会合作者通过参加州的职业教育委员会和职业教育联合会，来影响职业教育目标、内容和标准的决策。在《联邦职业教育法》的规定下，德国11个州都建立了由相同数量的雇员、雇主、教师代表组成的职业教育委员会，作为州政府的咨询代表。他们通过州教育大会影响职业学校的课程，也通过协调职业学校与工作场所职业教育的规定来影响职业学校的课程。有时，州政府层面的职业学校课程标准，还会受到社会合作者所在的国家部门的决策机构，例如其所在的雇主联合会或行业协会等的影响。有时，他们还通过自身在职业教育技能考核领域的权威，影响国家的职业教育制度。

在企业层面，依照法律实施职业教育决策权的是工会，在大企业，工会严格按照法律实施其职业教育责任，他们的工作加强了企业职业教育中行业协会与其他层面的行业协会等组织的密切联系。这个层面的社会合作者的作用是如何填补联邦职业教育规则留下的自由空间，在大的企业这种革新的空间非常大，他们会制定超过国家最低标准的职业教育标准。按照法律，工会可以共同决策工作场所的职业教育事宜。他们在企业职业教育培训中心的建设或设备使用等方面没有任何正式的权利，但他们能将这些事宜纳入协商范围，在超过500人的企业中，在强制实施协商制度的企业中，工会实施高标准职业教育的机会非常高。工会之所以选择实施高标准的职业教育，是因为高标准的职业教育可以提高劳动力的工作表现和适应性，进而提高企业的适应性，还可以为劳动力提高就业安全性以及自身的协商能力。更高的、富有弹性的职业教育，可以减少企业从外部劳动力市场雇用员工的必要性，解决了企业和员工之间的可信任问题。另外，德国企业喜欢雇用自己员工的子女作为学徒，而要求企业实施高标准的职业教育，也保障了员工子女教育质量问题。

社会合作者在职业教育目标、内容、标准决策中的作用见表2－6。

表2－6　社会合作者在职业教育目标、内容、标准决策中的作用

职业教育目标、内容、标准的决策（决策权）				
国家层面	工作领域的职业教育规则，公共学校职业教育内容的标准化，协调工作领域和职业学校的职业教育			
	相关机构	联邦教育与科技部（BMBF）	联邦职业教育研究所（BIBB）	中央委员会（Central Board）
行业层面	在企业职业教育的目标、内容和标准的制定决策中具有重要的作用、监管企业职业教育的实践			
	相关机构	行业协会	雇主联合会	工会等
区域层面	通过参加州的职业教育委员会和职业教育联合会，来影响职业教育目标、内容和标准的决策，制定职业技能考核规则			
	相关机构	职业教育委员会或职业教育联合会	—	—
企业层面	加强工作场所行业协会与其他层面的行业协会等组织的密切联系，制定和实施高标准的职业教育			
	相关机构	工会		

2. 社会合作者在技能形成资助中的作用

在技能形成的资助来源中，具体情况与本节第一部分内容——责任共担的技能投资制度一样，国家以项目的形式资助技能形成的发展，行业企业、雇主联合会、商会会以各种方式招募会员，以创造更多的培训岗位，这些形式包括公开呼吁、写信给成员、与联邦劳动部就学徒制问题达成合作等，有些社会合作组织还会为雇主构建“企业职业教育投资的未来前景”。在企业层面，主要是企业对技能形成的直接投资，以及学徒通过接受较低学徒工资的形式来投资培训。简要情况参照表2－7。

表2－7　社会合作者在技能形成资金来源中的作用

技能形成资助来源	
国家层面	国家政府以项目形式资助
行业层面	行业协会、雇主联合会、商会等以各种形式招募会员，以创造更多的培训岗位。其直接资助形式为：行业基金、行业协会基金
地区层面	地区城府、地区层面的雇主联合会、协会等社会合作组织负责地区层面的职业教育产教合作的资金来源问题。政府负责职业学校的投资，另外还有地区基金等资助形式
企业层面	企业的直接投资，学徒接受较低的学徒津贴

3. 社会合作者的职业教育实施与管理职责

在职业教育的实施与管理中，国家层面的社会合作者的作用非常有限，考试领域除外，德国联邦职业教育研究所与中央委员会提出关于各个职业都通用的考试程序。具体的考试实施由地区层面的联合委员会实施，联合委员会建立由相同数量的雇主代表、雇员代表和教师代表组成的考试委员会，不同行业内容不同，考试委员会具体决定该行业具体的考试内容。培训企业是否合格也由地区层面的联合会决定，他们维持培训合同的框架、决定培训实践的长短等，并仲裁学徒与企业的相关冲突等。另外，企业职业教育和学校职业教育的协调工作也是地区层面的联合会的职责。在行业层面，社会合作组织的作用是建立和管理企业外培训中心和企业教师的培训。在企业层面，除了企业的具体职责外，工会也拥有法定的协商权利，在大企业，工会一般会追求高标准的培训，以促进各方利益的达成。简要情况参照表2－8。

表 2－8　社会合作者的教育实施和管理职责

职业教育实施和管理职责	
国家层面	有限责任，德国联邦职业教育研究所与中央委员会提出各个职业都通用的考试程序
行业层面	建立和管理企业外培训中心和企业教师的培训
地方层面	地方联合会组建考试委员会，负责各行业职业教育的技能考核内容的制定和实施，维持培训合同框架、仲裁学徒与企业的冲突等
企业层面	企业实施本企业的职业教育，另外工会拥有法定的协商权力，一般在大企业实施高标准的培训

4. 社会合作者的职业教育监管和控制职责

国家层面的监管和控制主要是由 BIBB 提供的年度职业教育发展报告完成，此报告会对年度职业教育体系的表现和适应性做出评价，包括职业教育政策、职业教育市场的地区趋势、职业教育的内容和结构等方面的职业教育数量和质量数据。报告会是评价近期项目的工具，也是未来职业教育决策的参考。当然雇主联合会或者协会等也会有自己的研究机构，以提供补充的或替代性的数据，尤其是工会，他们会获得大学或者独立研究机构的研究数据，这些研究机构由于不属于 BIBB 等国家机关，因此，其研究具有相对的中立性，可以看到更多的职业教育问题。这些独立的研究机构的报告可以使社会合作者有机会注意加强或者减弱职业培训，更重要的是，这些报告可以给他们提供支持或反对其他利益集团的决定的相关支持。不管是联邦政府的报告还是这些独立研究机构的报告，在对职业教育体系做出评价时，都是有固定的制度程序的。

社会合作者在行业层面的监管责任主要是监管职业培训规则的实施情况，行业协会和雇主联合会与企业保持着密切的联系，并且通告企业实施培训中的问题，以及培训变革的必要性。

社会合作者在地方层面的监管权力主要是通过他们在联合会中的协商权利实现的。德国《联邦职业教育法》规定联合会具有监管和咨询的作用，因此，他们会雇用全职的咨询人员，以确保培训企业按照培训规则实施培训，他们还会对企业做出考核，考核企业是否遵循职业培训计划或者提供免费的学习材料等。

在企业层面的监管作用主要是通过工会来发挥的，工会具有参与企业职业教育的管理权力，这种作用也是通过其集体协商权力来实现的。简要内容见表2－9。

表2－9　社会合作者在职业教育监管和控制中的职责

社会合作者的监管与控制职责	
国家层面	由BIBB发布年度职业教育发展报告，行业协会、雇主联合会、工会也会形成自己的、独立的职业教育研究报告，为评价职业教育体系和未来决策提供参考
行业层面	监管企业职业教育规则的实施情况
地方层面	雇用全职的职业教育咨询员，监管职业教育实施中的各项问题，尤其是职业教育规则的实施情况，考核企业是否遵循职业培训计划或者提供免费的学习材料等
企业层面	工会的监管作用

（二）多元主体的协同合作关系

德国的职业教育，就像现代社会所有大的政策一样，被非常复杂的制度体系和种种不同的行动者与次体系所组织和管理。这种复杂的制度体系、不同的行动者和次体系，在集体协商制度的基础上，组成了协同合作的关系。政府、雇主、工会、行会四个行动者相互合作、协商，共同致力于高技能的形成。

在德国，这种协同合作关系的实现，是通过集体协商制度来完成的，德国职业教育领域的协商制度往往是详细、具体的，覆盖大量的项目，除了技术工人的工资之外，还包括工作时间、学徒津贴的支付系统、就业保护和工作场所的工会权利等。

第三章

新加坡国家主导式技能形成制度分析

在20世纪60年代之后，亚洲“四小龙”实现了经济的腾飞，新加坡属于“四小龙”之一。众所周知，新加坡是一个地域狭小、资源贫乏的岛国，是什么促使其腾飞，成为亚洲“龙”的呢？如果说新加坡教育的繁荣发展成就了今日新加坡经济的腾飞，那么，职业教育作为新加坡教育体系中的重要一环，更是功不可没。新加坡的职业教育是与其经济和社会发展同步的。

新加坡的技能形成制度，被称为“发展型”国家模式。这种模式的重要特征是它将技能形成政策与经济发展各个时期的需求密切相连，简单地说，发展型国家控制着技能的劳动力市场的供应，也通过工业和行业发展政策，控制着技能的需求。他们将技能供应与技能需求高度结合在一起，以适应经济发展的预期轨迹。① 那么新加坡的技能形成制度是如何形成的呢？其形成历程中存在哪些利益冲突？其制度构成如何？本章将做进一步的梳理。

第一节　新加坡技能形成制度演化历程

一　技能形成的初步发展（1965～1978年）

1965年新加坡与马来亚的联盟破裂，新加坡宣布独立，这样新加坡就

---

① Ashton, D., Green, F., James, D., et al. *Education and Training for Development in East Asia* [M]. London and New York: Routledge, 1999: 3.

失去了工业发展的原料来源和商品销售地，原来依靠国内市场的进口替代政策被更加开放的出口导向经济发展政策替代。在这种情况下，新加坡经济发展局开始致力于吸引跨国公司的投资，以建立本国的制造业基础，通过制造业的出口，不断提高国家产出。[①] 在 1965 年和 1978 年之间，制造业产出作为新加坡国内生产总值的一部分，持续增长，从 19.8% 上升到 28.8%。在新加坡经济发展的初级阶段，雇主的需求均是半技术工人。当经济发展局开始在全球招募跨国公司时，教育被要求帮助跨国公司培育有文化的、有教养的劳动力。

跨国公司对新加坡的投资，不仅为新加坡带来了资本，更带来新工业发展的管理和技术专家，新加坡的历史任务是向其学习。因此，新加坡政府在教育方面，除了提高人们基本的文化水平，并在科学和数学方面提供了大量培训外，也增加了对人们技能的要求。

在此时期，政府需要为成人提供义务教育、公共的职业技能教育，并提供各种激励措施以增加企业培训。[②]

20 世纪 60 年代后期，新加坡政府吹响了“向技术教育进军”的号角，政府在 1968 年建立了技术教育局，技术教育局在教育部和高层职业技术教育协调委员会的领导下工作，其中，高层职业技术教育协调委员会由教育部长、财政部长和劳动部长等组成。技术教育局负责策划和推行技术教育与职业培训计划，以激励技术教育的发展。同年，还设立了全国工业训练理事会，其职责是监督和协调各部门实施技术教育的过程，评估其质量。1969 年以后，所有的低于中等教育水平的男学生均须参与技术课程。在这个时期，还建立了多层次的“阶梯式”培训制度，“阶梯式”培训的实施使各个阶段离开学校的学生，都能依据自己的水平和需要接受相应的训练，成为不同水平、具有不同技术类型的技术工人，以适应企业的实际需要。这是新加坡技能形成制度在国家主导下的初步发展。

---

① Low, L. From Entrepot to a Newly Industrialising Economy [A]. Toh, M. H., Soon, T. W., Tan, K. Y., et al. *Challenge and Response: Thirty Years of the Economic Development Board* [M]. Singapore: Times Academic Press, 1993: 19.

② Green, A. East Asian Skill Formation Systems and the Challenge of Globalisation [J]. *Journal of Education and Work*, 1999, 12 (3): 253 – 279.

在这个阶段，新加坡的教育发展基本上达成了共识。第一，教育发展规划必须与国家经济发展规划相一致，必须把职业教育和培训作为国家经济进步的根本因素；第二，职业教育是教育体系中的重要组成部分，其中，企业职业教育和培训又是职业教育的重要组成部分，直接影响职业教育的效率；第三，职业教育必须与商业和工业部门相配合，并保持密切联系。[①] 这就从根本上奠定了技能形成制度的发展基础。

二　技能形成制度的国家化（1979～1989 年）

在 1973 年石油危机以后，大部分工业化国家都承受着高失业率，为促进自身经济发展，各国的保护主义抬头。新加坡急切地在“普遍优惠制”中维持自己的出口，然而，由于当地企业与跨国公司的整合并不顺利，新加坡维持的普遍优惠制是非常弱的。在 1976 年，欧盟开始对从新加坡进口的电器征税。在 20 世纪 70 年代晚期，新加坡之外的其他地区，同样的低成本劳动力的吸引力越来越大，新加坡失去了竞争优势。重重困局重新点燃了新加坡经济升级的问题，通过升级，新加坡可以绕过各国主要集中于低技能生产战略的保护主义增长的问题。

经济的升级与转型最先发生在新企业，政府倡导新企业生产高附加值的商品，减少对劳动力的依赖，减少劳动力密集型的生产方式。[②] 对于既有的基于低劳动力成本而生产低附加值的企业（包括跨国公司），政府对其进行游说，说服其进行升级，以生产高附加值的产品。

为了迫使企业实施高附加值的生产战略，新加坡政府实施了提高工人工资的计划，政策规定：凡员工工资在 750 新元/月及以下的企业，必须缴纳工人工资 4% 的税收。政府用这些税收成立技能发展基金（Skill Development Funds），以作为提高职工技能的培训费用。[③]

---

① 贺国庆，朱文富．外国职业教育通史［M］．北京：人民教育出版社，2014：361.

② Ashton，D.，Sung，J. The State，Economic Development and Skill Formation：A New East Asian Model?［R］．Centre For Labor Market Studies，University of Leicester，1994：8.

③ Wong，S. T. Education and Human Resource Development［A］．Toh，M. H.，Soon，T. W.，Tan，K. Y.，et al. *Challenge and Response*：*Thirty Years of the Economic Development Board*［M］．Singapore：Times Academic Press，1993：47.

如果政府想有效地吸引企业（尤其是跨国公司）来建立高附加值的生产战略，那就不得不保证提供必要的技能需求，不得不提高工人的受教育水平，为此，政府实施了更为复杂的技术教育形式，以提供合适的中级水平的技能。20 世纪 70 年代中期，政府制定了“10 年人力发展计划”，对培养各类专业人才进行了严密的规划，为产业升级做好了准备。到 70 年代末，产业升级发展很快，技术人才出现很大缺口，国家就通过各种形式，引导学生报考工程技术和法律等人才缺乏的专业。如“Goh 报告”建议实现初等教育和高等教育的分流，分流可以使不适应学术教育的学生在教育体系内有另外的、可替代的选择。① 此外，政府还根据经济发展的需要，下达各专业招生名额，确定研究生和本科生的招生比例，把大部分奖学金用到急需发展的学科上去。由于政府有统一的规划，遵循教育为经济发展服务的原则，对市场需求有前瞻性，因此，新加坡的人才培养没有出现像很多发展中国家一度出现过的“学无所用”、“专业不对口”以及研究生、本科生和中专生比例倒挂的现象，造成人才的浪费。②

1979 年，负责职业教育的成人教育局与负责技术教育的工业训练局合并为职业与工业训练局。职业和工业训练局在准专业水平上，为职业和工业培训制度提供了单一的国家培训权威，为没有继续接受学术教育的学生提供教育和培训，为所有的学徒提供培训，并为基础工人提供技能更新培训以及其他技能证书的培训。

新加坡各职业教育机构，积极实施产教合作的教学，20 世纪 80 年代初，新加坡南洋理工学院提出了新加坡职业教育产教合作的模式——“教学工厂”，“教学工厂”模式在新加坡各个理工学院和工艺教育学院中普遍存在，是将学校和工厂两个主体统一领导、组织、实施的职业教育发展模式，而且学校和工厂具有统一的教学计划，在教学中更强调和注重技术教育，注重理论知识的学习与实践技能的结合，被称为新加坡式的职业教育

---

① Ashton, D., Green, F., James, D., et al. *Education and Training for Development in East Asia* [M]. London and New York: Routledge, 1999: 23.

② 李路曲．新加坡现代化之路：进程，模式与文化选择［M］．北京：新华出版社，1996：578.

产教合作双元制。①

同时，新加坡政府在20世纪80年代实施了一系列项目，以提高职业教育水平，为经济发展服务。这些项目及改革是新加坡工业战略下持续的技能更新和重组的必然要求，在这个时期，政府努力使高附加值制的生产战略不会因为没有合适的技能而受到阻碍。经过1970～1993年的发展，技术密集型产品的出口等在总出口中的比重，从6.2%上升到43.2%。到1990年代中期，新加坡的人均国内生产总值已经走在了工业化国家的前列。②

因此，新加坡的技能形成，从一开始出现就有国家的影子，其发展壮大过程更是一直处于国家的主导之下。国家通过实施各项政策来确保技能发展适应产业发展的需要。

三　技能形成制度的"普遍化"（1990年至今）

为了在国际竞争中激流勇进，新加坡政府开始实施与最好的工业化国家的经济绩效相匹配的国家长期规划。在1990年，"下一圈"计划实施，计划的目标是到2020～2030年，新加坡人可以获得与瑞士人一样标准的生活。

为了达到这个目标，新加坡需要继续吸引企业实施高附加值的生产和服务。新加坡将可以在世界市场中维持竞争优势的13个产业群划分出来，并优先发展。然而，为了维持经济增长，新加坡的企业感觉到有必要从新加坡转移到亚太地区，形成第二个经济圈。这不仅使新加坡可以获得国外的廉价劳动力，而且可以使新加坡处于该地区的中心，以驱动经济的增长。新加坡需要从国内合作转向国际合作，这象征着政府战略的进一步转移。

为了追赶先进的工业化国家并在亚太地区的发展中获得成功，新加坡政府不得不保证本国教育与培训体系的更新与最先进的工业化国家的教育与培训体系更新保持一致。同时，培训政策重新集中于提高中等的、基于

① 马早明．亚洲"四小龙"职业技术教育研究［M］．福州：福建教育出版社，1998：193.

② Ashton，D.，Sung，J. The State，Economic Development and Skill Formation：A New East Asian Model?［R］．Centre For Labor Market Studies，University of Leicester，1994：10.

工作的技能，并且将工作场所作为关键的学习场所。

1992 年，职业和工业培训委员会又更名为技术教育学院，改组后的技术教育学院具有 5 项职能。注重就业前的训练，负责对完成 10 年普通教育的学生实施技术培训，以提高认证的技术教育水平；注重为工人提供延续教育和培训的机会，以使那些继续职业教育路径的人能够获得更高的科技学院或大学教育；推广以工业为基础的培训计划，它主要是鼓励和协助更多的公司设立内部的培训中心；颁发证书，承认新的技能和技术；为雇主提供有关训练员工的咨询服务，包括协助公司确定其雇员哪些方面需要训练，协助他们设计训练计划和提供训练指导员。[①]

建立于较高的教育参与率的基础上，第三级教育得到扩张。在 20 世纪 90 年代，新加坡第三级教育扩张达到了国家教育总规模的 26%，在 20 ~ 24 岁的人群中，新加坡的教育获得了与美国、欧洲等老牌国家的教育体系相当的成就。[②] 政府从企业得到的反馈是，雇主的主要需求是高级和中级技术技能，而科技学院是其最好的提供者。政府官员们认为，普通大学生的需求比较小，而且无保障地扩大普通大学教育将导致大学标准和质量的下降。因此，在这个阶段，新加坡的精力主要集中在扩大第三级技术教育中。新加坡出台教育政策，减少了 30% 的常规课程内容，以使学生有时间进行项目工作和团队工作方面的学习，使学生得到更宽广的技能。[③]

1996 年，新加坡国家生产委员会、国家标准和工业研究委员会合并，并建立了新加坡生产和标准委员会，这种合并有利于政府将生产的软技能与硬性的质量标准和工业研究整合在一起。生产和标准委员会实施了以提高人力资源管理和企业培训的质量为目的的“人力发展计划”和使劳动力适应变化、学习新技能以面对知识经济挑战的重要的“赋予技能

---

① 马早明．亚洲“四小龙”职业技术教育研究［M］．福州：福建教育出版社，1998：180.

② Ashton，D.，Green，F.，James，D.，et al. *Education and Training for Development in East Asia* ［M］．London and New York：Routledge，1999：26－52.

③ Brown，P.，Green，A.，Lauder，H. *High Skills：Globalization，Competitiveness，and Skill Formation：Globalization，Competitiveness，and Skill Formation* ［M］．Oxford：Oxford University Press，2001：221.

培训计划”。①

在这个阶段，政府实施的 BEST \ MOST 计划逐渐减少，强调的重点开始转向基于工作的学习。很明显的是，在 20 世纪 80 年代，雇主需要的是不断提高的技能数量，而在 20 世纪 90 年代，雇主需要的不仅是技术技能方面的胜任力，还包括工人的弹性能力以及解决不可预见的问题的能力。在这种新的环境下，在工作中学习变得更重要。在 1990 年，新的学徒计划的实施，促进了学徒体系的发展。为了更好地实施新学徒计划，技术教育部引进了工业培训项目，以帮助企业培养高质量的培训教师，以支持他们的学徒制。到 1994 年，技术教育部在 600 家参与新学徒计划的企业中培训了 1900 名工业培训者。1992 年，混合学徒项目实施，将工人的在职培训和脱产培训整合。学徒每周有两天和一个晚上到学校上课，两天中有一天为工作日、一天为休息日，其余时间都在企业边工作边接受职业培训。学徒的学费通常情况下由雇主和技能发展基金支付，双方各付一半，学徒不仅不用缴纳学费，而且可以领取学徒津贴。

所有这些将职业教育与产业需求整合的结果是，加速了经济向技术密集或知识密集的部门和职位转化，在 20 世纪 90 年代，新加坡低技术岗位迅速减少，与此相反，管理者、技术人员和专业人员比例迅速上升。产教合作，在这个时期成为职业教育领域的普遍现象。

第二节　新加坡技能形成制度变迁中的利益冲突与平衡

在新加坡技能形成制度的变迁中，也存在多样的利益冲突，但在政府的主导下形成了诸多的利益平衡，即政府将各种利益冲突化解，形成了利益平衡，保障了产教的密切合作。这种利益平衡存在于政府与工会之间、政府与雇主之间、工会与雇主之间，以及国有企业与跨国公司之间。

① Brown, P., Green, A., Lauder H. *High Skills: Globalization, Competitiveness, and Skill Formation* [M]. Oxford: Oxford University Press, 2001: 221.

一　政府与工会：工资冲突与平衡

在加快工业化的压力下，新加坡的工业关系体系面临着挑战，一方面，工会传统上拥有宽泛的集体谈判权利和对抗型的劳资关系概念，但是新加坡以外资为主的出口导向工业化需要进一步限制和规范工会权利，塑造劳动力的比较优势，二者之间存在冲突。此外，劳方集体利益和新兴民族国家的整体利益之间也存在落差。当以自由集体谈判为基础的工业关系体系无法解决这两个矛盾时，人民行动党主导下的强国家政权扮演了干预者角色，通过劳动立法限制工会职能，改变工业关系体系，强行贯彻工业化共识。新加坡政府早在 1959 年就制定了《行业工会法》，法律规定，如果工会不满足以下三个要求——至少有 250 个会员、属于 19 个特定行业的工会范围、成为新成立的全国职工总会的成员，那么法律将令其解散。这个法律规范了行业工会的活动，以使他们的行动与人民行动党的政策相互协调，逐步建立了工会与政府的共生关系。之后，又制定了《职工修正法》《雇用法》《工业关系修正法》等法律来约束工会的权利。

工会与政府的利益冲突与平衡及其共生关系的建立，对技能形成的影响重大。在新加坡技能形成制度的形成阶段，经济发展需要教育提供稳定的、有教养的劳动力，这个时期，行业工会为员工参与培训及稳定的社会环境做出了贡献。新加坡政府规定，工会有责任提供训练有素的劳动力。1967 年的新加坡犯罪法案规定，没有罢工和停工是工会的必要服务。后来，就业法案和劳资关系法案相继颁布，就业法案将工资直接与生产力相连，工人的工资由企业的支付能力确定，并不是由工人对企业的贡献而定，这就是新加坡政府为吸引跨国公司的投资，通过工会实施的低工资战略。而劳资关系法案赋予企业管理者单独的权力，决定所有的职工变动，如提升、雇用、解雇、任务分配等均由企业管理者决策。[①] 政府通过工会

---

① Industrial Relations (Amendment) Bill [A]. *The Minster for Foreign Affairs and Minister for Labour Speeches* [M]. 1968. 26 (07). 733. Ashton, D., Green, F., James, D., et al. *Education and Training for Development in East Asia* [M]. London and New York: Routledge, 1999: 26 -52.

实施的低工资战略和不平等的劳资关系战略，以及工会对工人劳动力教育的重视，确保了政府经济发展战略能够得到相应的人力资源的支撑，促进了经济发展。当然作为对工人的补偿，政府承诺给予工人较高的社会福利保障，这又确保了工会在工人中的地位，使新加坡工人甘心情愿为低廉的工资而工作，并且不会发生劳资纠纷，保障了工会与政府之间的合作关系。①

在新加坡技能形成制度的国家化阶段，新加坡经济面临转型升级，需要大量具有中等技术水平的劳动力，政府希望通过其在劳资关系领域里的影响促进转型升级的实现。政府试图迫使工资上升，1979 年，新加坡国家工资委员会建议工资提高 7%，4% 通过国家津贴补助计划提高。工资修正政策背后的理性是，使新加坡的工资水平在多年的压制政策后，恢复到较为理想的水平，也迫使企业不能再继续凭借低廉的劳动力而赢得竞争优势。工会在促进工资增长中起到了巨大的推动作用。政府还对低附加值生产施加赋税，这种赋税使技能发展基金出现，这个基金的款项用于资助提高工人技能的一系列培训和提高雇主能力的培训项目。

可见，新加坡的工会与政府形成了一种追随意义上的合作政策，工会在根本问题上听命于政府，在具体问题上受到政府的尊重。工会与政府的合作关系使工会的组织者和会员比非会员能够从政府甚至雇主那里获得更多的利益，这是他们支持政府的根本原因。② 工会与政府的这种利益平衡在新加坡技能形成制度发展与变迁的过程中一直存在，成为维系技能形成制度不可或缺的力量。

二 政府与雇主：培训供应冲突与平衡

新加坡与企业之间的利益平衡主要包含两个方面，其一是新加坡政府迫使企业采用国家制定的经济发展战略，其二是新加坡政府在技能人才及

① 〔美〕傅高义．亚洲四小龙腾飞之谜［M］．陈阵声译．北京：中国政法大学出版社，1993：120.

② 李路曲．新加坡现代化之路：进程，模式与文化选择［M］．北京：新华出版社，1996：365.

其培养方面支持企业发展。

在新加坡工业化开始阶段，新加坡政府就鼓励跨国公司到新加坡建立子公司。为引进更多的跨国公司投资，新加坡领导人允许国外资本对在本国的公司拥有相当程度的控制权。① 在新加坡经济转型升级中，政府为迫使企业采用高附加值的生产战略，实施了提高工资的政策，淘汰了缺乏竞争力的公司，且使那些生存下来的公司必须保持生产增长以支付提高了的工资。更为有效的是，政府还对员工工资低于750新元的企业征税，这种赋税使技能发展基金出现，这个基金用于资助以提高工人技能和雇主能力为目标的一系列培训项目。在转型升级过程中，跨国公司并不愿意提供培训，政府实施外国投资者与新加坡政府合作建立培训中心的激励机制，帮助跨国公司建立内部的技术教育和培训中心，并对其提供资金以购置培训设备等，这激发了跨国公司提供培训的积极性，保障了外国投资者有权利从他们的培训中心雇用合格的毕业生，这也保证了外国投资者在劳动力市场紧张时，不会面临技能人才短缺的困境。② 同时，政府主动引导工会和公共教育机构来学习跨国公司的先进培训经验，将跨国公司开发出来的许多培训方法和课程应用到职业学校的教育中，这对提高新加坡职业教育质量、改善培训效力产生了积极显著的影响。③

从新加坡的本地企业来看，新加坡最主要的商业家和企业家是政府官员。在政府企业中，官员的升迁是根据他所管理企业的利润高低而确定的。政府企业，如一个印刷厂，不营利就将被改组或宣告破产，正如新加坡一位领导人精辟地指出："我们实行的是具有社会主义特色的资本主义。"④ 这就保证了本地企业与新加坡政府之间的"利益一致"关系，以共

① 〔美〕傅高义．亚洲四小龙腾飞之谜［M］．陈阵声译．北京：中国政法大学出版社，1993：71.

② Kurvilla, S., Erickson, C. L., Hwang, A. An Assessment of the Singapore Skills Development System: Does it Constitute a Viable Model for Other Developing Countries［J］. *World Development*, 2002, 30 (8): 1461－1476.

③ Chiang, M. *From Economic Debacle to Economic Miracle: The History and Development of Technical Education in Singapore*［M］. Times Editions, 1998: 47.

④ 〔美〕傅高义．亚洲四小龙腾飞之谜［M］．陈阵声译．北京：中国政法大学出版社，1993：73.

同致力于人才的培养与经济的发展。从 1983 年至 1991 年，政府推出了一系列以工龄较长的劳动力为主要对象的培训项目，相对来说这部分劳动者的初始受教育程度比较低，而且很少受到相关的工作技能的培训。政府对这批劳动者进行集中培训，更新和升级他们的工作技能，以更好地适应和满足新加坡经济结构的升级换代。政府还设计开发了一种综合性的学徒制培训项目，目的在于协助和补充公共教育部门在某些领域（比如太空宇航、石油化工、微电子等）提供的职业培训。①

当然，并不是所有的企业都接受学徒培训是提供教育和培训的最好形式的观点。因此，需要政府提供其他形式的干预。技能发展基金的使用就是其中之一，技能发展基金资助为职工提供系统培训的企业，并且为雇主提供一系列的项目，以帮助雇主学习如何组织和实施员工培训，帮助企业根据自身的培训需求，实施系统的培训，以提高企业培训质量，并为没有能力自己培训员工的中小企业提供高质量的技能培训服务。

新加坡的技能形成制度，从诞生之时就带有强烈的国家主义色彩，在发展过程中，国家又将企业的配合纳入其中，通过对企业生产发展战略的引导和施压，使企业利益服务于国家利益；而国家又通过支持企业培训、提升企业职工技能等方式，支持企业发展，将国家利益与企业利益融合。国家政府与企业的这种利益均衡是新加坡技能形成与发展的另一股不可或缺的力量。

三　工会与雇主：从工会迫使企业实施培训到劳资政三方协定

新加坡政府对工会的“控制”，使得工会一直采取一种亲政府的行动策略。他们在工会内部施压，例如，在老工人之间，在工作场所中传播技能，并且能够为了保障工作安全对工人施加一定的压力，以促使其参与技能更新培训。另一方面，在与雇主的博弈中，工会也加入了政府一方，以说服雇主提供培训。在 1993 年，工会就开始对不情愿提供培训的雇主施加

---

① Gopinathan, S. Preparing for the Next Rung: Economic Restructuring and Educational Reform in Singapore [J]. *Journal of Education and Work*, 2006, 12 (3): 295 - 308.

压力，迫使企业签订集体同意的培训条款。①

1965 年新加坡独立以后，为了使政府、人民行动党、雇主、工会的共同意见制度化，政府实施了“角色轮换”制，这包括工会领导、政府官员、雇主等在不同的职位中相互轮换，使三者之间的共生关系得以巩固，使劳资统一意识在全民中形成。② 1965 年 1 月新加坡全国职工总会（NTUC，以下简称“职总”）、新加坡制造商协会（SMA）以及新加坡雇主联合会（SEF）这三个新加坡最重要的工业组织展开平等协商，共同签署《工业进步宪章》（*The Charter for Industrial Progress*），吹响了新加坡劳资政三方合作的号角。③ 劳资政三方通过在新成立的国家经济咨询委员会和新加坡生产力中心的平等代表权，对关系到劳资双方的经济和社会政策，特别是提高生产力的问题开展协商，提出建议案，在政府的监督下共同履行。

职总为配合国家生产力中心和生产力局的工作，专门成立“职总生产服务处”，通过开办劳动培训课程、研讨会和展览会等提高劳工的生产技术水平和工作效率，1976 年以后，职总生产服务处在雇主配合和政府支持下，分行业、分工种开展了一系列劳工教育和培训活动，取得了很好的实际效果和社会反响。④

具体而言，三方共同实施新老员工的培训，从老员工继续中等教育的项目到基础技能培训教育项目，再到模块化技能培训项目，再到技能促进项目等均由劳资政三方共同努力实施。

老员工继续中等教育项目是为只获得了初等教育，但仍然在工作的成熟工人提供培训，这些项目以模块的形式，通过机构或雇主提供，使这些工人或者继续接受教育，获得中等教育水平，或者提高其基于工作

① Ashton, D., Green, F., James, D., et al. *Education and Training for Development in East Asia* [M]. London and New York: Routledge, 1999: 3.

② 郑振清．工会体系与国家发展：新加坡工业化的政治社会学 [M]．北京：社会科学文献出版社，2009：151.

③ The Charter for Industrial Progress. *National Trades Union Congress, Secretary - General's Report and Annual Delegates' Conference* [M]. Singapore: NTUC, 1965: 33 - 34.

④ 郑振清．工会体系与国家发展：新加坡工业化的政治社会学 [M]．北京：社会科学文献出版社，2009：221.

的技能。基础技能培训教育项目（BEST）为大部分的新加坡移民劳动力提供，这些移民大部分都没有完成初等教育，项目的目的是使初等教育深深地根植于工作场所中，1992 年，87%的目标工人参与，约 22.5 万人。模块化技能培训（MOST）旨在提高制造业半技术工人的技术水平，当然，并不是所有的工人都要参加所有的培训模块。技能促进计划（COSECT）旨在提高服务行业工人的技术水平。这些项目由技术发展基金支持，由国家生产委员会管理。到 1990 年，新加坡的文盲率下降了 10%，20~24 岁的青年中，文盲率仅为 1.4%。这些计划的实施不是偶然的，而是战略性的。它们是经济多样化整体中的一部分，是工业化的基础，确保经济发展向高附加值的生产战略转变时，不会被不适应的教育和培训水平所限制。①

第三节　新加坡技能形成制度的制度构成

新加坡技能形成制度演化与变迁的过程中，一直有国家政府的主导，以及“亲政府”的工会的支持，因此，其构成主要包括其责任分担的技能投资制度、匹配经济发展需求的技能供应制度、技能评价制度、国家保障的技能使用制度以及国家统合的合作制度。

一　责任分担的技能投资制度

新加坡的技能投资从表面看是以国家为主，实际上大部分资金来源于企业。国家承担了职业院校的大部分经费，并向企业征收税收，成立技能发展基金，奖励企业培训；企业内培训费用由企业直接承担；技术工人承担着国家设定的低工资也在一定程度上分担了技能培训成本。

（一）国家的技能投资

重视教育投资、注重提高国民素质，这是新加坡教育、经济成功的秘诀之一。新加坡政府认为，培养高技能人才是推动经济发展的真正动

① Ashton, D., Green, F., James, D., et al. *Education and Training for Development in East Asia* [M]. London and New York: Routledge, 1999: 26-52.

力。政府把教育投资当成生产投资，政府在决策时甚至使教育投资的增长率超过国民生产总值的增长率。[①] 新加坡政府每年把10%以上的财政支出作为教育经费，因此，新加坡的学校职业教育的大部分经费都是由政府来买单的，新加坡政府还实行教育津贴，使每个人有平等的享受教育的机会。

新加坡技能形成的资金来源是多样的，包含国家直接投资、一般的国家税收、雇主缴纳的特别税收，对实施培训的企业或参与培训的员工实施赋税优惠政策等，有时候以上几种策略会相互结合实施。[②] 图3－1显示了新加坡近年来对各级教育学生的人均投资。

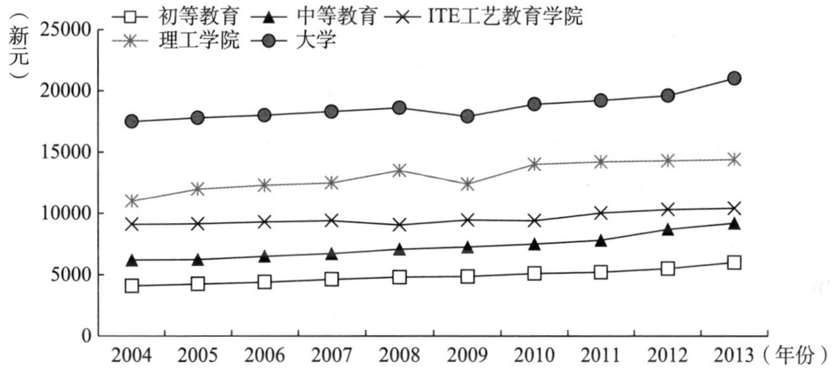

图3－1　新加坡对各级教育学生的人均投资（2004～2013年）

资料来源：新加坡教育部网站（2014年12月31日）。

（二）国家为名、企业为实的技能发展基金

新加坡建立了“技能发展基金”，国家要求企业将职工工资的2%存入“技能发展基金”，作为企业培训职工的教育专款（这项比例于1985年调整低至2%，1986年又减少为1%）。新加坡技能发展基金是对推行雇用工人培训的企业或公司提供的奖励金，而并非培训的补助金。这种奖励金只能用于雇主对从业工人的培训活动。根据技能发展基金条例，基金奖励津

① 夏德清．亚洲“四小龙”经济与教育［M］．北京：电子工业出版社，1992：3.

② Ashton，D.，Sung，J. The State，Economic Development and Skill Formation：A New East Asian Model？［R］．Centre For Labor Market Studies，University of Leicester，1994：7.

贴按如下标准给付：第一，内部训练课程的划一性津贴是每名学员每小时的训练可得 2 新元的赞助（该课程指由公司或企业本身的培训导师或经理主持的课程）；第二，海外训练课程的划一性津贴是每名学员每天可得 80 新元的赞助；第三，赞助各课程学费的 30%、50% 和 70%，每名学员、每个小时的训练津贴不能超过 10 新元（学费指公司缴付给训练主办者的费用，这些主办者也可以包括外来的咨询顾问或训练机构）。① 由于技能发展基金征收的是雇用月薪 750 新元以下的低技能工人雇主的技能发展税，所以，所有能提高工人技能、使其拥有新的与更多的技术的训练课程，都将获得技能发展基金的优先赞助。

1981 年 8 月 1 日，技能发展基金的行政管理权由经济发展局转移到生产力局，该局向新加坡工商部负责。生产力局为在训职工提供相当于学费总额 30% ~ 100% 的资助，若私人企业办培训班，生产力局也为之提供训练设备和 30% 的资金补助。②

国家的大部分技能发展项目都是由技能发展基金支持的，如表 3 - 1 所示。

表 3 - 1　新加坡政府 20 世纪末提供的技能发展项目

项目	合作者	说明	目标和期限
服务技能证书项目：零售助理	新加坡零售协会	为满足多样的顾客需求，通过零售业从业者高级、专业的销售知识以及相关产品知识的传授，提高服务技能的项目	1990 年 ~ 1995 年，5 年中 10000 个培训岗位
服务技能证书项目：导游助理	导游产业研究中心	为培训者提供与旅游相关的知识和技能	1992 年 ~ 2000 年，8 年中 2000 个培训岗位
快进项目	国家生产力局	为不能参加传统培训的工人提供视频培训	1990 ~ 1993 年，3 年中 20000 名工人参加培训
技术培训项目	Anderson 咨询	促进多样技能应用的培训项目	1989 ~ 1993 年，4 年中 237 个培训学时

① Kurvilla, S., Erickson, C. L., Hwang, A. An Assessment of the Singapore Skills Development System: Does it Constitute a Viable Model for Other Developing Countries [J]. *World Development*, 2002, 30 (8): 1461 - 1476.

② 马早明. 亚洲"四小龙"职业技术教育研究 [M]. 福州：福建教育出版社，1998：185.

续表

项目	合作者	说明	目标和期限
工业工程项目	—	为生产线中的监管员提供的基本的工业工程课程，以使其具备提高和控制生产的技能	1991～1995 年，4 年中 10000 个培训岗位或 800000 个培训学时
质量提高项目	新加坡制造业协会	企业范围内的培训，以提高企业员工工作的积极性，使员工理解并参与到企业产品质量提升中去	1991～1996 年，5 年中 21000 个培训岗位
质量服务项目	新加坡航空公司	企业范围内的培训项目，以培训全体员工形成共同的质量概念	1989～1992 年，3 年中 6000 个培训岗位
IT 项目	—	使办公室文员能够简单应用电脑和普通的办公设备	1988～1993 年，5 年中 50000 个培训岗位

资料来源：新加坡教育部网站（2014 年 12 月 31 日）。

值得一提的是，1987 年 11 月 24 日，国贸联会实行的一项名为“增训机会”的劳工训练计划，扩展了技能发展基金资助的范围。该项计划是由大公司利用自己拥有的专业知识、设备、资源等基础而设置的训练课程，主要对其他企业工人进行培训，技能发展基金提供部分资助。“增训机会”使中小型企业受益匪浅，它们通过该项计划提高了职工的素质和技能，且这些中小型企业的技能培训机构无法提供类似的课程。①

（三）企业的培训投资

在新加坡，企业培训员工，除依靠技能发展基金奖励的部分费用外，其余费用大部分由企业自身承担。企业承担的培训成本的比例，依据培训项目不同、内容不同而有所差别。但总体来说，企业承担的培训成本要低于国家对技能的投资。

在新加坡工业化发展的初期阶段，政府实施了低工资战略，为了吸引外资，政府要求工人为国家经济发展的整体利益考虑，接受低工资战略。因此，在新加坡工业发展的很长一段时期，工人都接受着远远低于自身所创造价值的工资，从一定程度上说，这降低了政府和企业为工人提供培训的成本。

① 马早明．亚洲“四小龙”职业技术教育研究［M］．福州：福建教育出版社，1998：185.

二 匹配经济发展需求的技能供应制度

（一）完善的技能供应体系

1960 年，新加坡开始推行“新兴工业计划”，提出对技术人才的需求，为此，1961 年，政府成立了职业技术调查委员会，在全国调查的基础上，提出建立中等职业学校和中等技术学校的方案，一批中等职业技术学校便先后产生。此后，新加坡逐步建立了完善的学校职业教育体系和职业培训体系，详见图 3－2①。

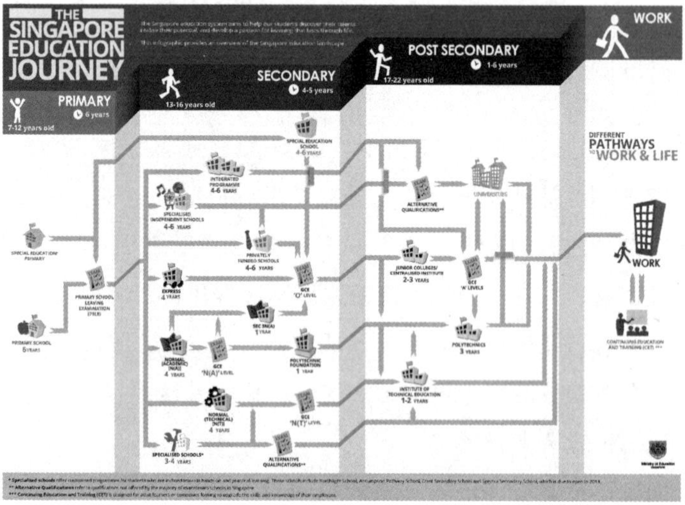

图 3－2 新加坡教育体系

资料来源：新加坡教育部网站（2014 年 12 月 31 日）。

在新加坡教育体制中，从基础教育（小学）至高等教育，各级教育都开设“现代化工业”课程，这些职业教育课程使工人的劳动生产率提高了 10% 以上，极大地促进了新加坡经济发展。当前，新加坡的适龄儿童都要接受 10 年的义务教育。小学第六年后分流进入三种课程——普通课程、特别课程和快捷课程，学制均为 4 年。其中，普通课程包括普通学术课程、普通技术课程两种，普通技术课程主要实施职业技术教育，修完 4 年，绝大部分进入学

① Ministry of Education, Singapore. [EB/OL]. http://www.moe.gov.sg/education/ [2014－12－19].

徒训练中心和工业教育学院接受 3 年更高层次的职业技术教育。

工艺教育学院（ITE，同龄人 20.7% 就读）建立于 1992 年，为中学毕业生提供职前培训，为在职成人提供在职培训。工艺教育学院有五项功能：一是注重就业前的训练；二是注重为工人提供延续教育和训练的机会；三是推广以工业为基础的训练计划；四是颁发证书承认新的技术和技能；五是为雇主提供有关训练员工的咨询服务。[①] 工艺教育学院在技能发展基金的资助下，与企业合作，实施了许多技能发展项目，以及各种培训证书课程。其在教育体系中独具特色，并有自身的发展体系，详见图 3-3。[②]

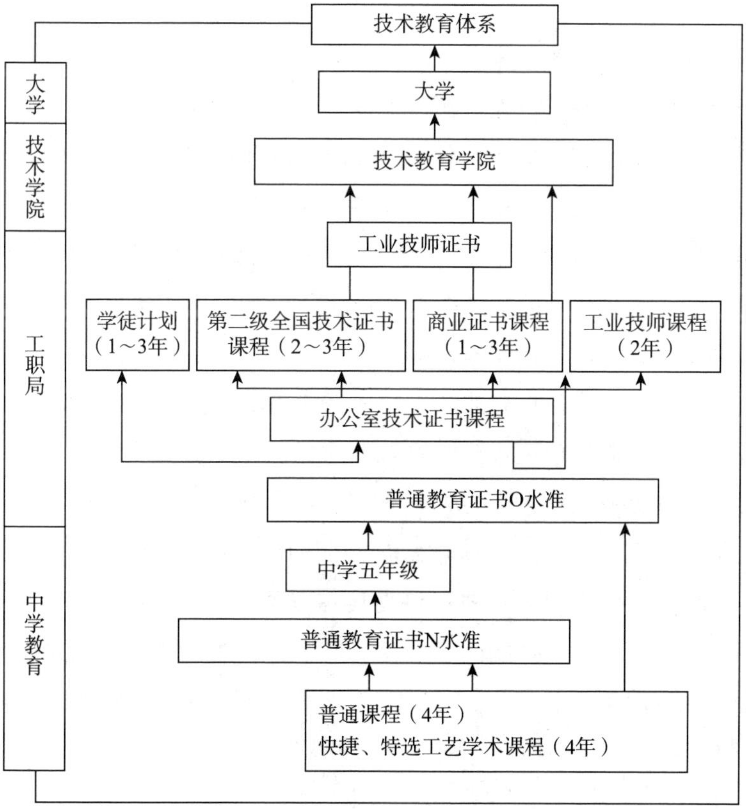

图 3-3　新加坡工艺教育体系

---

① Ministry of Education, Singapore [EB/OL]. http://www.moe.gov.sg/education/post-secondary/ [2014-12-31].

② 马早明. 亚洲"四小龙"职业技术教育研究 [M]. 福州：福建教育出版社，1998：183.

理工学院（Polytechnics，同龄人 42.2% 就读）。学生初中毕业后，可选择到五所理工学院就读文凭课程（大专），这五所学院包括新加坡理工学院、义安理工学院、淡马锡理工学院、南洋理工学院和共和理工学院。它们提供的课程包括建筑工程、商业、金融、法律、化学、生物技术、传媒、计算 - 科学、平面产品和室内设计、电力和电子工程、健康科学、制造、海洋和造船以及学龄前教育等数十个专业方向近百个专业。

另外，新加坡还鼓励各行业和社区实施职工培训。各行业的工会一般也办有各种职业培训中心，各社会团体也举办了不同形式、不同内容的培训活动。

在新加坡的职业教育体系中，一个关键的部门是国家人力局，它是一个由来自贸易与工业部、人力部、教育部的领导构成的部门，考虑工艺教育学院、理工学院、大学在人力发展方面引进和产出目标的机构，国家人力局具有匹配经济发展所需技能及其供应的全部责任。一般而言，经济发展委员会负责投资者的技能需求问题，国家人力局主要致力于技能供应，教育部致力于满足长期的技能需求，其他的机构致力于短期和中期的人力资源发展，尤其是职业技能的发展。①

当然其他行业部门也会涉及一些本行业内的技能发展计划，例如，建筑业发展局负责制定建筑业技能的需求计划，并提供技能培训。建筑业发展局更注重本行业从业人员的职前培养，其教育内容更多的不是企业特殊技能的培训，而是行业内一般技能和可迁移技能的培训。②

（二）技能供应内容：与经济发展需求同步

新加坡的职业教育技能供应内容一直是与产业需求密切相关的，政府依据经济发展政策制定职业教育政策，依据经济发展的当前和未来需求而培养人才。

---

① Kurvilla, S., Erickson, C. L., Hwang, A. An Assessment of the Singapore Skills Development System: Does it Constitute a Viable Model for Other Developing Countries [J]. *World Development*, 2002, 30 (8): 1461 - 1476.

② Debrah, Y. A., Ofori, G. The State, Skill Formation and Productivity Enhancement in the Construction Industry: the Case of Singapore [J]. *International Journal of Human Resource Management*, 2001, 12 (2): 184 - 202.

在新加坡工业化发展的初期，也就是20世纪六七十年代，经济发展面临的主要任务是吸引外资、跨国企业，以开拓国外市场，当时，产业发展以劳动力密集型企业为主，对工作人员的技能需求不是很高，更需要工人的基本文化素养和忠诚度。因此，当时包括职业教育、职业培训在内的大部分教育类型都以文化的普识教育为主，以及对既有员工进行的中学后教育。

随着经济的发展和全球经济形势的变化，新加坡政府改变了经济发展战略，由劳动力密集型企业为主，向技能密集型、资本密集型企业转型，发展高附加值的生产战略。经济发展转型升级，需要大量的技术技能人才，面对这种情况，政府开始大力实施技术教育，将初始培训和更新成人工人技能整合，将成人教育委员会与工业培训委员会整合到一起，组成职业与工业培训委员会。职业和工业培训委员会在准专业水平上，为职业和工业培训制度提供了单一的国家培训权威，为没有继续学术教育的学生提供技术教育和培训。在20世纪八九十年代，新加坡技能供应的内容主要是迎合经济发展高附加值产业的需求而进行的技术教育。

在1990年以后，新加坡政府提出了非常具有野心的工业化战略目标。为了追赶先进的工业化国家并在亚太地区的发展中获得成功，新加坡政府将培训政策集中于提高基于工作的中等水平的技能，并且将工作场所作为关键的学习场所。职业和工业培训委员会在1992年重新命名为技术教育局，只负责对完成10年普通教育的学生实施技术培训，目的是提高认证的技术教育水平。现在技术教育局提供更多的高技能课程，以使那些继续职业教育路径的人能够获得更高的科技学院或大学的教育。对于已经在劳动力市场中的人来说，最低水平的国家技能证书（相当于英国国家职业资格的1级水平的技能证书）被取消。现在的最低水平相当于能够胜任的工匠水平。这些改革的目标是，确保进入劳动力市场的更多的人具有今天和明天工作所必须具有的技能。现在，新加坡对职业教育的期望不仅仅是提供富有弹性、多样技能的工人，而且要能够完成技能深化的任务，例如工程行业就有实施深化技能项目的计划。

那么，新加坡具体的技能供应内容是如何与产业密切相连的呢？首先，在新加坡课程审议和设计过程中，需要主要的商业和工业部门的积极参与，在课程开发过程中，产业部门作为潜在的雇主，在技能内容的确定、标准的制定以及职业道德的要求等方面做出了积极贡献。此外，根据技能的性质和水平，参与的产业部门将确保技能与产业需求密切相关、技能培训的质量符合要求、企业承担培训的成本效益合理。在这方面，各种基于产业的培训计划的实施效果，已经证明了产业在技能供应内容确定中的积极作用。①

这样就形成了新加坡技能形成体系的典型特征：政府将技能形成政策与经济发展各个时期的需求密切相连，简单地说，发展型国家控制着技能劳动力市场的供应，也通过工业和行业发展政策，控制着技能的需求。他们将技能供应与技能需求高度结合在一起，以适应经济发展的预期轨迹。②

三　技能评价制度：教育证书

新加坡一向重视技能的评价，很多课程就是以证书的形式命名和实施的，例如，办公室技术证书课程、商业证书课程、工业技师证书课程、精密车床技术证书课程、汽车维修技术证书课程等，学生学习这些证书课程考核合格以后，便可获得相应的证书，这些证书由技术教育学院颁发（之前由其前身工业与培训局颁发）。

2005 年，技术教育学院为了使学院的技术证书与行业标准和需求建立最大程度的关联，引入了技术教育学院技能证书认证体系。这个技能证书认证体系由四个层级构成，包括国家技术教育硕士证书（Master National ITE Certificate）、国家高级技术教育证书（Higher National ITE Certificate）、国家技术教育证书（National ITE Certificate）、技术教育文凭（Technical Education Diploma）四级。这个认证体系与行业的准入要求密切相关。这些结构性变化和一系列的认证是至关重要的，因为它创造了一个职业院校

① Seng，L. S. Case Study on "National Policies Linking TVET with Economic Expansion：Lessons from Singapore"［R］. Education for All Global Monitoring Report，2011：10 - 11.

② Ashton，D.，Green，F.，James，D.，et al. *Education and Training for Development in East Asia*［M］. London and New York：Routledge，1999：3.

学生或职业工人可以攀爬的技能层次结构，进而促进了他们的发展和社会阶层的流动性，在制度上保障了职业轨的学生与学术轨的学生具有同等的发展通道，保障了技术工人职业成长道路的畅通。①

四　国家保障的技能使用制度：国家的工资保障制度

新加坡政府一直利用工资制度来服务国家的经济发展。在新加坡工业化发展的初期阶段，政府实施了低工资战略。为了吸引外资，政府要求工人为国家经济发展的整体利益考虑，接受低工资战略。因此，在新加坡工业发展的很长一段时期，工人都接受着远远低于自身创造的价值的工资，当然，作为补偿，政府对工人提供了优厚的社会保障，比如，政府实施的“建屋计划”，使大部分新加坡人实现了居者有其屋。

在新加坡经济发展进入第二次工业革命之时，国家大力发展高附加值的产业，提高了工人的工资，以促使企业改变生产战略。

当然，随着国家经济由低附加值战略向高附加值战略的转变，产业间的收入状况也在不断地变化，更倾向于专业、技术和相关工人。新加坡的三大从业人群在 1975 年是生产工人及相关产业工人、零售及相关产业工人、文员，到 1999 年转变为专业人员和管理者、技术人员和相关专业人员、生产工人及相关产业工人。专业人员和管理者、技术人员和相关专业人员的数量超过了零售人员及职员，② 其工资待遇也不断地提高。

新加坡十分重视发挥技术、专业人才的积极性，其主要措施是通过合理的分配制度使他们能够得到公平的收入。国家规定三级公务员证书、三级技工证书、1 年或 2 年的职业训练证书和其他培训课程毕业证书都相当于初中毕业证书；国家二级技工证书、工人技师证书相当于高中毕业水平；国家二级公务员证书、一级技师证书则相当于大学毕业水平。这种规

---

① Chong, T. Vocational Education in Singapore: Meritocracy and Hidden Narratives [A]. *Discourse: Studies in the Cultural Politics of Education* [M]. London: Routledge, 2014: 637 - 648.

② Mukhopadhaya P. Trends in Income Disparity and Equality Enhancing (?) Education Policies in the Development Stages of Singapore [J]. *International Journal of Educational Development*, 2003, 23 (1): 37 - 56.

定使得取得各种职业技术证书的技工都可以得到相应起点的工资，有效地激励了职工接受训练、提高技能水平的积极性。[①] 在这方面，新加坡行业间的工资差别不是很大，而技术水平差异形成的工资差异较大，谁的技术高、贡献大，谁的收入就高。这就激发了人们学习新技术、提高自身技能的主动性和积极性。[②]

五 国家统合的合作制度

新加坡的技能形成制度，以其鲜明的政府主导作用而著称，是一种国家合作制度或者说国家统合的合作制度。国家合作已经成为国家的一种意识形态，在社会各团体之间，以及社团、国家之间形成了一种凝聚精神。这种凝聚精神可以使各团体协作，并使他们卓有成效地为国家这一整体制定的目标而奋斗。各团体之间表现的“合作”关系，虽然经常是不得不为之，但它们还是要不时地放弃自身利益，以服从国家的利益。当然，在这种国家统合的合作制度中，具有一定的多元利益表达机制，使得社会团体之间对政府的服从并不是盲目和绝对的，政府要认真倾听社会团体的意见，根据它们的要求制定政策，不能一意孤行。

在这种国家统合的社会合作制度中，国家对技能形成制度的主导作用和工会的合作及其特征是最为典型的代表。

（一）国家主导社会合作制度

为了实现职业教育和产业发展需求的高度整合，就需要政府层面的、高水平的协调机制，需要在各种政府部门之间建立密切的联系，需要不同利益的代表者之间的合作。

国家发展愿景确定的目标，由贸易与工业部以及投资委员会形成工作计划。贸易与工业部是强大的政府部门，它确保新加坡的经济发展能够适应国际市场发展的趋势，进而确保国家发展愿景的实现。投资委员会向外宣传在新加坡投资的益处，与投资者进行各种协商，并在与投资者的互动

---

① 马早明．亚洲“四小龙”职业技术教育研究［M］．福州：福建教育出版社，1998：194.

② 李路曲．新加坡现代化之路：进程，模式与文化选择［M］．北京：新华出版社，1996：579.

中预测投资者未来所需要的人力资源。贸易和工业部会核对投资委员会提供的人力资源需求信息，规划国家的人力资源发展图谱，以供应国家未来发展需要的基本技能。

经济发展局将国家人力资源发展规划转换成技能目标，并通过贸易与工业部领导的专业和技术委员会将技能目标分解成大学、科技专科学院、技术教育学院等不同类型、水平的教育机构的教育目标。专业和技术教育委员会将工业与贸易发展需求与职业教育和培训体系发展之间的联系制度化，从而确保国家的技能发展能够满足工业发展需求。专业和技术教育委员会还需要确定分配给各教育机构的目标能否完成，或者是否需要新的职业教育机构或政策激励以实现这些目标。

专业和技术教育委员会还需要教育和培训机构的反馈信息，为了达到技能目标，专业和技术委员会的官员们会与大学、科技专科学校、技术教育学院等保持密切的联系，以修改或完善技能发展战略。例如，在技术教育学院，技能发展计划以五年为基础，但每两年会有一次更新，当任何修复发生的时候，贸易与工业部会进行重要的记录。在这种方式下，职业教育和培训体系作为一个整体能够迅速对经济发展所需要的人力资源做出反馈。①

其他的政府部门或机构也会参与到职业教育发展与产业发展需求的整合过程中，例如，国家生产力局就比较关心基于雇主的培训，并在不断地扩大其培训规模。

总之，在新加坡，促使技术教育和培训系统发展的背后力量不是个人需求，也不是雇主需求，而是经济的整体需求。国家政府将人力资源作为一个整体在社会中实施。②

（二）工会的合作及其作用

在新加坡的技能形成过程中，工会起到了关键作用。全国职工总会成

---

① Ashton, D. N., Green, F. *Education, Training and the Global Economy* [M]. London: Edward Elgar Publishing Limited, 1996: 169－171.

② Ashton, D. N., Green, F., James, D., et al. *Education and Training for Development in East Asia* [M]. London and New York: Routledge, 1999: 26－52.

员担任经济发展局、中央公积金管理局、建屋发展局、工业关系委员会、国家生产力局、全国工资理事会等重要机构的劳方代表，通过这些重量级的代表，全国职工总会在法定部门的人力资源开发、工业培训、技能与生产力发展、工资增长等方面的决策过程中扮演关键角色。①

新加坡全国职工总会在职业教育与培训方面会对雇主施压，与雇主签订包括培训清单在内的集体协议，并且会将培训预算和每周的培训时长纳入集体谈判的内容。工会倾向于较低的员工平均流动率，这激发了企业提供培训的动机。全国职工总会还会帮助雇主分析技能需求，对企业培训提供反馈，并促进企业培训实施。

全国职工总会是工人培训的代理者，又是工人技能、培训的供应者。全国职工总会通过告知工人可获得的教育和技能培训项目，极力说服他们通过公共资源、研讨班、公众活动、展会、工作场所参观等多种形式提高自身技能，让工人相信提高自身技能将会得到更好的收益。工会根据技能需求的变化，预测未来的失业率，并对会员施压，告诉会员除了提升自身技能，没有其他的工作保障措施。工会还会影响职业教育和培训的质量与水平，全国职工总会通过每年的国家生产力局－全国职工总会联合技能和生产日活动来对会员实施培训；在行业层面上，全国职工总会技能发展秘书处与各种行业工会一起组织各种技能培训研讨班；在企业层面，工会直接向工人开放工作场所供其参观，以提升技能的支持。全国职工总会对工人的培训持一种发展的态度，不仅让工人为满足当前的技能需求而参加培训，而且促成工人长期战略的形成，使工人以更长远的眼光看待培训。②在迫使工人参加培训的同时，维持稳定的员工关系，当员工对雇主不满意时，工会可以替员工发声或提出可选择的、替代的退出方法。全国职工总会在培训领域的影响力超过了其会员范围，它也成为非会员参与培训的代表，并为非会员提供培训信息及支持。

① "NTUC Representation at Statutory Boards and Other Organization" in Tomorrow: the Peril and the Promise. Secretary General's Report to the 2nd Triennial Delegates' Conference of the NTUC [R], Singapore: NTUC, 1976: 107 - 108.

② Goh, E., Green, F. Trade Unions as Agents for Skill Formation: The Case of Singapore [J]. *Interantional Journal of Training and Development*, 1997, 1 (4): 230 - 241.

为了实现国家的经济发展，工会领导将自身利益与其成员密切联系，这些利益包括较低的社会贴现率[①]。工会可以确保技能形成与社会目标保持一致，而不仅仅是迎合企业的需求，从这方面来说，全国职工总会对职业教育和培训的态度与国家政府的态度常常是一致的，以至于其经常被认为是政府的一翼。[②]

---

① 社会学家将适用于经济活动的贴现率的概念推广到一般社会活动，得出社会贴现率的概念。一个高的社会贴现率，意味着人们对未来的责任感减弱，说明人们只追求眼前利益，变得鼠目寸光，对下一代人不负责任。社会贴现率上升是一个危险的信号，它导致社会的不稳定，人与人的联系减弱，机会主义泛滥。

② Goh, E., Green, F. Trade Unions as Agents for Skill Formation: The Case of Singapore [J]. *Interantional Journal of Training and Development*, 1997, 1 (4): 230-241.

第四章

美国技能替代式技能形成制度分析

西方政治经济学家对美国技能形成制度的研究发现，美国呈现一种技能替代的模式。[①]“替代式技能形成”是指一国的企业生产多采用替代员工技能的战略，这种战略对技能依赖程度较低、对工人技能水平需求较低，因而企业员工技能水平相对不高，工资待遇也相对不高。作为技能替代模式的典型案例，本章着重研究美国技能形成制度的形成与演化、利益相关者的利益冲突及其制度构成等。

第一节 美国技能形成制度演化历程

美国作为一个依靠外来移民建设和发展起来的国家，其早期的政治、经济、文化、教育都与欧洲，特别是英国有着千丝万缕的联系。就技能形成制度而言，最早在美国流行的也主要是学徒制，后逐渐发展成学校职业教育占主体地位的技能形成体系。其演化历程几经波折，各种矛盾冲突不断发生。

一 赠地学院运动与学徒“制度”的昙花一现（19 世纪后半期至 20 世纪初）

为适应当时工业革命的需求，美国政府做出了反应，以立法的形式积

---

① Finegold, D., Soskice, D. The Failure of Training in Britain: Analysis and Prescription [J]. *Oxford Review of Economic Policy*, 1988: 21 – 53. Thelen, K. *How Institutions Evolve: The Political Economy of Skills in Germany, Britain, the United States, and Japan* [M]. Cambridge University Press, 2004. Ashton, D. N., Green, F. *Education, Training and the Global Economy* [M]. London: Edward Elgar Publishing Limited, 1996.

极支持职业教育，从1862年伊始陆续颁布了以《莫雷尔法案》为代表的系列法案，使美国学校职业教育与产业发展密切联系起来。

1862年颁布的《莫雷尔法案》是美国通过立法形式支持职业教育的滥觞，《莫雷尔法案》规定，联邦政府按各州在参议院参议员的人数拨付土地，每个参议员3万英亩；出售土地所获得资金的10%用于购买校址用地，其余则设立为捐赠基金，其利益不得低于5%；所获利息用于捐办、资助或维持至少一所从事农业和/或工艺教育的学院。资金可以用来购买机器、设备、教科书等，也可以用来支付教师的工资，但除此之外，资金不可以有其他用途。[①] 法案还要求各州在5年内至少建立一所“讲授与农业和机械工业有关知识”的赠地学院（又称农工学院），为产业界培养技术人才。[②]《莫雷尔法案》之后，联邦政府又通过多次立法，为高等职业教育拨款。1890年，第二个《莫雷尔法案》规定联邦政府每年补助赠地学院15000美元，以后逐年增加5000美元，直到每年补助25000美元为止。[③] 这些政府拨款使赠地学院得到迅速发展。

虽然赠地学院的发展给美国工业化提供了一定数量的技术技能人才，但与当时美国工业化发展的总体需求还是相去甚远。在美国工业化初期，其企业家像德国一样，依赖技术工人在工作场所的技能性工作，以协调生产。与以前不同的是，在新的历史时期，学徒制不再是师傅与学徒之间的个人关系，而转化成企业的集体培训行为，其中的技术性更强，对文化知识的要求更高。例如，马萨诸塞州的卢威尔市在1820年是一个人口不到700人的村庄，但是由于其纺织业、皮鞋和枪炮业的发展迅速，外地居民纷至沓来，到19世纪上半期已经是闻名全美的纺织业城，为了不影响工厂生产，又能提高劳工的生产技能，该州工厂规定实行学徒制，即在工作现场由经验丰富的技工指导，边学边干，共同提高生产技能，共同提高生产数量与质量。[④]

---

① Howard R. D. Gordon. *The History and Growth of Vocational Education in America* [M]. Needham Heights: Allyn and Bacon, 1999: 36 - 37.

② 翟海魂．发达国家职业技术教育历史演进［M］．上海：上海教育出版社，2008：7.

③ 滕大春．美国教育史［M］．北京：人民教育出版社，2001：379.

④ 梁茂信．美国人力培训与就业政策［M］．北京：人民教育出版社，2006：4.

一些制造业的龙头企业也带头组织当地的机器制造商，试图实现学徒制培训的系统化。1910 年威斯康星州建立了一个工会 - 雇主联合学徒培训管理体系，试图通过国家的干预来协调和维持学徒制培训。[①] 1911 年威斯康星州通过了一项法案，这为学徒培训的注册、监管以及资格认证提供了制度依据。该法律规定雇主必须与学徒工签订书面的正式合同，并向州工业局备案；学徒合同规定了学徒的工作时间、工资待遇等，并要求雇主提供学徒 5 个小时的带薪学习时间。这时，学徒培训体系有了监管机构，即州工业局，该局负责监督学徒合同的执行，并对工作岗位进行分类。另外，州工业局还成立了由雇主代表、工会以及公立补习学校组成的“州学徒培训管理委员会”，具体负责法律的执行及实施监管，并对学徒工进行资格认证。[②]

但是，威斯康星州模式的作用范围有限，相邻城市的“挖人”问题，导致其企业培训成本巨大；加上大量欧洲北部工业区技工移民的涌入，使得早期工业化阶段美国工业企业所需要的技能更多地由移民提供，学徒制的发展并不顺利，几乎如同走在刀尖上，而威斯康星州模式的学徒制如同“昙花一现”，到 20 世纪 20 年代逐渐衰败。

二　从厂办学校到学校职业教育（20 世纪前半期）

20 世纪初，在大部分地区及产业中，雇主们与工会之间的持续冲突，使得搭建一个稳定的、全国性的学徒制培训体系无望，大企业开始采取分裂式的技能形成路径，自此，厂办学校兴起。1891 年，一些大型的制造业企业组成了美国制造业协会，一些较快的发展公司建立了自己的厂办技校。例如，通用电气公司通过自己的职工学校培训技术工人，借此取代了培训成本较高、规模较小且方法落后的学徒制。在该公司的带动下，越来越多的企业日益依赖于有组织的培训，以补充或取代日益衰落的学徒制。[③]

① 〔美〕凯瑟琳·西伦．制度是如何演化的：德国、英国、美国和日本的技能政治经济学［M］．王星译．上海：上海人民出版社，2010：172.

② Douglas, P. H. *American Apprenticeship and Industrial Education* ［M］. London: The Faculty of Political Science of Columbia University, 1921.

③ 梁茂信．美国人力培训与就业政策［M］．北京：人民教育出版社，2006：6.

1908 年，布朗沙普公司成立正式的学徒工培训学校，教授机械绘图、数学、商务英语及企业领导学等课程。1913 年，一些拥有自我培训体系的美国大型企业组成了全国厂办技校联合会（NACS），很多全国厂办技校联合会的会员企业试图通过正式合作契约来稳定其培训项目，并提高培训质量。一些公司还提高了学徒工奖金。但是这些企业仍旧面临着社会中严重的“挖人”问题，“在通用公司的林恩分厂，完成培训的学徒工只有不到四分之一留了下来，其他的全国厂办技校联合会会员同样难以留住完成培训的学徒工。”① 厂办技校面临着集体行动的难题。

当时，学徒制无法适应工业革命的要求，技工学校无法满足大众的需要，因此，“摆在美国人民面前的最重要的问题是认可、建立和组织职业学校，让我们的青少年在这些学校中学习某个行业的实用知识和技能”。哈佛大学校长艾略特（C. W. Eliot）指出，“工业教育应该并且只能是在职业学校进行，也就是说主要地、明确地针对各种行业需求对年轻人进行教育的学校。”② 当时，道格拉斯委员会提出两点建议，一是在初等教育中加入实践性且与工业相关的农业、机械、家政等课程；二是督促州政府组建新的委员会，负责在本州建立独立的工业学校，并最终形成与公立教育平行的工业学校系统。在当时技能短缺的背景下，各种公办、私人的职业学校也发展起来，主要包括四种。第一种是专门面向 14～16 岁在校生的职业预备学校或工业学校，这种学校是公立教育的一种延伸，其课程不仅有文化类的，还包括为未来直接进入某一行业做准备的预备性课程；第二种是部分时间制合作学校，要求学生轮流在学校学习和在车间工作，在获得中等毕业证书的同时，掌握一门技术；第三种是补习类学校；第四种是全日制职业或工艺学校，伴随着一些州对此类学校的资助，由公立机构管理的该类学校的数量也不断增加。③ 1914 年国家资助职业教育委员会成立，

① 〔美〕凯瑟琳·西伦．制度是如何演化的：德国、英国、美国和日本的技能政治经济学［M］．王星译．上海：上海人民出版社，2010：176.

② Jr. Charles, J. Law. A Search for a Philosophy of Vocational Education [EB/OL]. http://files. eric. ed. gov/fulltext/ED126368. pdf. 2015 - 1 - 10.

③ 贺国庆，朱文富等．外国职业教育通史（上卷）［M］．北京：人民教育出版社，2014：319.

1917 年《史密斯 - 休斯法》颁布，这进一步促进了职业学校的发展。

三　技能替代战略与学校职业教育的繁荣（20 世纪中期）

厂办技校的集体行动难题尽管很严重，但并非美国技能形成体系发展的致命障碍，对其发展路径更具决定性的因素是一战期间及战后所发生的阶级利益争斗。那时，随着技工短缺及工会力量的复苏，资本家与工人之间的冲突开始激化，美国的制造业商人，成为一个新建立的职业群，科学在生产中的应用产生了新的工业，批量生产技术的初步发展及与之相随的管理的发展，继而创造了工业化生产的主要体系。[①] 企业更加坚定地执行理性化战略，重组生产程序，采用批量生产，用机器替代工人技能，以减少对工人的依赖。[②] 企业的培训工作不再是去培训蓝领工人的技能，他们抛弃了内容详尽的培训项目，将培训进行了分化，一方面使培训集中于更狭窄的内容，目的在于使新招聘的工人能够快速上岗工作；另一方面，将培训转向了训练工头的人事管理能力，使工头更有效率地监管半技能工人的工作。

“面对技工供给不足以及经济生产对劳动力的需求急剧膨胀，一些制造商和造船厂，在国家政府部门的帮助下，对新工人进行入门培训及大强度授课培训。”[③] 入门培训时间非常短暂，其展开的培训学习只限于一个工作岗位，培训不是通常所言的基础性及其知识教育，但每个学生必须在很短的时间内消化理解其所学的知识。如果企业工人在厂内调换新的工作岗位，还需要重新回到入门培训学校学习新的操作技能。[④] 由此可以看出，入门培训的内容非常单一，培训快速，但工人经过培训后，只能成为半技术工人。20 世纪 60 年代，美国国会通过了多项人力资源开发法案和修正

① Ashton, D. N., Green, F. *Education, Training and the Global Economy* [M]. London: Edward Elgar Publishing Limited. 1996.

② Ashton, D. N., Green, F. *Education, Training and the Global Economy* [M]. London: Edward Elgar Publishing Limited. 1996.

③ 〔美〕凯瑟琳·西伦. 制度是如何演化的：德国、英国、美国和日本的技能政治经济学 [M]. 王星译. 上海：上海人民出版社，2010：178.

④ Douglas, P. H. *American Apprenticeship and Industrial Education* [M]. London: The Faculty of Political Science of Columbia University, 1921: 220 - 221.

案，旨在通过职业技能培训提升特定地区、特定人群的人力资本。例如，1962 年的《人力开发与培训法》面向国内所有低收入阶层和享受社会福利救济的人群。1964 年的《经济机会法》通过建立职业训练基地，为处境不利的青年人提供学习补习计划、工作现场训练等服务。

面对严重的劳资冲突，美国的机械制造公司更关注“具有良好教育背景的领导岗位及白领员工的招聘、选拔以及晋升问题”，进而使得学校本位的高等职业教育得到迅速扩张。当时的教育机构做出了积极调整，以满足这种需求，例如，起初为农业发展提供技术支持而创建的赠地学院，也成了满足大企业新科技需求的技术应用中心。古老的传统学院不断考虑工业发展的需求，商业学校获得了繁荣，高等教育开始与大企业密切相连。[①] 1963 年《职业教育法》突破了以往法案中将职业教育仅仅局限于提升某类人群的就业能力或为某些行业、某个地区培养劳动力的特点，转为面向所有社区、所有年龄段的在校中学生，准备进入劳动力市场的学生，已经就业但希望对自己的技术进行更新的在职人员，因学术或其他缺陷无法在普通教育项目中取得进步的人员。《职业教育法》还提高了职业教育拨款数额。在该法及其修正案的推动下，美国职业教育明显呈现数量扩张和质量提升的态势。从数量方面来看：1964 ~ 1968 年，职业类学生总数大幅上升，由 450 万增至 800 万；各类职业教育机构迅速发展，其中仅各类“职业技术学校”就由 1965 年的 405 所增至 1975 年的 2452 所。[②] 自此，美国的技能形成体系大规模地向学校本位的职业教育路径转换。

四　技能形成体系的危机及改革（20 世纪末至今）

在 20 世纪的最后 20 年，当一种新的生产组织模式在德国、日本发展起来的时候，美国制造业生产体系的有效性受到了巨大的挑战。

美国简单的、单一职位的入门培训的技能形成方式以及其高度分化的

---

① Ashton, D. N., Green, F. *Education, Training and the Global Economy* [M]. London: Edward Elgar Publishing Limited, 1996.

② 贺国庆，朱文富等．外国职业教育通史（下卷）［M］．北京：人民教育出版社，2014：110.

职业分工，使得美国工人的技能也是分化的、单一的。以美国制造业为例，工厂操作工人的技能是与机器检修工人的技能相分离的，也就是说操作工不能胜任机器检修，以至于在美国制造业工厂中，维修人员 70% ~ 100% 的时间都用在了停工检修上，而花在预防性检修和定期检修中的时间只有 0 ~ 30%。相比而言，日本制造业工厂工人的技能是整合的，机器操作工能够胜任机器检修的工作，在日本工厂，维修工 4.7% ~ 14.5% 的时间用在了停工检修上，而 85.5% ~ 95.3% 的时间用于预防性检修和定期检修。生产工作和检修工作的分离，让大部分美国制造业工厂经常处于停工状态。美国的技能形成方式以及生产方式已经不能与其国际竞争者德国和日本相抗衡。① 在 1972 ~ 1982 年，美国制造业的商品遭遇到的国际竞争比例从 20% 上升到 80%。进口制造业商品的优势，威胁着美国一些大企业的生存。②

为维持美国在国际上的竞争力，美国企业努力尝试创建一种高绩效的工作系统——一种将灵活性与雇员参与决策相结合的、相互支持的人力资源实践系统。20 世纪 80 年代，随着全面质量管理（TQM）的普及和日本汽车工厂在美国各州的开放，日本大规模生产的方法——精益生产（lean production）在美国已得到普及。③

面临精益生产，美国重新检视其教育和培训体系。一系列的报告将经济下降的原因归于工作场所不适宜的技能。尽管美国发展了成功的高等教育体系，但美国人才平均成就水平，尤其是在科学领域，已经远远落后于其他工业化国家。极度的劳动力两极分化，也反映在了教育中，一些没有希望进入大学的年轻人干脆辍学，美国的辍学率非常高，1990 年国家的辍学率为 17%，1994 年增长到了 25%。④

---

① Shibata, H. A. Comparison of American and Japanese Work Practices: Skill Formation, Communications, and Conflict Resolution [J]. Industrial Relations, 1999, 38 (2): 192 - 214.

② Ashton, D. N., Green, F. *Education, Training and the Global Economy* [M]. London: Edward Elgar Publishing Limited, 1996.

③ 〔美〕约翰·W. 巴德. 劳动关系：寻求平衡 [M]. 于桂兰，于米，于楠等译. 北京：机械工业出版社，2013：337.

④ Ashton, D. N., Green, F. *Education, Training and the Global Economy* [M]. London: Edward Elgar Publishing Limited, 1996.

美国的技能替代式技能形成是否还能维持高附加值的生产或者高效益的工作，是一个让人担心的问题。尽管美国大众化的高等教育体系提供了高素质的管理人才，其两年的社区学院为美国培养了大量工人，而且还可以提供令人获益匪浅的脱产培训以支持企业庞大的、非正规的在职培训，但国家为批量生产所制定的教育制度，已经不能提供新的高附加值生产所需的劳动力。

为此，美国的职业教育在21世纪进行了一系列改革。

1970年，美国教育委员会的詹姆斯·艾伦（James Allen）第一次明确提出了生计教育的概念。“生计教育是帮助个体获得有用知识、技术和态度，并通过恰如其分地使用以上知识、技术和态度，使每个人的工作成为其有意义的、高效率的和令人满意的生活方式的一部分。”①

1984年，《帕金斯职业教育法》颁布，该法在继续确保贫困地区和弱势群体平等接受职业教育机会的同时，更加强调通过高质量的职业教育满足国家当前和未来的劳动力需求。该法鼓励公共和私立部门密切合作，提升职业教育质量。积极回应市场对各类人才的需求，强化职业教育类学生的学术基础，以便根据市场的要求，使新技术能够更加迅速地应用于生产过程。该法还规定1985～1989财政年度每年为州职业教育提供8.353亿美元资助，同时为职业教育支持项目、成人培训、再培训和就业项目等分别下拨了一定数量的资金。②

美国劳动部成立了工作场所学习办公室，以发展青年学徒制。1992年4月，众议院提出了《从工作向学习过渡法案》《青年学徒培训法案》，5月布什政府提出了国家《青年学徒法案》。③ 21世纪以来，随着社会和经济的瞬息万变，新的职业不断涌现，为此，学徒制进一步扩展了其课程计划所覆盖的职业领域。从2000年开始，美国劳工部开始加强推进诸如医疗

---

① 贺国庆，朱文富等．外国职业教育通史（下卷）［M］．北京：人民教育出版社，2014：113.

② 贺国庆，朱文富等．外国职业教育通史（下卷）［M］．北京：人民教育出版社，2014：120－121.

③ Bailey, T. Can Youth Apprenticeship Thrive in the United States?［J］. *Educational Researcher*, 1993, 22（3）: 4－10.

保健、交通运输、信息技术、生物技术等快速发展行业领域注册学徒制的发展，同时还试图通过提高课程的技术与管理水平来广泛增强学徒制的影响力。企业为学徒生提供在岗培训，使学徒生进行实地操作，以巩固在校学习的技术理论。学徒生在由企业安排的指导教师（企业中经验丰富、可以承担师徒责任的优秀员工）的督导下，学习岗位技能，提高业务素养，接受指导教师的考核和评定。由于学徒生要辗转于学校和企业两个场所轮番进行学习和实践，预计每个学徒生要完成“2000 小时受监督的在岗培训”（supervised on - the - job training）。学徒生在大学（学院）中的课程学习是各种不同教育形式的结合体，主要是通过理论培训课程、在线网络课堂学习以及地方学徒制机构遴选的大学课程来完成的。其中关于课程的要求是，“职业技术教育课程中的实践性教学占总学时的 50% 以上”，并且每个学徒生“每年至少要上满 44 小时的课堂教学”（in - class instruction）。例如，美国田纳西州的学徒制方案就规定，学徒每年必须完成大学课程的 33 个学时，每年夏天至少有 1 周在校学习。在这期间，学徒生要参加本专业的专题讲座和相关考试，按要求通过评估后，对成绩合格的学徒生颁发特定的学位证书——两年制的副学士学位证书和四年制的科学学士学位证书。

2008 年 10 月，美国劳工部对学徒制法律相应条款又做出进一步修订，主要包括：多元培训方法的创新、资格证书的完善、远程教育教学手段的应用、课程质量和标准的提高等。相关法律的修订有助于增强学徒制的灵活性，使其努力保持与劳动力市场变化的同步性。此外，2008 年 12 月，劳工部注册学徒制办公室还发布一项技术资助战略，旨在通过加强劳动力市场和教育部门的整合，促进学徒制在 21 世纪实现新的发展。[①]

美国的学校职业教育在联邦政府一系列法案的支持下，获得了很大的发展，美国政府也在积极实施注册学徒制，积极促进职业教育产教合作的发展。但是，新技术革命的发展速度和深度大大超过了以往任何一次技术革命，它所产生的冲击力让人们觉得，在局部范围和短期效应上，其负面

① Robert W. Glover. Registered Apprenticeship Training in the US Construction Industry [J]. *Education & Training*, 2005, 47 (4/5): 337 - 349.

效应大于长远的积极意义。

第一，谁也不能否认，新兴技术虽然具有光明的前途，有利于提高生产率并推动整体社会经济发展，从而创造出更多的就业机会，但在短期内，它所创造的就业机会并不能补偿被其“挤掉”的工作岗位，劳动力失业现象严重。

第二，职业结构上的调整及其就业机会的增长跟不上技术进步的步伐，许多劳工素质无法适应新技术要求，那些在原来工作岗位上的技术熟练劳工可能是有经验的能手，但在新的岗位上则需要一切从头学起。

第三，尽管联邦政府极力推崇学校职业教育与劳动力市场需求的结合，但教育的滞后性使得人才的培养远远跟不上产业发展变化的需求，造成职业教育的乏力。而新实施的注册学徒制，又因规模太小而不能解决实质问题。“根据美国劳动部统计，2006 年在 29273 个有效学徒制方案中注册的学徒生达 449897 人，仅占就业总数的 0.3%”。[①]

第四，政府不能或者不愿意迫使不合作的雇主参与培训，雇主们不同意实施更新技能的战略，因此对企业收取培训税在美国也几乎不可能获得广泛的接受。州政府也在提高教育经费方面受到限制，因为他们需要通过税收优惠来吸引企业的进入。因此，美国的企业培训依然面临巨大的挑战。

以上这些问题，加上职业教育发展的相关制度，如技能资格认证制度、工资协商制度、社会合作制度等的缺失，以及美国社会严重的两极分化问题，使得美国经济完全从技能替代战略转变为高附加值的生产战略，并形成经济发展优势，还有很长的路要走。

第二节　美国技能形成制度变迁中的利益冲突

与德国和新加坡不同，美国技能形成制度的形成与变迁中，虽然也存在诸多利益冲突，但冲突的解决并未达成多方利益的平衡或协调，要么雇主在冲突中占优势，要么工会在冲突中占据上风，其他利益相关者的力量

---

① Robert W. Glover. Registered Apprenticeship Training in the US Construction Industry [J]. *Education & Training*, 2005, 47 (4/5): 337 – 349.

非常弱，美国技能形成制度中的利益冲突逐渐转变为企业向政府转嫁责任的历程，而且形成了一定的阶级冲突。

一　雇主与政府：企业责任向政府责任的转嫁

随着美国工业化进程的起步，美国学徒制度也与欧洲国家一样，出现过学徒制的“昙花一现”，出现过企业的积极参与和投资，厂办学校也一度盛行。但强大的工会和雇主冲突等，使得企业实施去技能化战略，以减少对工人技能的依赖。企业放弃了以企业为主实施和投资的学徒制和厂办学校，其培训的兴趣也从培养一线的技术工人转变为培养工头或领班的管理能力，而对于无技术工人和低技术工人的培养责任则从企业转向政府，开始了企业向政府转嫁责任的历程。

美国的技能形成体系从“赠地学院运动”时期起就具有政府投资的特征，随着工业化的逐步深入和国家高等教育的扩张，企业的高素质管理人员一般都从高校毕业生中招聘，企业自身培养的比例越来越小。美国企业几乎将全部的教育和培训责任都转嫁给了政府。

美国的政府是以雇主为主的、以资本家为主导的政府，其代表着雇主或者资本家的利益，正如多尔曾经指出的，“在美国的利益分配结构中，企业股东的利益至高无上，毫无疑问地优于雇员利益。”① 资本家掌管的政府机器，面对资本家的利益，自然多为妥协，美国技能形成制度中雇主向政府转嫁教育和培训的投资职责及其他各项职业教育责任也就不足为奇了。

当然，在 20 世纪 80 年代以后，政府与雇主也有一些协议，比如，1982 年，美国颁布《岗位培训伙伴关系法》，该法案最突出的是在联邦、州和地方政府之间以及政府和企业之间建立了一种双重的伙伴关系。联邦、州和地方政府就培训的权责进行了明确的划分，政府与私有企业建立了伙伴关系，在 1982 年的法案中，代表企业利益的“私有工业委员会”在联邦人力培训政策中，尤其在劳动培训的技术构成和类型等方面，发挥了不可替代的作用。但此政策，终究因为种种原因而没有得到彻底的实施。

---

① 〔英〕罗纳德·多尔．股票资本主义：福利资本主义［M］．李岩，李晓桦译．北京：社会科学文献出版社，2002：8.

二　雇主与工会：由培训管制权的争夺到阶级冲突

在美国工业化过程中，雇主与工会在职业培训领域的矛盾冲突一直比较激烈。19 世纪中叶，新兴的工人阶级试图通过技工控制生产战略，向立法机关施压，要求制定管制学徒制培训的相关法律。工会的努力在有的州取得了成功，这些州通过了管制厂内培训的相关立法。比如，1981 年纽约州通过一项法案，要求企业与学徒工之间必须签订书面合同，合同规定了企业和学徒双方的责任和义务，以及任何一方违反合同所应遭受的处罚。①

在一战期间，由于技工的严重短缺，工会的力量有所增强，在一些行业和大型企业都出现了大罢工。工会取得罢工胜利后，不但要求提高工人工资、待遇，加强对工人培训，而且要求建立岗位职业分类体系，每一个分类体系都建立一个最低工资标准。这遭到了雇主的反对。

面临严重的技工短缺和工会对学徒培训的控制，美国的企业主采取了特殊的行动：通过标准化批量生产，降低企业生产对技工技能的依赖。

一旦新的科技出现，雇主就应用所有可获得的策略，包括镇压，以破坏工匠工人的力量，并使劳动过程去技能化。在这种争斗中，他们需要依靠国家垄断的武力以镇压工人，美国工业发展中的暴力事件频发。在 20 世纪最初的 10 年内，雇主赢得了斗争，并建立了他们对生产过程的全面控制。②

一些技能依赖型的中小企业，面对技工控制生产战略的威胁更严重，且没有管理科层制，因此，它们试图通过雇主之间的联合以取代它们对工会学徒制的依赖，并游说政府创办公立职业教育体系，并且希望针对满足雇主特殊技能需求来开设课程。③ 比如，全国制造商协会很早就通过了“支持实用工艺学校、工业学校、手工训练学校或其他技术学校”的决议。但是，美国劳工联盟（American Federation of Labor）却认为全国制造商协会此

① 〔美〕凯瑟琳·西伦．制度是如何演化的：德国、英国、美国和日本的技能政治经济学［M］．王星译．上海：上海人民出版社，2010：162.

② Ashton, D. N., Green, F. *Education, Training and the Global Economy* [M]. London: Edward Elgar Publishing Limited, 1996.

③ 〔美〕凯瑟琳·西伦．制度是如何演化的：德国、英国、美国和日本的技能政治经济学［M］．王星译．上海：上海人民出版社，2010：169.

举仅仅是为了培养廉价的、过剩的劳工。对于职业学校如何开办、由谁管理、谁来招录学生以及开设哪些课程等细节方面，二者存在严重的分歧。[①]

雇主与工会之间关于学徒制以及企业培训的矛盾，与美国雇主阶级和工人阶级之间的阶级冲突息息相关。在美国的劳资冲突中，不管是雇主还是工会，一旦在斗争中取得胜利，便会向对方提出更多的要求或施加更多的压制。二者即使在一些问题上意见一致也难以达成双方的妥协，更多的是一种阶级冲突，没有形成像德国一样的跨阶级的联合。

三　工头与技工：工人的两极分化

由于严重的劳资冲突以及技工短缺问题，一些大型企业雇用老练的管理顾问帮助策划反对工会的运动，迫使一些企业的工会解散，并解雇了工会的领导人和组织者，企业甚至以迁移工厂作为威胁迫使工会及其成员就范。为了巩固战胜工会的果实，这些大型企业雇主们通常吸纳个体技术工人进入工厂的科层管理体制中，让他们担任低职位的领班，并且付给这些领班固定的工资，进而形成了工厂的“推压”体系。该体系主要通过简化工作以及对工人施压而提升产出。[②] 虽然起初领班是技术工人，但他们为了自己的利益很快与雇主站在一边，并且形成了反工会的立场。

Shibata，H. 在对美国制造业的三个工厂进行案例研究时发现，在三个工厂中，工人的等级主要分为部门经理、一线主管、普通员工。一线主管和部门经理不是工会会员，一线主管有少部分来自基层，长期在工人岗位工作的出色工人被升为一线主管，但来自一线的主管几乎没有再晋升的机会。大部分一线主管来自企业外部，从大学中招聘，这些人大学毕业后在基层待上很短的时间便被升为一线主管，在一线主管位置上待上短短几年，就可能升至工程师或更高的管理岗位。来自大学的一线主管没有任何生产和维修技能，他们在与工人交流中，很难达到理想的效果，基本采用

① Shibata, H. A. Comparison of American and Japanese Work Practices: Skill Formation, Communications, and Conflict Resolution [J]. *Industrial Relations*, 1999, 38 (2): 192 – 214.

② 〔美〕凯瑟琳·西伦. 制度是如何演化的：德国、英国、美国和日本的技能政治经济学[M]. 王星译. 上海：上海人民出版社，2010：168.

高压政策。[①] 因此，在美国的工厂中工头与技术工人的关系并不融洽。

在20世纪六七十年代，美国制造业的萎缩催生了就业增长的两极化模式，工人等级的顶层（管理工人）与工人等级的底层（职员和服务业工人）迅速扩张。到了20世纪80年代，趋势更倾向于低成本工作的增长和收入不平等的加剧。管理人员的工资越来越高，技工和普通职员的工资却不见增长，甚至出现下降，管理人员工资与职员的收入差距，使得其矛盾更加尖锐。[②]

这种现象导致不能进入大学的美国学生没有提高学习成绩的动机，因为，一旦其没有机会进入大学学习，即使再努力提高学习成绩也不能改变其就业前景，这样就造成了没有上大学的学生文化基础较差、能力不高，很容易形成恶性循环。[③]

第三节　美国技能形成制度的制度构成

在美国技能形成制度的形成与变迁过程中，势力并不均衡的雇主与工会之间在学徒制以及企业培训、学校职业教育等相关方面的矛盾与冲突，往往以雇主的胜利而告终，因此，美国技能形成制度是以雇主利益为主导的，在其投资领域雇主极力压缩企业对职业教育和培训的投资，形成了美国以国家和个人为主的技能投资制度。在供应体系中，雇主也几乎不直接参与职业教育和培训，几乎将全部职业教育供应的责任推给政府，形成了美国以学校为主体的技能供应制度，学校为主体的技能供应制度又直接导向了以学历为导向的技能评价制度。美国历史上生产组织方式的去技能化和“推压”体制，形成了现在美国生产组织方式中低技能工人与高管的两极分化；社会合作制度在美国也处于艰难生存或缺失状态。

---

① Shibata, H. A Comparison of American and Japanese Work Practices: Skill Formation, Communications, and Conflict Resolution [J]. *Industrial Relations*, 1999, 38 (2): 192－214.

② Ashton, D. N., Green, F. *Education, Training and the Global Economy* [M]. London: Edward Elgar Publishing Limited, 1996.

③ Soskice, D. Reconciling Markets and Institutions: The German Apprenticeship System [J]. *Training and the Private Sector*, University of Chicago Press, 1994: 25－60.

20世纪美国这种以雇主利益为主导的技能形成体系，由于雇主对当前利益的追求，而不具有可持续发展性。

一 政府为主的技能投资制度

对于美国企业来说，对工人进行培训意味着提高劳动力成本，雇主一直在转嫁职业教育和培训成本。因此，美国的技能投资是以政府为主体的，政府技能投资的具体情况因不同水平和地区的教育而不同。

（一）政府投资

1. 地方－州－联邦三级学校职业教育投资制度

在美国，政府对技能投资主要是通过对实施职业教育的学校进行投资来实现的，美国职业教育学校可以得到政府的定期资助和来自各种渠道的特种职业教育培训资金。这些资金包括地方定期资金、州定期资金、地方特种职业教育培训资金、州职业教育特种资金和联邦职业教育资金等。[①]史密斯－休斯法，建立了地方－州－联邦三方合作开展职业教育的机制，因此职业学校（包括社区学院和技术学院）资金来源于联邦政府、州政府、地方政府。

一般来说，职业学校资金的主要来源为地方政府，地方政府通过财产税筹集这些资金，财产税与地方经济发展水平相关，因此，各地区的职业学校获得的资金并不相同。

由州政府提供的经费是职业学校资金的第二大来源，州政府层面的职业教育资金主要来源于所得税，州政府提供的资金试图缩小各地区政府由于经济发展水平不同而对职业学校投资的不平等性。州政府会向低收入社区学校提供附加资金。另外，州政府提供的资金还依据学校招生人数的不同而不同，刺激了地方学校扩大招生规模。

联邦政府通过特殊目的为职业学校提供资金，但仅占很小的比例（约6%～8%）。从《莫雷尔法案》第一次确认联邦政府给予职业学校经济支持，到1990年国会通过的《帕金斯职业技术教育法》，每一次法规联邦政

---

① 潘书阁．美国职业教育培训资金的管理模式［J］．现代技能开发，1997（07）：38－39．

府都给予职业教育财政支持，并且力度逐次增加，资助的范围也逐次扩大。[1] 联邦政府通过两种途径向职业学校拨款——有条件拨款和无条件拨款。有条件拨款由地方社区提出申请并以本社区一定数量的财产作保证，通常用于鼓励学校进行特别的、重点的培训，但这种资金赞助是有限的。无条件拨款既可以提供给社区，也可以提供给州，以鼓励社区开办新专业或其他特殊目的的培训。但是由于联邦经费经常延误并易波动，所以不管是有条件拨款还是无条件拨款，都不是职业学校经费的稳定来源。[2]

以社区学院为例，近年来，社区学院的资金来源逐渐发生变化，地方政府的资助比例逐渐减少，而州政府的资助和学费的占比在不断增加，表 4－1 清晰地呈现了 20 世纪美国社区学院的资金来源及其变化。

表 4－1　两年制社区学院多样的资金来源（1918～1992 年）[3]

单位：%

年　份	1918	1930	1942	1950	1959	1965	1975	1980	1990	1992
学杂费	6	14	11	9	11	13	15	15	18	20
联邦政府资助	0	0	2	1	1	4	8	5	5	5
州政府资助	0	0	28	26	29	34	45	60	48	46
地方政府资助	94	85	57	49	44	33	24	13	18	18
私人捐赠	0	0	0	0	0	1	1	1	1	1
销售产品或为社会服务的回报	—	—	—	—	12	6	6	3	7	7
其　他	0	2	2	2	2	7	1	3	3	3

20 世纪 70 年代，加利福尼亚州通过了“13 号法案”，该法案将州财产税限制在资产估值的 1%，而且限定增长率每年最大不超过 2%。这样加利福尼亚州的社区学院发现他们的主要经费来源具有上限，而不得不转向

① Levesque, K., Laird, J., Hensley, E., et al. Career and Technical Education in the United States: 1990－2005: Statistical Analysis Report [R]. Washington, D. C.: National Center for Education Statistics, Institute of Education Sciences, U. S. Departmentof Education, 2008: 8.

② 潘书阁．美国职业教育培训资金的管理模式 [J]. 现代技能开发, 1997 (07): 38－39.

③ Cohen, A. M., Brawer, F. B. *The American Community College* [M]. San Francisco: Jossey－Bass Publishers, 1996: 140.

州政府寻求经费，在那两年内加利福尼亚州的州政府提供了 42% ~80% 的社区学院的经费。后来其他的 7 个州也通过了类似加利福尼亚州“13 号法案”的法律规定。①

1993 年，Garrett 调查发现，在一些有大社区学院的州，大的社区学院从州政府获得 75% 甚至比例更高的资金资助。例如，加利福尼亚州、科罗拉多州、佛罗里达州、北卡罗来纳州、弗吉尼亚州和华盛顿；而另一些州的大的社区学院仍然从当地政府获得大约一半的资金资助，如亚利桑那州、堪萨斯州、伊利诺伊州、密歇根州和俄勒冈州。② 社区学院的资金来源，不同的州情况也不尽相同，但从总体趋势上看，个人和州政府承担的比例越来越大。

2. 政府的学生资助项目

1963 年《联邦职业教育法》颁布以后，联邦政府不但向职业学校提供资助，并且向处于劣势的青年和残疾人提供额外的补助。对于美国社区学院的很多学生来说，这种政府的资助项目是他们能够进入高等院校学习的唯一机会。例如，社区学院的学生可以获得的联邦资助就包括佩尔助学金、斯塔福德贷款。联邦佩尔助学金是 1972 年联邦教育修正法案颁布以来，联邦政府的主要财政援助政策。佩尔助学金是一个以需求为基础的项目，意在为低收入家庭学生提供财政援助，从创建开始，佩尔助学金一直是一个非权利津贴项目（non - entitlement program)，依赖于国会拨款。2008 ~2009 年，贫困学生得到的佩尔助学金最大金额为 4731 美元。③ 斯塔福德贷款计划原为国会创建的保证学生贷款（GSL）计划，1965 年的高等教育法案将其改为现名。斯塔福德贷款的主要目的是，在联邦政府成本最小的情况下，扩大高等教育的获得机会，也旨在为中等收入的学生提供援助。美国教育部提供的斯塔福德贷款包括提供补助金形式和不提供补助金的形式两种。在提供补助金的斯塔福德贷款中，利率由联邦政府资助；在

---

① Cohen, A. M., Brawer, F. B. *The American Community College* [M]. San Francisco: Jossey - Bass Publishers, 1996: 139.

② Cohen, A. M., Brawer, F. B. *The American Community College* [M]. San Francisco: Jossey - Bass Publishers, 1996: 139.

③ U. S. Department of Education. Federal Pell grant. [EB/OL] http://www. ed. gov/programs/fpg/funding. html. 2014 - 1 - 10.

不提供补助金的斯塔福德贷款中，利率从学生签署之后就开始计算。不同年级的学生可以申请3500美元到5500美元不等的斯塔福德贷款补贴。①

一些州政府为补偿学生支付能力的差距，也实施了一些资助项目，例如俄克拉荷马州就实施了俄克拉荷马高等学校访问计划（OHLAP）。该计划创建于1991年，意在帮助低收入家庭的学生获得高等教育的机会。达到OHLAP计划要求的学生，如果攻读副学士学位或高等职业技术教育，就可以获得连续6年的经济资助。②

在美国的学校职业教育体系中，联邦政府和州政府给予的学生资助项目还有很多，1978年美国国会还通过了《中等收入家庭学生资助法》，这个法案直接扩大了对中等收入及以下家庭学生的资助，③ 表4-2表明了联邦政府和州政府对学生的资助。这些资助使很多学生，尤其是家庭条件困难的学生颇为受益。

表4-2 联邦政府和州政府对公立学校中等收入水平学生的资助及其在学杂费中的占比④

	联邦政府				州政府			
	年收入为3万美元或以下		年收入在3万~6万美元		年收入为3万美元或以下		年收入在3万~6万美元	
	资助	比例(%)	资助	比例(%)	资助	比例(%)	资助	比例(%)
学士学位	1684	58	1198	10	1496	20	992	10
副学士学位	1567	34	941	5	995	12	781	5

3. 政府的职工培训投资

在美国，企业将员工的培训视作一种成本，因此，对员工培训的投资

① U. S. Department of Education. Stafford loans (FFELs and direct loans). [EB/OL]. http://studentaid.ed.gov/PORTALSWebApp/students/english/studentloans.jsp. 2014-1-20.

② Mendoza, P., Mendez, J. P., Malcolm, Z. Financial Aid and Persistence in Community Colleges: Assessing the Effectiveness of Federal and State Financial Aid Programs in Oklahoma [J]. *Community College Review*, 2009, 37 (2): 112-135.

③ F. King A. The Federal Government, Direct Financial Aid, and Community College Students [J]. *Community College Journal of Research and Practice*, 26 (7-8): 659-679.

④ F. King A. The Federal Government, Direct Financial Aid, and Community College Students [J]. *Community College Journal of Research and Practice*, 26 (7-8): 659-679.

也主要是由政府来完成的。1962 年《人力培训与开发法》颁布，为保障该法的实施，联邦政府根据各地培训计划的实施情况不断加大投入，据美国人力咨询委员会统计，到 1965 年国会拨款达到 3 亿美元，到 1973 年，累计拨款 32 亿美元。但培训的效果非常差，在 1962 ~ 1967 年，每 10 名劳工中，只有 1 人参加了培训，在参加培训的每 20 名劳工中，只有 1 人顺利结业。在该法案实施中，联邦政府的投入本就不够，而多数州政府的配套基金更是没有到位，联邦资金作为“诱饵”并没有在地方财政中“钓”出更多的“鱼”。当时，只有 3 个州象征性地提供了配套资金，而很多劳工自身由于面临生存的威胁，也无力坚持完整个培训。①

1988 年，美国国会又颁布了《经济错位与劳工援助法》，该法案设立了“经济错位与劳工援助计划”，对技术过时的劳工提供补课培训和岗位培训。国会为此计划提供了大量的援助，例如，1989 年，国会为宾夕法尼亚州提供的资助达 1500 万美元，1991 年增至 1890 万美元；在新泽西州的培训也由 310 万美元增加到 780 万美元。

在 1962 年法案之后，面临美国劳动失业率较高、通货膨胀、经济危机等复杂的经济发展形势，政府先后实施了多项政策促进劳工培训，但终究因为得不到企业的大力支持而效果不理想。

（二）个人投资：学费

对于社区学院和四年制大学来说，学费也是学校经费来源的一部分。以社区学院为例，20 世纪 50 年代以来，社区学院学生的学费占其经费来源的 9%，1965 年为 13%、1975 年为 15%，1992 年为 20%。在 1994 年，社区学院的学费为 1100 美元左右，1996 年上升至 1500 美元左右，但是，美国社区学院的学费还是比四年制专业学院的学费低。

现在，学费占两年制社区学院全国运营预算的 1/5，但各地、各州的情况也不同，在有的州学生的学费占社区学院经费来源的 1/4，而在加利福尼亚州学生支付的学费仅占学院经费来源的 1/10。②

---

① 梁茂信. 美国人力培训与就业政策［M］. 北京：人民教育出版社，2006：87 – 88.

② Cohen, A. M., Brawer, F. B. *The American Community College* ［M］. San Francisco: Jossey – Bass Publishers, 1996: 139.

（三）企业投资不足

在20世纪，相比于德国、法国，美国企业的培训成本在其劳动力总成本中占的比例非常小，见表4－3[①]，美国企业对教育和培训的投资并不热衷。就培训时间来说，美国公司平均每年在每个员工身上所花的培训时间仅有30个小时，而日本是美国的3倍。对于新员工，这点表现更甚：在前6个月，日本公司新雇员会得到300个小时的培训，而美国新进雇员的培训时间不足50个小时。美国培训和发展协会称，接近5000万美国工人需要培训，但还没有培训，有1700万工人需要基本技能培训，1600万人需要新工作技能培训。据调查，美国仅有22%的机器操作员、装配工和检验员接受过技术升级的培训。[②]

表4－3　1992年德国、法国、美国培训成本与劳动力总成本之比

单位：%

国别	德国	法国	美国
培训成本	1.54	1.03	0.14

20世纪，美国企业培训投资的严重不足，致使企业在技能投资与供应体系中处于缺失状态，企业对于自身员工的培训尚不热心，更不用提其对学校职业教育的参与情况。这也在一定程度上造成了美国外部劳动力市场（主要指职业学校培养的人才）的技能供应与企业的技能需求之间的不匹配。

二　以学校为主体的技能供应制度

与美国的技能投资制度一样，在20世纪，美国的技能供应职责也是美国雇主所极力向政府转嫁的职责之一。经历了先前学徒制和厂办学校短暂繁盛时期后，美国雇主对技能的供应，在后来的美国已经比较鲜见，致使当前美国的技能供应者主要是学校职业教育机构，而供应的主要内容也多偏向于通用技能。

---

① 刘英．美国工人工资变动型式研究［M］．北京：中央编译出版社，2009：154－155.

② 杨伟国，代懋，王婧．美国技能短缺治理及对中国的借鉴［J］．中国人口科学，2008（1）：011.

（一）美国的技能供应主体：职业学校

在美国，技能的供应主要是学校职业教育，中等职业教育水平的技能供应机构主要是全日制职业与技术教育高中，以及服务于多所高中的地区职业和技术教育学校。全日制职业和技术教育高中强调职业与技术教育，但同样提供学术课程；地区职业和技术教育学校为那些在他们所在地高中接受全部或部分学术课程的学生提供半日制的职业和技术教育。当然，美国综合高中虽然主要提供学术教育，也提供一些职业和技术教育。表4－4显示了各地区各类型学校在本地区职业教育中的占比。2002年，美国有18000所公立高中，5%为全日制职业与技术教育高中，46%是提供地区职业与技术教育学校服务的综合高中。①

表4－4　不同类型、地区公立学校的比例和提供职业教育学校的比例（1999年）②

单位：%

地区	综合高中	职业高中	地区职业高中	提供职业教育的学校占比
全部	89.2	4.6	6.2	66.5
城市	84.2	10.3	5.5	72.9
郊区	89.7	4.4	5.9	63.9
农村	90.3	3.1	6.6	66.5

虽然美国在中等教育水平上，大部分学校都提供职业教育课程，但学生所修职业教育课程的学分比较少，见图4－1，中等教育水平阶段的职业教育，只能是一种职业启蒙或者低水平的教育。

中学后水平的技能供应机构，包括各种层次的机构。例如，四年制、两年制和不足两年的公立机构，非营利性的私立机构和营利性的私立机构等，详见表4－5。大多数州通过相当均衡地配置四年制、两年制和不足两年的中学后教育机构提供生涯教育，其中拥有中学后教育机构最多的是加

① 美国国家教育统计中心．现代美国生涯与技术教育纵览——1990～2005年数据分析报告［M］．和震，高山艳等译．郑州：河南科学技术出版社，2013：12.

② Silverberg, M., Warner, E., Fong, M., et al. National Assessment of Vocational Education: Final Report to Congress［R］. Washington D. C.: U. S. Department of Education, Office of the Under Secretary, Policy and Program Studies Service, 2004: 21.

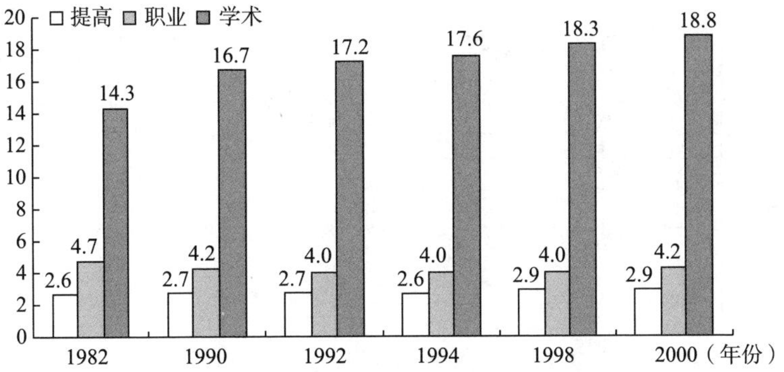

图 4-1 中学生不同类型课程所得学分（1982～2000 年）①

利福尼亚州（大约 550 所），其次是宾夕法尼亚州、德克萨斯州和纽约州（每个州大约 350 所）。在佛蒙特州、阿拉斯加州、南达科他州、内布拉斯加州、威斯康星州和哥伦比亚特区，生涯教育机构中多数（53%～74%）是四年制高等教育机构，在怀俄明州、肯塔基州、蒙大拿州、爱达荷州、爱荷华州、俄勒冈州、华盛顿州、西弗吉尼亚州和北达科他州，一半或一半以上（50%～82%）的生涯教育的提供者是两年制中学后教育。②

表 4-5 2004～2005 年提供生涯教育的中学后教育机构的数量及百分比③

提供者	总数	四年制				两年制				不足两年			
		总数	公立	私立非营利	私立营利	总数	公立	私立非营利	私立营利	总数	公立	私立非营利	私立营利
中学后教育机构数量（所）	6383	2553	640	1543	370	2161	1143	225	793	1669	244	107	1318
生涯教育机构数量（所）	5730	2045	604	1119	322	2064	1121	194	749	1621	241	95	1285

① Silverberg, M., Warner, E., Fong, M., et al. National Assessment of Vocational Education: Final Report to Congress [R]. Washington DC: U. S. Department of Education, Office of the Under Secretary, Policy and Program Studies Service, 2004: 26.

② 美国国家教育统计中心．现代美国生涯与技术教育纵览——1990～2005 年数据分析报告[M]．和震，高山艳等译．郑州：河南科学技术出版社，2013：91.

③ Levesque, K., Laird, J., Hensley, E., et al. Career and Technical Education in the United States: 1990-2005: Statistical Analysis Report [R]. Washington, D. C.: National Center for Education Statistics, Institute of Education Sciences, U. S. Departmentof Education, 2008: 77.

续表

提供者	总数	四年制				两年制				不足两年			
		总数	公立	私立非营利	私立营利	总数	公立	私立非营利	私立营利	总数	公立	私立非营利	私立营利
生涯教育机构占中学后教育机构的百分比（%）	89.8	80.1	94.4	72.5	87	95.5	98.1	86.2	94.5	97.1	98.8	88.8	97.5
生涯教育机构的分布百分比（%）	100	35.7	10.5	19.5	5.6	36.1	19.6	3.4	13.1	28.3	4.2	1.7	22.4

在美国也有很多机构向成人提供与工作相关的课程；传统教育提供者，诸如初等和中等学校、专科院校、综合性大学和职业/技术学校，都为成人提供一些与工作相关的课程（work - related courses）；其他的组织，如商业机构、专业协会、社区、政府机构、私人、志愿者和宗教组织都是与工作相关的课程的提供者。在多数情况下，提供与工作相关课程者均为雇主，雇主是各层次成人教育项目最常见的提供者。①

美国学校职业教育体系，从图 4 - 2 中清晰可见。

由于学校职业教育的内容与经济发展需求的匹配度不高，一些企业也开始自己实施培训，例如摩托罗拉公司。在 20 世纪 80 年代早期，摩托罗拉雇用了一些可靠也愿意努力工作的生产线工人，但随着国际竞争的日益激烈，公司不仅需要工人努力工作，还需要工人为产品质量担负责任，用策略分析方法做出决策，以保证质量。但他们发现许多员工不会阅读，不会进行简单的计算操作，尽管如此，在摩托罗拉公司的眼中，他们都是好工人，他们对公司很忠诚，于是摩托罗拉公司开始对工人进行教育培训，为他们提供在新世界竞争中所需要的技能。事实上，该公司的培训和教育费用在 20 世纪 80 年代由 700 万美元上升到 1.2 亿美元，而且此后一直在增长。美国培训和发展协会宣称，美国企业内部培训在技能形成体系中投

① 美国国家教育统计中心．现代美国生涯与技术教育纵览——1990 ~ 2005 年数据分析报告［M］．和震，高山艳等译，郑州：河南科学技术出版社，2013：230.

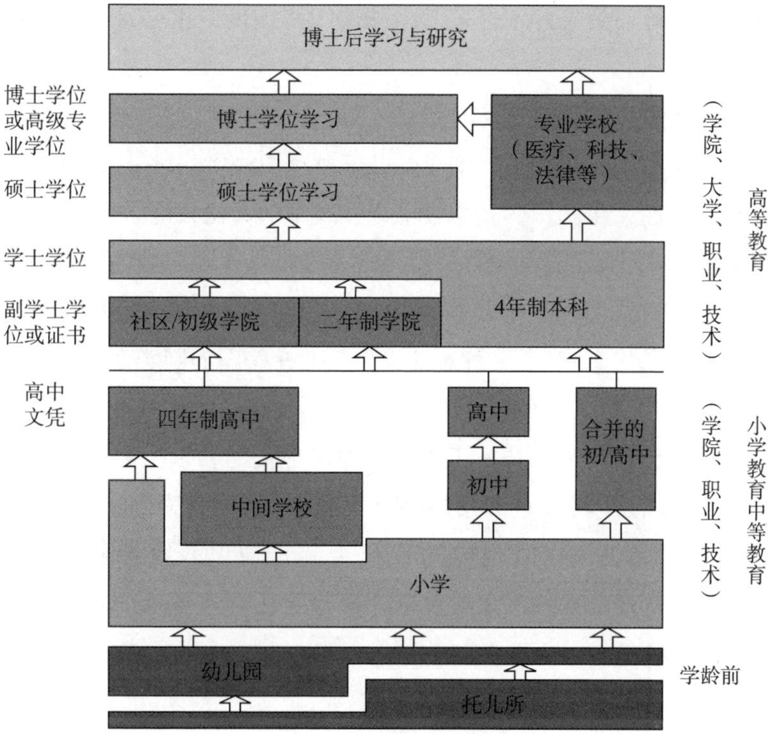

图 4-2　美国教育体系①

入了比公共职业学校和学院更大的资本，2008 年总计投资 1540 亿美元。② 据美国商会的调查，有 85% 的公司规定为新雇员工提供培训，内容涉及人事、工程、技术、管理和领导艺术等课程。③ 由此可见，随着经济的发展，美国的企业也在逐步参与到职业培训中，这对美国 21 世纪职业教育的发展具有促进作用。

摩托罗拉实施的一线工人培训在美国整个企业中还是凤毛麟角的，美国培训和发展协会宣称的企业内部培训的巨大投资，也因没有广泛覆盖一

① U. S. Department of Education. Digest of Education Statistics. Washington: Institute of Education Science (ies) and National Center for Education Statistics (NCES) [EB/OL] http://nces. ed. gov/programs/digest/d07/figures/fig_01. asp. 2015-1-22.

② World TVET Database: United States of America [R]. UNESCO-UNEVOC International Centre for Technical and Vocational Education and Training, U. S. Centre on Education and Training for Employment (CETE), 2014.

③ 朱传一. 科学技术发展与美国的就业问题 [M]. 北京：劳动人事出版社，1985：142.

线工人的培训等而效果并不显著。当前美国技能供应主要是通过职业学校来实现的。

（二）美国技能供应内容

为适应美国工业化建设的需求，几乎整个20世纪，美国的技能供应内容都主要集中在文化知识、基本技能以及较窄的岗位技能方面。

在20世纪上半期，企业去技能化战略及批量生产方式的使用，使得企业生产降低了对员工技能的依赖和要求；劳动高度分化，例如在日本的汽车装配厂中可以用2～4个工种囊括工作，而在美国的同类汽车装配厂中至少有80～95个工种，这种高度的劳动分化，使得工人的技能也是严重分化的，大部分为无技术或半技术工人，企业对他们的要求主要是提高文化知识水平、基本的读写技能以及岗位的入门技能。例如，社区学院的前身——初级学院在创设时提供的课程主要是通识教育课程。Quanty 和 Tatham 分别于1977年、1978年对堪萨斯州社区学院做了调查，调查结果一致显示，有2/3的社区学院学生进入社区学院学习的目的是获得“入门技能”。[①]

20世纪中期，随着技能替代战略的成功和批量生产方式的成熟，美国的技能供应内容除了普及文化教育之外，更多地集中于满足较窄工作要求的岗位技能，许多州为特定职业或岗位准备而设定课程计划，而职业教育投资者也主要集中于对单一领域职业项目的关注，见图4－3。这种面向较窄岗位领域的技能培训，历时较短，快速、频繁。社区学院除了为学生转学提供多种副学士学位课程以外，还为满足其立即就业的需求，开设各种应用性副学士学位课程和非学位课程，以满足学生短期内掌握技术以便就业的需求。这些应用型副学士学位课程一般按照职业岗位要求来设置课程，学生毕业后直接到一定岗位上就业。如小企业管理（商业副学士学位）专业开设的课程大都是应用性较强，岗位针对性和职业性强的课程，这种职业性课程所占比例为总课时的60%，毕业生可在行政办公室经理、行政助理、执行秘书、同声打字员和类似的职位就业。例如，迈阿密－戴

① Cohen, A. M., Brawer, F. B. *The American Community College* [M]. San Francisco: Jossey－Bass Publishers, 1996: 233.

德社区学院开设的一些非学位课程结业后可颁发“急救技师”应用技术文凭、“病历抄写”应用技术文凭等。①

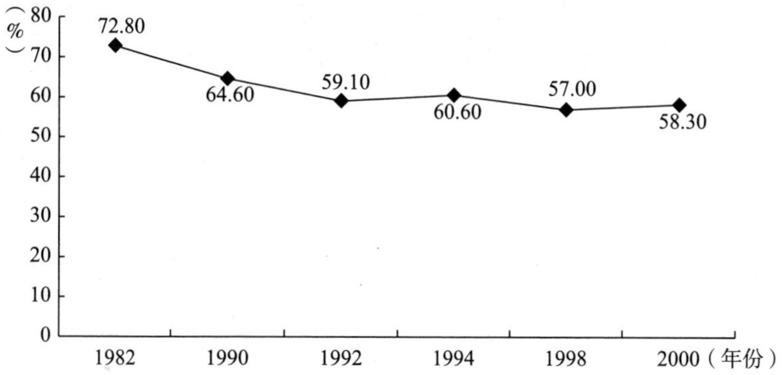

图 4－3 单一职业领域项目的受关注度（1982～2000 年）②

美国简单的、单一职位的入门培训的技能形成方式以及其高度分化的职业分工，使得美国工人的技能也是分化的、单一的。上文中提到的制造业例子就是其中的典型案例，在美国企业的工作安排中，工厂操作工人的技能与机器检修工人的技能是相互分离的，也就是说操作工不能胜任机器检修的任务，以至于在美国制造业工厂中，维修人员 70%～100% 的时间都用在了停工检修上，机器操作工没有能力边工作边进行预防性检修，生产工人和检修工人工作与技能的分离，让大部分美国制造业工厂经常处于停工状态。在经济发展全球化趋势下，美国的技能形成方式以及生产方式已经不能与其国际竞争者——德国和日本相抗衡。③

为维持美国在国际上的竞争力，美国重新检视其教育和培训体系。1983 年美国卓越教育联盟发布《国家处在危险之中》报告，自此，美国提高了对各级学生毕业的要求，许多州取消了为特定职业准备而设计的、较

① 李阳琇．美国社区学院课程设置特点及其基本理念［J］．比较教育研究，2004（03）：68－72.

② Silverberg, M., Warner, E., Fong, M., et al. National Assessment of Vocational Education: Final Report to Congress [R]. Washington D. C.: U. S. Department of Education, Office of the Under Secretary, Policy and Program Studies Service, 2004.

③ Shibata, H. A. Comparison of American and Japanese Work Practices: Skill Formation, Communications, and Conflict Resolution [J]. *Industrial Relations*, 1999, 38 (2): 192－214.

窄的职业课程计划，增加了学术性内容。这就使得学校课程融合了学术性和职业性内容，并且职业技能准备领域也变得更加宽广，不再是单一岗位技能，面向职业群的课程开始出现并广泛发展。1994 年，美国政府还建立了国家技能标准委员会（National Skill Standards Board，简称 NSSB），意在创建一套灵活的、统一的国家技能标准体系，以增强美国的全球竞争力。具体技能标准项目的开发目的是使技能标准更加灵活、可转移并实现及时更新和完善。①

虽然美国职业教育正在经历巨大的变革，但几乎历经整个 20 世纪的高度分化的劳动分工和岗位技能的学习，使得美国技能形成制度的改革道路还很长。

三 以学历为导向的技能评价制度

美国的技能评价与认证制度主要是对职业学校学生学习的评价制度及个别行业的技能认证制度。

（一）教育证书：副学士和学士学位

在美国教育历史中，普及学校教育的成功使美国人将学习和学校教育等同起来，接受完整的学校教育，从幼儿园到高中到大学，对无数美国人来说已经成了一枚成功的勋章。② 因此，美国人比较注重学校教育学习的结果，尤其是对学历和学位的追求比较热心。

当前，在国家层面上评价职业学校学生资格的证书主要是中等后教育的副学士学位证书和学士学位证书，副学士学位证书学习时间为 1 ~ 2 年，学生需要完成副学士学位项目的学习并考核合格，才能获得此学位；学士学位证书学习时间为 2 ~ 4 年，学生需要完成学士学位项目的学习并考核合格，才能获得此学位。另外，还会有一些短于 1 年的培训项目或特殊领域的培训课程，这些项目或课程也会授予完成学习任务的学员教育证书或者

① 马君，潘海生．基于美国国家技能标准的职业教育课程开发技术研究［J］．职业技术教育，2011（04）：80 − 84．

② 〔美〕阿兰·柯林斯，理查德·哈尔弗森．技术时代重新思考教育：数字革命下美国的学校教育［M］．陈家刚，程佳铭译．上海：华东师范大学出版社，2013：17．

相应的学位。

（二）职业资格认证势单力薄

在美国，没有国家层面的职业资格框架。[①] 国家没有参与到证书的认证中，劳动力之间知识和技能的分配受制于雇主与工人斗争的结果，而且这种斗争多数由雇主占据优势。雇主为组织生产而实施的技能替代战略，使得去技能化变得非常普遍，企业需要的不是去认证工人的技能，而是帮助企业实施生产管理的空降的经理人。在这种情况下，社会非常强调作为“空降经理人”的个人能力，而对提前获得专业证书的重视不足，建立职业资格体系的要求也几乎不存在。[②]

20 世纪 80 年代以后，随着美国对高绩效工作组织方式的采纳和企业对职业教育与培训态度的变化，对技能资格认证的需求也在不断变化。当工作组织方式是相对分离的形式时，生产需要更多的短期脱产培训，美国的社区学院在短期培训中发挥了很大作用。但高绩效的工作组织方式需要团队合作、工作轮换，仅仅依赖短期的脱产培训是不够的，而是需要大量的在职培训，技能资格认证可以保障这种培训的质量。[③] 因此，美国的一些行业或者项目中逐渐出现了对技能认证的探索。例如，在汽修行业中，美国为提高汽车维修从业人员的技术水平，保障汽修培训项目的质量，实行了汽车维修人员水平认证及教育培训机构水平认证制度。由美国卓越汽车维修服务研究院制定汽修行业职业技能能力及鉴定标准，并在全国遵照执行。美国卓越汽车维修服务研究院通过汽车维修从业人员技术等级培训、考试和认证来正确评价汽车维修技师的知识和能力，提高美国汽车修理和服务的质量。[④] 再如，美国 2008 年 12 月实施的注册学徒制新政表示，

---

① World TVET Database：United States of America ［R］. UNESCO – UNEVOC International Centre for Technical and Vocational Education and Training，U. S. Centre on Education and Training for Employment（CETE），2014.

② Ashton，D. N.，Green，F. *Education，Training and the Global Economy*［M］. London：Edward Elgar Publishing Limited. 1996.

③ Osterman，P. Skill，Training，and Work Organization in American Establishments［J］. *Industrial Relations*，1995，34（2）：125 – 146.

④ 李彦．美国汽车维修职业技能认证体系及其启示［J］. 职业技术教育，2013（02）：92 – 95.

学徒在较好地完成某一特定阶段或特定培训内容之后可申请注册机构颁发的“临时认证”，“临时认证”有利于提高学徒的阶段性培训成效。学生最终完成学徒项目后，还可获得最终认证。

但目前，大部分美国的职业资格认证都集中于高学历领域和技术研发领域，对于普通一线工人的技术认证开发与重视不足，职业资格认证在整个美国尚没有形成广泛的影响。

四　两极分化的技能使用制度

美国雇主采用的技能替代战略以及聘用高管管理、控制生产的制度，使得美国的雇主多偏重于受过高等教育的学术型人才和非技术、半技术工人，其实施的岗位工资以及工人晋升的主观性使得美国劳动力出现严重的两极分化，处于最顶层的高层管理人员和处于最底层的一线工人在待遇、地位等多方面的两极分化，不利于社会的稳定、经济的持续发展。

（一）工资协商制度的缺失

工资决定的集中程度和收入分配中的不平等程度是紧密联系的。无论用工资集中谈判制度中哪种因素来衡量，美国都是欧美国家中工资决定集中程度最低的国家之一。在德国，强大的工会力量使得在行业或地区范围内的集体谈判决定该行业或该地区的基本工资，德国劳动部则经常将此决定扩展应用到所有的工人和企业的工资制定中，其中也包括没有参加谈判的工人和企业。在美国，工会力量的薄弱意味着集中谈判制度在工资决定中的作用进一步减小，工会无力保障技能工人的工资。[①]

在美国，只有在一些公共部门或公共支持的建筑项目中，注册学徒才是唯一拿低于工人工资基数的工作者，而德国的大部分职业，雇主必须支付非技术工人与技术工人相当数额的工资，且允许学徒的工资远远低于非技术工人。这种限制在德国很普遍，在美国却没有对雇主的此种限制。在美国，只要雇主支付给非技术工人的工资高于法律规定的国家最低工资标准即可。因此，美国企业可以直接在劳动力市场上招聘非技术工人完成学

---

① 刘英．美国工人工资变动型式研究［M］．北京：中央编译出版社，2009：142.

徒工需要完成的工作任务，而无须花费精力和成本培养学徒。①

（二）岗位工资制度

在美国，由于各种原因，没有形成一个将工人技能水平与其职位阶梯系统而透明地关联起来的体系，工人工资不是依据工人技能水平，而是根据岗位而定。美国雇主回避采用正式岗位分类机制以及以年资为基础的分配机制，因为他们担心这样的做法将会为工人工会化和集体谈判提供便利。②

岗位工资的实施，使得美国职业教育投资的回报率并不高，受过职业教育的人的工资待遇与想获得职业教育而未完成职业教育的人的工资相差无几。以 2001 年为例，不管是全职工作者还是兼职工作者，不管是在资格证书水平上，还是在副学士学位水平上，完成学业的毕业生跟未完成学业的学生工资水平的差距均不明显，详见表 4－6③。

表 4－6　1995～1996 年度入学攻读职业教育的学生在 2001 年度平均工资情况

单位：美元

分类	兼职	全职	总计
获得资格证书者	15200	27900	25900
获得副学士及以上学位者	23000	30700	30100
想获得但未获得资格证书者	14100	26600	24400
想获得但未获得副学士及以上学位者	12100	28400	26700

岗位工资的实施，还使得美国高管的工资与普通工人的工资差距非常大。图 4－4 即展示了在荷兰、瑞士、英国、德国、美国等几个国家中，美国的工资两极分化现象最为严重。

① Bailey，T. Can Youth Apprenticeship Thrive in the United States？［J］. *Educational Researcher*，1993，22（3）：4－10.

② 〔美〕凯瑟琳·西伦．制度是如何演化的：德国、英国、美国和日本的技能政治经济学［M］．王星译．上海：上海人民出版社，2010：180.

③ Levesque，K.，Laird，J.，Hensley，E.，et al. Career and Technical Education in the United States：1990－2005：Statistical Analysis Report［R］. Washington，D. C.：National Center for Education Statistics，Institute of Education Sciences，U. S. Departmentof Education，2008：187.

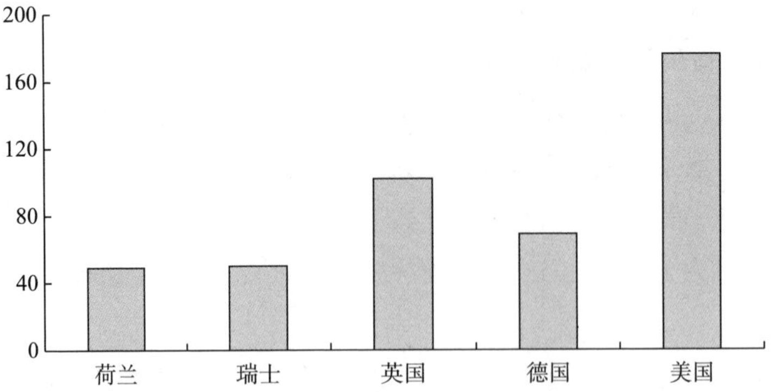

图 4－4　各国高管平均工资与平均名义工资之比①

还有研究表明，1970 年以来，美国社会收入不平等程度和工人家庭生活贫困化的状况在逐渐加深。② 表 4－7 也表明了受过高等教育的管理阶层与低技术工人的工资待遇差距。

表 4－7　1979～1995 年，不同技能类型工人收入变化百分比③

单位：%

工人类型	男性工人	女性工人
大学生	1	20
专业人员	6	18
行政支持（文员）	－14	2
机械操作工	－19	－9
粗工	－21	—

表 4－7 表明，受教育程度高的大学生比受教育程度低、职位专业性较弱的工人，如行政支持（文员）、机械操作工、粗工等在收入方面更具有

① 国际劳工组织．2013 年世界劳工报告［M］．中央财政经济出版社译．北京：中国财政经济出版社，2014：81.

② Danziger，S.，Gottschalk，P. Increasing Inequality in the United States：What We Know and What We Don't［J］．*Journal of Post Keynesian Economics*，1988：174－195.

③ Richard，B. Freeman：New Inequality in the United States［A］．Fishlow，A.，Karen，P. *Growing Apart：The Causes and Consequences of Global Wage Inequality*［M］．Council on Foreign Relations Press，1999.

优势。我们可以看到，1979 到 1995 年期间，受教育程度高的大学生工资的增长幅度比受教育水平低、技术水平低的工人的工资增长幅度大。在有些情况下，原本处于劣势的工人的收入水平还在下降，并且其下降幅度较大。专业人员的收入男性工人增长了 6%，而比这一职位对技能要求较低的行政支持（文员）、机械操作工、粗工的男性工人收入水平依次降低了 14%、19% 和 21%。技能水平要求越低的职位，其收入水平下降的幅度越大。

工资受制于岗位，而非个人，处在生产一线的员工只能拿计件工资，工人工资与生产出来的合格产品数量有关，而与其质量关系不大。这种情况下，工人没有动机去参加培训、提升技工水准，阻碍了培训和其他技能发展机会。

（三）工人转岗及晋升制度

在美国工厂中，员工晋升的依据因素是多样的，如一线主管的意见、工作规则、员工资历、工作团队的意见等，但是总体来说，美国工厂工人的晋升受到很强的个人选择和喜好的影响，而不是公平竞争。工人的晋升不是以系统化的标准或资格规定为基础的，而是很大程度上依赖于工头和领班的主观判断，晋升体系与技能水平之间没有公开透明的相关性。[①]

Shibata，H. 研究发现，在案例工厂中，有大约 1/4 的具有 3 年以上工作资历的工人，从非技术工人转为半技术工人，或者从半技术工人转为技术工人。然而，有 24% 的具有 10 年以上资历的工人的转换没有固定模式，25.7% 的 10 年以上资历的工人依然待在非技术工人岗位，具体情况如表 4－8 所示。[②] 20 世纪，美国工厂的工作转换与晋升的主观性，严重挫伤了技术工人的积极性，工人没有动机提高自身技能。想进行工作变换或者晋升的工人将主要精力用于讨好一线主管或者部门经理，而非提高自己的工作能力。

---

① 〔美〕凯瑟琳·西伦. 制度是如何演化的：德国、英国、美国和日本的技能政治经济学［M］. 王星译. 上海：上海人民出版社，2010：181.

② Shibata，H. A Comparison of American and Japanese Work Practices：Skill Formation，Communications，and Conflict Resolution［J］. *Industrial Relations*，1999，38（2）：192－214.

表 4-8 美国某工厂工人晋升情况

单位：%

年资	劳动力等级					
	非技术岗位工作（1）	半技术岗位工作（2）	技术岗位工作（3）	晋升（4）[（1）~（2），（2）~（3）]	没有固定模式（5）	总计
10 年以上	25.7	18.9	8.1	23	24	100
3 至 10 年	50	11.1	2.8	25.0	11.1	100
3 年以下	76.2	16.7	0.0	7.1	0.0	100
总计	45.4	16.4	4.6	19.1	14.5	100

五 社会合作制度的缺失

（一）政府协调作用不足

美国属于联邦制国家，在工业化初期，联邦政府没有实力协调雇主与工会之间的劳资冲突，更没有实力影响企业的生产战略。直到 1962 年《人力培训与开发法》颁布，美国政府才着手系统建立人力培训与就业体系。但美国政府的人力政策基本是失败的，政策始终有一种“社会福利使命感”，“目的是抵消一些积极的社会和经济趋势”，这种导向限制了其社会受益面，而且决策制定者们在制定政策时不是要加强对劳工的职业技术培训，而是侧重于福利救济。

在 20 世纪 60 年代，政策的核心是“供给导向”，即根据结构性失业现象日益加剧的情况制定政策，大力发展学校职业教育。到 20 世纪 70 年代，政策又侧重于“需求导向”，即根据就业市场的变化制定政策，鼓励企业实施学徒制。由于政府没有建立预测和应对周期性经济变化影响的有效人力发展政策，政策的被动性和对应性特点十分突出。

在美国，政府为刺激企业和学徒投资培训，采取了多样的措施，从法律强制要求到多种财政鼓励，① 但是效果并不理想。虽然建立起了庞大的学校职业教育体系，但终究因与产业发展需求的匹配度不够，而不能完全

① Soskice, D. Reconciling Markets and Institutions: The German Apprenticeship System [J]. *Training and the Private Sector*, University of Chicago Press, 1994: 25-60.

满足经济发展的需求。

（二）企业的职业教育参与率较低

为了追逐利润，企业不断采用技能替代战略，一旦新的科技出现，雇主就应用所有可获得的策略（包括镇压）破坏工人的力量，并使劳动过程去技能化。20 世纪美国联邦政府没有限制企业家实施暴力的意愿或能力，美国历史上工业冲突的暴力事件频繁。[①] 这种去技能化的、高度分工的生产组织方式并不强调学习，雇主并无对培训的需求，学习和培训也并非员工活动的重要组成部分。[②]

20 世纪 70 年代，美国实施了一项青年权益示范项目，该项目为仍旧在高中学习的学生寻找作为学徒工作的机会。项目的实施者发现，很难招募到雇主，他们在示范区内对雇主做了一项调查，发现雇主对学徒的工资补贴非常敏感。在调查中，有 10% 的雇主表示，如果只需付给学徒工 25% 的工资，那么他们将愿意参加此项目，但是在真正实施中，有 18% 的雇主表示只有政府给予 100% 的学徒工资补贴才肯参与项目实施。虽然他们对学徒工资补贴比较敏感，但最后，依然有不到 20% 的雇主在学徒工资为零的情况下，参与了项目的实施。雇主认为监管这些学徒的成本不能由学徒的贡献来弥补。[③]

（三）工会的力量微不足道

在美国工业化早期，因为没有传统的行业工会，学徒制缺乏运行的核心保障而趋于没落。一方面，技能工人的状态并没有因为经济的发展而得到实质性的提高，行业工会也只有少量的成员，对劳动力市场没有任何影响，也没有能力影响培训的数量和质量；[④] 另一方面，美国受过良好教育的低技术工人较少，没有制度保障雇主和工人之间的合作行为，如果想实

---

① Ashton, D. N., Green, F. *Education, Training and the Global Economy* [M]. London: Edward Elgar Publishing Limited, 1996.

② Bailey, T. Can Youth Apprenticeship Thrive in the United States? [J]. *Educational Researcher*, 1993, 22 (3): 4 – 10.

③ Bailey, T. Can Youth Apprenticeship Thrive in the United States? [J]. *Educational Researcher*, 1993, 22 (3): 4 – 10.

④ Ashton, D. N., Green, F. *Education, Training and the Global Economy* [M]. London: Edward Elgar Publishing Limited, 1996.

现雇主和工人的合作行为，只能靠雇主支付大量的效益工资来吸引低技能工作者，并保证员工不罢工。[①] 而支付大量的效益工资与企业降低生产成本的追求相悖，雇主不可能长久实施。

如果说在工业化早期，美国的工会还有力量与雇主斗争的话，那么20世纪70年代中后期出现的“利润挤压”现象，直接使企业从“利益相关者”价值观变为“股东价值观”，企业股东的价值成了企业最大的目标。因而，美国在70年代中后期，出现了工资增长的停滞，中产阶级受到挤压，工会更是没有能力维护工人的权益，也没有力量在雇主那里为工人争取培训权益。

1998年，美国劳工联盟和工业联合会（American Federation of Labor and Congress of Industrial Organization，AFL－CIO）组织开创了美国工作学会（Working for America Institute），这个学会成立的初衷是好的，即解决美国的技能短缺问题，但是其实质发挥作用的领域还是在为劳工领导、官方人员、高学历的技术人员提供技术指导和专家支持。美国的注册学徒制项目在20世纪90年代初期约为300万个，不到劳动力的0.3%。[②]

在美国实施学徒制，最重要的是制度问题，需要一种雇主与工人相互信任的、可支配一切的制度。这个制度可以协调单个雇主的参与行为，并且可以帮助雇主参与学校的教育工作。至少在学徒制实施的早期阶段，如果雇主参与仅仅依靠个别学校“甜言蜜语”的哄骗，那么学徒制将不能在更大范围内实施，还会受个人偏好承诺或意志的支配。[③]

---

① Soskice，D. Reconciling Markets and Institutions：The German Apprenticeship System [J]. *Training and the Private Sector*，University of Chicago Press，1994：25－60.

② 杨伟国，代懋．中国技能短缺治理 [M]. 上海：复旦大学出版社，2011：281－285.

③ Bailey，T. Can Youth Apprenticeship Thrive in the United States? [J]. *Educational Researcher*，1993，22 (3)：4－10.

第五章

转型中的中国技能形成制度分析

第一节　中国技能形成制度演化历程

中国与西方列强的第一次较量始于鸦片战争，这次战争引发了中国与近代西方资本主义势力的全面冲突，这些冲突打破了中国长期封闭性发展的格局，是中国通向现代世界的纪元。此后，一个半世纪中国的沧桑巨变，也就是中国走向现代化的举世罕见的漫长而崎岖的历程。[①] 因此，中国的现代化始于1840年的鸦片战争，而中国职业教育的发展与变革也自此开始。

一　技能形成的工业化转型（清末民初）

在近现代中国的历史上，晚清至民国初期是经济、政治、社会治理机制发生巨大变革的时期，从技能形成角度而言，1840年鸦片战争之后，西方工业化生产技术已经对中国传统手工业技艺构成了强烈的冲击。晚清政府开始兴办实业，学习西方教育创办技术学堂，培养技术人才，并形成了以直隶工艺总局为主体的学徒制，成为近现代教育与工业生产结合的肇始。

1866年6月，左宗棠奏设福建船政学堂，培养国防需要的造船、驾驶技术人员。当时，福建船政学堂大量雇用洋匠师，并且与其签订了技能传

---

① 罗荣渠．现代化新论——世界与中国的现代化进程［M］．北京：北京大学出版社，1993.

授的合同，规定“开厂之日起，五年限满，教导中国员匠于造船法度一切精熟，均各能制造，并能自造家伙，造船算法及一切船主之学均各精熟”①。当时融合生产和劳工技能培训于一体的学堂，除了福建船政学堂外，还有江南制造局附设的操炮学堂、汉阳铁工厂设立的铁政局化学堂、福州电线局设立的福州电报学堂、轮船招商局设立的驾驶学堂等（见表5－1）。

表5－1　晚清洋务企业厂办学堂统计

学堂名称	创办时间（年份）	所属企业	学堂名称	创办时间（年份）	所属企业
福建船政学堂	1866	福建船政局	天津电报、水雷学堂	1880	天津机器局
操炮学堂	1874	江南制造局	广东黄埔鱼雷学堂	1884	广东黄埔鱼雷局
福州电报学堂	1876	福州电线局	旅顺口鱼雷学堂	1890	旅顺口鱼雷局
天津电报学堂	1880	天津电报局	湖北矿务局工程学堂	1890	湖北矿务工程局
广州西学馆	1881	广州机器局	驾驶学堂	清末	轮船招商局
上海电报学堂	1882	上海电报局	山海关铁路学堂	1895	津榆铁路公司
金陵同文电学馆	1883	金陵电报局	四川机器学堂	1907	四川机器局
两广电报学堂	1887	两广电报局	苏省铁路学堂	1907	苏省铁路有限公司
台湾电报学堂	1890	台湾电报局	湖北铁路学堂	1907	川汉铁路局

资料来源：全国教育科学“十一五”规划教育部青年专项课题“民国时期劳工教育问题研究”（课题编号EKA070249）研究报告。②

“船政根本在于学堂”，“艺局本与学堂一体”，由此可见，洋务企业中所设立的学堂，已经初具企校一体模式的影子，是教育型企业的雏形。在该工厂或学堂中，教授技能的教师，既要负责制造，又要负责传授知识和技术，“凡工执艺事十有六类，均令一面作工，一面授徒”③；学徒既是工厂生产的助手和工人，又是学堂的学生。设制造局的目的在于培养科技人才，培养科技人才的目的在于更好地制造船舰，两者互为因果、互相促

① 陈元晖．洋务运动时期教育［M］．上海：上海教育出版社，2007：327－328.

② 李忠．民国时期劳工教育问题研究［EB/OL］．http://www.nies.net.cn/ky/qgjyghkt/cgbg/crjy/201201/t20120116_37149.html.2015－2－1.

③ 转引自王星．技能形成的社会建构：中国工厂师徒制变迁历程的社会学分析［M］．北京：社会科学文献出版社，2014：96.

进。这与德国的双轨制极为相似，具体而言，一般采用三种做法。第一种，附设半日学堂，即学徒半日在厂办学堂学习理论文化知识，半日到工厂车间生产现场学习手艺。采用此种形式对工徒进行训练的是福建工艺局。第二种，附设夜学堂，工徒白天学艺，晚上到夜间学堂学习理论知识。甘肃劝工局就采用此种形式。第三种，附设讲堂，工厂每天为学徒工安排一两个小时的理论课程，课程包括工艺理论、文化知识等方面的内容。北洋工艺局、农工商部工艺局等均采用此种形式对学徒工进行培训。晚清的洋务学堂与洋务企业，形成了较好的技能形成发展模式。除了兴办企业和学堂外，清政府更以法令形式颁布“壬寅学制”（1902）和“癸卯学制”（1904 年），将学校教育分为普通、师范、实业三类，确立了实业教育的地位，职业（实业）教育正式登上中国近代教育的舞台，表明教育与社会生产、国计民生的联系越来越紧密。

除了洋务企业设立了学堂实施了双元制教育之外，晚清政府设立的工艺局，还实施了官管学徒制，并实现了大规模发展。1902～1911 年，清政府在直隶省（今河北省）、奉天省（今辽宁省）、吉林省等 22 个省份共设立工艺局 228 个，各种工艺传习所 519 个，劝工厂 10 个，这些组织既是生产单位，又是培训学徒的教学组织，其技能学习的内容已经从手工技艺走向机器操作。工艺局面向社会，遵循《雇募工师条例》和《招募工徒条例》招募工师和工徒，这种官管学徒制带有济贫的色彩，招募的学徒以游民和孤儿为主，工艺局还支付学徒一定的劳动报酬和劳动福利。①

值得一提的是，当时的官管学徒制已经有了制度化的技能等级晋升机制。技能等级分为工徒、工匠、匠目、工师、艺士五个等级。匠目和工师除了承担生产任务外，还要管理工徒日常技能学习，工师有二等和一等之别。“艺士”是对技能出色、教徒有功的工师的一种奖励，是一种官职。②

---

① 转引自王星．技能形成的社会建构：中国工厂师徒制变迁历程的社会学分析［M］．北京：社会科学文献出版社，2014：97.

② 彭泽益．中国近代手工业史资料（第三卷）［M］．北京：生活·读书·新知三联书店，1957：511－513.

当时，除了官管的学徒制以外，民间的行会学徒制也比较兴盛，当时的大部分行业都实施了学徒制，并且行会学徒制具有严格的技能等级和系统的文本规则。行会学徒制从技能等级上来说，分为三级——学徒工、帮工、师傅，每一级的晋升都有严格的规定。从文本规则上来说，主要有严格的学徒选拔条件（对学徒的年龄、性别、文化程度、籍贯、思想品德等都具有严格规定）、学徒培训的时限（一般为三年）、学徒的劳动报酬（主要有最低工资、红包、实物奖励等）、入徒和出徒仪式（一是尊重师傅，二是学徒入行的条件）等文本规定。这种民间的行会学徒制，既避免了学徒沦为廉价劳动力，又保证了技能培训的质量。

1912 年国民政府颁布“壬子癸丑学制”将职业教育体系增改为师范教育和实业教育两个系统，另设有补习班与专修科和小学教员讲习所等，为正规学校附设或特设。

总之，清末民初，我国的技能形成在官办企业和学堂中很好地实现了产教双方的合作，并有相应的匹配制度以保障其发展；在民间行会学徒制中，也有系统的文本规定和等级晋升制度为保障，得到了较好发展。

二　技能形成的现代化改造（民国时期）

清末民初，随着中国工业化进程的展开，大量生产工厂开始出现，工人阶级逐渐形成。劳动力市场上却出现了一种结构性的失衡——劳动力总量供给丰富，技能劳工大量短缺。现有的劳工教育，尤其是官管的学徒制教育远远不能满足日益扩大的劳工市场需求，大部分生产手工工场与劳工技能教育体系之间没有建立制度化互动机制，一些中小规模工厂主既无能力也无动机为厂内学徒工提供更多的技能培训。在这样的背景下，大量学徒工无法改变低技能、低工资的劳动状况，学徒制成为廉价劳动力来源的趋势开始明显。

到了民国初年，民国政府对职业教育做出了积极的改革，1922 年实施了新学制，也就是“壬戌学制”。“新学制注重职业教育，要求高小增设职业准备科，中等教育阶段设立专门职业学校，普通中学也要开设职业课等。”[①]“新学制的标准为：适应社会进化之需要，发挥平民教育之精神，谋个性之发展，注意国民经济力，注意生活教育，使教育易于普及，多留地方伸缩余地。”新学制将过去沿用的实业学堂、实业学校一律改为职业学校，高等教育等级上的实业教育仍为专业教育。将职业学校、师范学校与普通中学混合成“综合中学”，采取选科的方式适应学生兴趣及照顾学生升学与就业两种准备，同时也使职业学校与普通中学立于同一基础线上，以提高人们对职业教育的评价，但效果甚微。

职业训练不能彻底施行，不符合社会需求，职业学校毕业生普遍面临毕业即失业的威胁。[②]为了改变这种情况，民国时期教育部推行建教合作，于 1936 年颁发《职业学校与建设机关协作大纲》，使学校与校外实习机关取得联络与协作。同年 4 月 27 日，教育部又颁布《职业学校设置顾问委员会办法》，以推进建教合作，委员会聘请与学校同性质的农工商界专家或领袖 5～7 人参加，使办学适合社会实际需要，避免与农工商界分离。[③]但学校职业教育并没有成为现代化进程中的劳动力主要的技术教育形式，在现代化改造中，劳动力培训的主要形式还是传统的学徒制。

民国初期，当时的北洋政府开始干预学徒制培训并将之提升至劳动教育的高度，1914 年，北京当时的政府颁布了改造学徒制教育的《商人通例》，该通例在学徒工技能培训责任义务、培训时间、培训内容及培训方式等方面做出如下规定。第一，凡是雇用学徒工的企业，都要对学徒工进行技能培训，培训内容包括专业技能和普通文化知识两部分；第二，规定了学徒和企业必须签订学徒契约，而且学徒契约只在规定的时间和地点有效，契约到期，雇主不得限制学徒就业。《商人通例》减弱了学徒工对雇主的人身依附关系，但是该通例在学徒培训的成本分担和质量保障上没有相应的规定，对改变雇主将学徒工异化为廉价劳动力的作用并不明显。

1923 年，南京政府出台《暂行工厂通则》，明确规定学徒工的培训成

---

① 孙培青，杜成宪．中国教育史［M］．上海：华东师范大学出版社，2009：401－402.

② 李澜田，王萍．中国职业技术教育史［M］．北京：高等教育出版社，1994：123.

③ 李澜田，王萍．中国职业技术教育史［M］．北京：高等教育出版社，1994：136.

本由企业承担。[①] 1929 年，南京政府对学徒制的现代化改造全面铺开，其标志是《工厂法》的颁布。《工厂法》第十一章专门对学徒制进行如下规定。第一，学徒工和雇主应采用国家规定的制式合同签订契约，并到国家行政主管部门备案，并且不能限制学徒期满后的就业自由。“工厂收用学徒，须与学徒或其法定代理人订立契约，共备三份，分存双方当事人及送主管官署备案。其契约应载明下列各款事项：学徒姓名、年龄、籍贯及住址；学习职业之种类；契约缔结之日期及其存续期间；双方之义务。前项契约不得限制学徒于学习期满后营业之自由。”

第二，学徒工具有接受技能培训和普通教育的权利，企业有义务设立劳工学校或劳工班，对劳工进行技能培训和教育。“学徒对于工厂之职业传授人，有服从、忠实、勤勉之义务。”“工厂对于学徒在学习期内，须使职业传授人尽力传授学徒契约所定职业上之技术。”

第三，对学徒技艺学习及工作的保障性规定。“工厂所招学徒人数，不得超过普通工人三分之一。工厂所收学徒人数过多，对于学徒之传授无充分之机会时，主管官署得令其减少学徒之一部分，并限定其以后招收学徒之最高额。”“未满十四岁之男女，不得为学徒；但于本法施行前已入工厂为学徒者，不在此限。学徒之习艺时间，准用第三章之规定[②]。学徒除见习外，不得从事本法第七条所列各种工作[③]。”

第四，对学徒培训成本的分担进行了规定。“工厂对于童工和学徒应使其受补习教育，并负担其费用之全部”，“如约定学徒应纳学费时，其学费额及其给付期。如约定学徒应受报酬时，其报酬额及其给付期。前项津贴由主管官署酌量各地方情形及工厂经济状况拟定标准，呈请实业部核定之”，“学徒于习艺期间之膳、宿、医药费，均由工厂负担之，并于每月酌给相当之零用。”

---

① 汤毅平．民国前期的劳动立法［J］．求索，2004（05）：242－244.

② “每日之工作时间不得超过 8 小时，如工作需要可延长至 10 小时，但不得超过 12 小时；而且学徒工不能上夜班。”

③ 处理有爆发性、引火性或有毒质之物品；有尘埃、粉末或有毒气体散布场所之工作；运转中机器或动力传导装置危险部分之扫除、上油、检查、修理及上卸皮带、绳索等事；高压电线之衔接；已溶矿物或矿滓之处理；锅炉之烧火；其他有害风纪或有危险性之工作。

第五，对学徒和雇主解除契约做了明确规定。“学徒于习艺期间内，除有不得已事故外不得中途离厂。得工厂同意而离厂者，学徒或其法定代理人，应偿还学徒在厂时之膳、宿、医药费。”“工厂在下列情况下可以终止契约：学徒反抗正当之教导者；学徒有偷窃行为屡戒不改者。”“学徒或其法定代理人在下列情况下可以终止契约：工厂不能履行其契约上之义务时；工厂对于学徒危害其健康或堕落其品行时。”

在国民政府时期，技能培训与普通教育已经相互分离，技能培训在工作中完成，劳工教育要在补习学校等机构中完成，劳工教育主要是思想教化与理论知识学习，使学徒工具备国民资格。

另外，《工厂法》还主张成立工厂会议，“工厂会议，由工厂代表及全厂工人选举之同数代表组成，工厂会议的职责包括：研究工作效率之增进、改善工厂与工人关系并调解其纠纷、协助工作契约及工厂规则的实行等”①。

此后，政府又颁布了一系列法案——《工厂检查法》《工厂检查人员养成所规则》《工厂检查人员养成所办事细则》《修正工厂法施行条例》等，对《工厂法》规定的内容进一步细化。国民政府对学徒制的现代化改造，推动了劳工补习教育的发展，同时也促进了劳工福利的制度化。国家通过强制力推动教育福利的举措以及对学徒契约的规范化要求，推动了当时厂内技能形成方式的广泛发展。

三　“单位制”下的半工半读教育（1949～1977年）

中华人民共和国成立以后，党和政府非常重视对职业教育发展的历史经验和国际经验的借鉴，接管、改造国民政府时期的职业学校，做出了大力发展技术教育的决定。在大力发展中等职业教育、技工学校的政策引导下，中华人民共和国成立后17年间职业教育的发展推动了国家经济与社会进步。此时期，大部分企业的学徒制延续了民国时期的形态和轨迹，但在1953年社会主义改造、单位制逐渐铺开后，学徒制也随之开始了变迁

---

①　工厂法［F］．北京：经济部投资业务处，1987.

历程。

中华人民共和国成立后，国家实行优先发展工业战略，为适应经济建设发展对有知识和技能的工人的迫切需求，刘少奇提出“两种劳动制度、两种教育制度”的主张，要求大力发展半工（农）半读职业技术学校和业余学校。1958 年毛泽东在《工作方法六十条（草案)》中要求，“一切中等技术学校和技工学校，凡是可能的，一律试办工厂或者农场，进行生产，做到自给或半自给，学生实行半工半读”[①]。同年《关于 1958 年度国民经济计划草案的报告》正式提出：“有步骤地实行半工半读的教育制度。中等学校和高等学校，凡是有条件单独举办或者联合举办实验工厂、实验农场和实验牧场的，都可以单独举办或者联合举办，一面从事教学，一面从事生产劳动；不能举办的，可以同当地的工厂、作坊和服务行业订立生产实习合同，进行实习，或者参加当地的定期义务劳动和农业合作社劳动，使学习和劳动相结合。”[②] 中华人民共和国政府首次从国民经济规划层面明确了技能形成的具体实现制度。1958 年 9 月，中共中央、国务院发出《关于教育工作的指示》，要求“国家办学与厂矿、企业、农业合作社办学并举；全日制与半工半读业余学校并举”。[③] 周恩来也曾指示要发动“工交财贸系统的厂矿、企业单位和大农场、林场办，国家也要直接办，军队也可以办一点”，指明了职业教育的办学主体。[④] 当时的技工学校有国家产业部门办的、各级劳动部门办的、厂矿企业事业单位办的和有关部门单位联合办的，其中，企业办校占 50% 。

半工半读教育其实是学徒制的一种变形，在技工培训的过程中，将学校学习和工厂技能培训结合起来，实现工学合作。在当时的半工半读制度下，许多学校既是学校，又是工厂；学校既培养学生，也生产产品；学生

① 毛泽东．工作方法六十条（草案)．毛泽东选集第七卷［M］．人民出版社，1999.

② 第一届全国人民代表大会第五次会议．关于 1958 年度国民经济计划草案的报告［EB/OL］. http://www.npc.gov.cn/wxzl/gongbao/2000-12/23/content_5328420.htm. 2015-2-3.

③ 中共中央、国务院．关于教育工作的指示［EB/OL］. http://news.xinhuanet.com/ziliao/2005-01/05/content_2419375.htm. 2015-2-3.

④ 钟名湖，王从容．周恩来职业教育思想及其启示［J］．教育与职业，2012（05)：21-22.

既学习理论，也参加劳动。接受技能培训的工人，其身份与学徒工类似，既在劳动过程中学习生产技能，又接受学校教育，因而通常称为“学工”。半工半读制的经费不用学工承担，或者摊入生产成本，或是通过编制开支预算计划由国家财政下拨经费，或者来自厂长基金。学工的待遇参考学徒工，一般没有工资，只拿生活津贴。①

除了半工半读教育以外，当时，委托培训与公立中等职业学校的发展也是技能形成的途径。委托培训是利用大型企业的生产技术、机械设备和技术力量，为其他工厂的学徒工提供技能培训的一种方式，属于一种国家主导下的厂际技能帮扶共享行动。委托培训是一种政府行为，由政府按照计划实施。② 公立中等职业学校在当时也有了长足的发展，当时中等专业学校由各业务部门或企业单位办理，由教育部检查指导。实行“专业化与单一化”体制，把“学用脱节”的原有职业学校“通才”的培养模式改成国家经济建设服务的“专业”教育模式。③

在中华人民共和国成立以后及社会主义建设的“一五”“二五”时期，无论是半工半读的技工学校、中等专业学校，还是委托培训，都有一个共同的保障——单位。公立中等专业学校或业务部门举办的技工学校属于一种事业单位，企业办的技工学校属于企业单位，委托培训也是在企业单位中进行的，也就是说当时的技能形成是在“单位制”的保障下实施的。“单位制”是透视1949年以后中国经济社会状况的一个重要窗口，“单位制”是一种集政治、经济、社会等多种功能于一身的综合性制度安排。在“单位制”中，国家直接干预和组织劳动人力制度，即统一计划管理的工资制度以及终身就业制度，这两项制度直接消灭了劳动力市场。④ 在技工学校，学工是企业的工人或企业的“准工人”；在中等专业学校中，实施

① 王星．技能形成的社会建构：中国工厂师徒制变迁历程的社会学分析［M］．北京：社会科学文献出版社，2014：262－263.

② 王星．技能形成的社会建构：中国工厂师徒制变迁历程的社会学分析［M］．北京：社会科学文献出版社，2014：260.

③ 方展画，刘辉，傅雪凌．知识与技能：中国职业教育60年［M］．杭州：浙江大学出版社，2009：49.

④ 王星．技能形成的社会建构：中国工厂师徒制变迁历程的社会学分析［M］．北京：社会科学文献出版社，2014：190.

统招统分政策，国家分配工作。雇主与工人的传统雇佣关系，在社会主义改造完成后，变成了一种国家雇用下的国家与个人之间的“公私关系”，使得在技能形成中企业的挖人问题和学徒的就业安全问题得以解决。

四 市场化的技能形成危机与改革（1978 年至今）

随着 1978 年改革开放政策的实施，国家的用工政策改革以及国企市场化改革全面铺开，我国的技能形成陷入了市场化的危机。1983 年国家对用工政策进行调整，开始推行“先招生、后招工”的用工制度。原劳动部在贯彻《国务院关于大力发展职业技术教育的决定》的过程中，将招学徒工改为招定向培训生。用工制度的改革使企业招收工人的形式发生了显著变化，即过去以招收学徒工为主培训技术工人，转变为以各大中专学校、技工学校、职业高中生为主的补充工人方式，技能培训开始外部化。

在改革过程中，国企改制也在稳步推进，企业组织由承担国家生产计划任务的“单位角色”转向“自主经营、自我发展、自负盈亏”的市场性角色。企业市场化改变了企业组织之间的关系结构，使企业对技能的投入成本成为企业需要重点考虑的成本之一。在这种情况下，许多厂办技校与企业剥离，自谋发展，学徒制更是受到了冲击，职业教育与产业的紧密结合开始变得松散。

与学徒制和半工半读教育形成鲜明对比的是，中等职业学校得到了长足的发展。1985 年，《中共中央关于教育体制改革的决定》颁布，该决定提出：“逐步建立一个从初级到高级、行业配套、结构合理又能与普通教育相互沟通的职业技术教育体系。”① 1986 年全国第一次职业教育工作会议召开，会议提出要积极调整中等教育结构，大力发展中等职业技术教育。因此，20 世纪 80 年代，随着我国中等教育结构调整战略的实施，中等职业学校数量大幅度上升，毕业生的数量也大规模增加。到了 90 年代，国家为了维持职业教育和产业的密切联系与紧密合作，出台了一系列文件。1991 年的《国务院关于大力发展职业技术教育的决定》提出“提倡产教

---

① 中共中央关于教育体制改革的决定［N］．中国教育报，1985 -06 -01001.

结合，工学结合”[①]。1994 年《国务院关于〈中国教育改革和发展纲要〉的实施意见》又提出“职业学校要走产教结合的路子”[②]。这些政策在国家就业分配政策的匹配下，使职业院校基本维持了 80 年代的发展规模。

但是，1989 年国务院批转国家教委《关于改革高等学校毕业分配制度的报告》颁布，该报告指出：“高等学校毕业生分配制度改革的目标是：在国家就业方针、政策的指导下，逐步实行毕业生自主择业，毕业生择优录用的‘双向选择’制度。”[③] 虽然当时该报告也指出“本方案实施初期，考虑到人才市场还没有形成，毕业生主要还不是靠自己找职业，而是以学校为中介向社会推荐就业，在一定范围内实施‘双向选择’”[④]。也就是说，在 1989 年政策提出后，“双向选择”的就业制度的实施有一个过渡期，但趋势已定。1993 年中共中央、国务院印发的《中国教育改革和发展纲要》明确提出：“改革高等毕业生‘统包统分’和‘包当干部’的就业制度，实行少数毕业生由国家安排就业，多数由学生‘自主择业’的就业制度。”[⑤] 因此，1995 年以后，我国政府基本取消了对大中专毕业生实行统一分配工作的政策，全面实施“双向选择”的就业政策。毕业生的就业安全失去了政策保障。

1999 年，我国政府又采取了高等教育扩招政策，职业教育院校的发展受到了严重冲击。加之长期没有企业的参与，职业教育逐渐陷入了与实践脱离的困境，生存更为艰难。

当时，国家出台了相关法律和文件，强调产教合作，改变现状。1996 年《中华人民共和国职业教育法》中规定，“职业学校、职业培训机构实

① 国务院关于大力发展职业教育的决定［EB/OL］. http://www.gov.cn/zwgk/2005-11/09/content_94296.htm. 2015-2-1.

② 国务院关于《中国教育改革和发展纲要》的实施意见［EB/OL］. http://www.edu.cn/20010823/207371.shtml. 2015-2-1.

③ 国务院批转国家教委关于改革高等学校毕业生分配制度报告的通知［J］. 中华人民共和国国务院公报，1989（12）：489-495.

④ 国务院批转国家教委关于改革高等学校毕业生分配制度报告的通知［J］. 中华人民共和国国务院公报，1989（12）：489-495.

⑤ 中共中央、国务院印. 中国教育改革和发展纲要［EB/OL］. http://www.moe.edu.cn/publicfiles/business/htmlfiles/moe/moe_177/200407/2484.html. 2015-2-1.

施职业教育应当实行产教结合"①。1999年《中共中央国务院关于深化教育改革，全面推进素质教育的决定》提出"职业学校要实行产教结合，鼓励学生在实践中掌握职业技能"②。2004年，《教育部等七部门关于进一步加强职业教育工作的若干意见》提出"推动产教结合，加强校企合作"③。此时政策文本明确了职业教育走产教结合之路。2010年《国家中长期教育改革和发展规划纲要（2010—2020年）》指出，"把职业教育纳入经济社会发展和产业发展规划，促使职业教育规模、专业设置与经济社会发展需求相适应"④。

但时至今日，没有匹配制度保障的技能形成发展状况并不理想，以职业院校为主的技能形成制度陷入了有效性危机。

第二节 中国技能形成制度变迁中的利益冲突与平衡

一 雇主与学徒：工资冲突

在中国，雇主与学徒（或技工）之间的利益冲突在历史的长河中，也是不断演化的，其斗争的焦点还是在学徒（或技工）的待遇问题上。

在最初的传统学徒制中，雇主同时又是师傅，兼双重角色于一身，学徒是自己的亲属，师傅与学徒之间是一种稳定的、带有宗法性质的关系，雇主既是技能的提供者，又是技能的投资者、评价者和使用者，冲突并不明显。

随着我国工业化的发展，以及雇主与师傅角色的分离，雇主和学徒之间的关系由宗法性质的关系发展为劳资关系，雇主与学徒之间的冲突开始明显。清末民初，雇主大规模招募学徒工的现象开始出现，学徒制被异化

① 中华人民共和国职业教育法［EB/OL］. http://www.moe.edu.cn/publicfiles/business/htmlfiles/moe/moe_619/200407/1312.html. 2015-2-1.

② 中共中央国务院关于深化教育改革，全面推进素质教育的决定［EB/OL］. http://www.moe.edu.cn/publicfiles/business/htmlfiles/moe/moe_177/200407/2478.html. 2015-2-1.

③ 关于进一步加强职业教育工作的若干意见［EB/OL］. http://edu.people.com.cn/GB/8216/54807/54811/3822282.html. 2015-2-1.

④ 国家中长期教育改革和发展规划纲要（2010~2020年）［EB/OL］. http://www.moe.edu.cn/publicfiles/business/htmlfiles/moe/moe_177/201106/120794.html. 2015-2-1.

为一种剥削廉价劳动力的工具。为了获得更高的利润，雇主不仅压低学徒工的工资，提供给学徒的生活、工作环境也极为恶劣，学徒的生产安全无法保障。此时的雇主与学徒之间的利益冲突主要是基于“工钱”和工作环境的斗争。学徒之间也曾有过松散的组织，如帮会、劳工俱乐部等，技术工人也曾组织成自愿性社团，这些社团也具有发展成工会的趋势，但终究因为其松散的组织结构，以及其所处的低技术行业等诸多因素而失败。

到了20世纪30年代，随着国民政府对工厂管理发起的现代化改造运动的发展，对劳工权利的保护也走向了法制化，但与此同时，很多工厂开始引入科学管理，通过提高生产技术以减少对技能劳工的依赖，由此导致了技能劳工的罢工行为。劳资冲突终究还是没能解决。

中华人民共和国成立以后，党和国家实行了社会主义改造，资产阶级被消灭，劳资冲突消失，工人与企业的关系成为个体与集体的关系。工人或学徒的工资由国家统一规定，技能的供应由企业师傅逐渐向技工学校和公立中等专业学校过渡，技能工人使用也由国家统一分配。

1978年我国实行了改革开放的政策，加之国家就业政策由“统一分配”向“双向选择”的改变，以及大量的私营企业的发展，劳资冲突又开始出现，尤其是私人企业主与员工之间，冲突的焦点仍然在“工资待遇”等问题上。

二　政府与企业：谁来投资与供应技能？

在我国，政府与企业之间就谁来投资和供应技能问题，也存在一定矛盾。虽然没有像雇主与学徒的冲突一样导致大规模的社会运动，但就谁来投资和供应技能的问题，也在政府和企业之间不断转换。

清朝末年，我国的技能投资、技能供应由政府和企业共同分担。清朝末年设立的实业学堂大多属于官办学堂，学徒的全部学习费用均由政府供给，提供住宿伙食及学习、生活用品，每月发给学习津贴，如船政学堂还发给“赡养其家”的赡养费，毕业生一般由政府录用或授以官职。[1] 而技

① 李澜田，王萍．中国职业技术教育史［M］．北京：高等教育出版社，1994：12.

能供应主要由洋务企业创办的学校和官办学堂共同提供。

在民国时期，政府与工厂主之间展开了利益博弈，国民政府对学徒制进行了现代化改造，出台了《工厂法》。各地方政府也形成了一系列配套法案。在法规上明确了师徒双方的责任，工厂有义务为学徒提供技能培训并保证质量，而且还要对学徒工实施免费的劳工教育，并保障学徒的工作安全及基本待遇。因此，当时技能投资与供应的职责基本由企业来承担。

中华人民共和国成立初期，面对技工短缺和失业工人技能水平低下的问题，国家试图激发学徒制在技能形成上的功能，于1950年颁布《关于开展职工业余教育的指示》，该《指示》规定："工厂可根据实际，采用多种培训方式对工人进行技能培训，分别是普通识字教育、政治教育及技术教育。""在成本分担上，凸显学徒制技能培训的福利化趋向，学徒制技能形成的相关费用由工厂与国家分担，学习技能的学徒工不必承担任何费用。"社会主义改造完成后，企业是国家的企业，工人是国家的工人，企业的自主招工由国家统一分配替代，统一的工资制度、技工师傅和学徒之间的工资级差造就了新的就业安全。技能的投资、供应和使用又全都归为国家所管。自此，企业与政府之间就技能投资与供应的博弈也被"改造"了，形成了企业与政府的同一性。

改革开放以后，国有企业改革、用工政策改革等一系列改革也开始实施，同行业企业之间由国家负责的兄弟关系变为自负盈亏的竞争关系，用工政策实行"先招生、后招工"的政策，企业内部的技能形成制度逐渐被以职业学校为主的外部技能形成制度所替代，在改革开放的前十年，虽然学徒制受到了冲击，但是国家支持的中等专业学校和技工学校，为企业提供了大量合格的技术工人。这个时候基本上由国家投资和供应技能，在技能使用也归国家所管（国家统一分配）的情况下，在企业和政府之间就技能供应和投资的利益冲突也基本上被国家的全权负责"平衡"掉了。

1989年国家提出由"双向选择"的就业政策替换"国家统一分配"的就业政策以后，尤其是1995年，该政策在全国全面实施以后，技能的投资和供应依然由国家实施，但由于职业院校与企业的关系不再紧密而造成了职业教育与企业需求相互脱离的情况，技能形成的有效性面临危机。此时，即使国家大力呼吁实施现代学徒制，已经市场化的企业在面临这一选择时，所关心的仍然是学徒培训的成本收益问题，在其不能确保培训的成本能够收回的现状下，我国企业内技能形成方式及职教界积极努力实施的校企合作，不可能得到有效实施。企业和政府之间就技能投资与供应的利益冲突再次凸显。

三　政府与行会：管理权的博弈

在这里，行会并不仅仅是指中国近代的行会，而是指包括近代行会在内的一切企业的联合组织，包括民国时期的同业公会、商会以及中华人民共和国成立以后的行业协会等。

鸦片战争前后，我国行会性质的会馆、公所等不断涌现，这种行会是一种由行业内的师傅、帮工、学徒混杂在一起的封闭性、排他性、专制性的团体。据成立于 1912 年的汉口会馆、公所联合会调查，该市各行业会馆、公所约有 200 多处。[①] 行会保护师傅的垄断性，限制同行业企业之间的竞争。此时，政府与行会之间的关系不大，政府对行会的管理也并不严格。

这种行会在民国时期，受到资本主义工商业的冲击，加之行业变迁的加剧以及民国政府的政策导向，传统的行会开始向同业公会转化。据记载，截至 1934 年，南京市有工商同业公会 81 个，汉口市有 145 个，天津市有 75 个，上海市有 272 个。从全国范围来看，截至 1933 年，21 个省份向国民政府实业部备案的工商同业公会共计 4185 个。[②] 这种同业公会的会员已经不再是一个由师傅、帮工、学徒混杂在一起的团体了，而是多由企业的企业主构成，以维护企业主的利益为宗旨，鼓励正当竞争。同业公会的发展逐步走上制度化的道路，取消了对企业招收学徒工的数额限制，对学徒权益的维护力逐渐减弱。

值得一提的是，同业公会其会员的加入和退出基本都是自愿性质的，没有强制力，也没有德国行会的“准公共权力”。因此，其力量也是比较

---

① 彭南生．近代中国行会到同业公会的制度变迁历程及其方式［J］．华中师范大学学报：人文社会科学版，2004，43（3）：14－22.

② 彭南生．近代工商同业公会制度的现代性刍论［J］．江苏社会科学，2002（2）：132－138.

薄弱的，对企业间集体行动具有一定的约束力，但约束力不足。在这种情况下，同行业企业之间的竞争激烈，使企业不再用心培训学徒，学徒制逐渐沦为资本家剥削工人的工具。为了改变这种情况，民国政府实行了行规重整运动，中央政府与工商界达成了妥协。政府认可了行规的强制性，并从国家层面对行会进行了权力赋予。国家授权的强制性使行规在某种程度上具有一种“准公共权力”，提升了行业自治能力，对学徒制而言，有利于雇主和学徒工之间达成可信承诺。例如，1933 年，《上海市棉布业同业公会业规》中规定限制同业者间的挖人行为，“同业延聘经理人及雇用其他在职职工时，须上家手续交割清楚后，方可聘用，不得利诱私挖，致滋纠纷，如有违反法规，则通告全体同业知照”。同业公会的发展以及行规强制性的执行，对技能形成的稳定秩序的建立提供了制度环境。

1956 年，社会主义改造基本完成以后，我国同业公会职能被政府各行业管理部门所取代。[①] 从某意义上说，实现了政府与行会的统一。

1980 年，原国家经贸委向国务院及有关部门提出进行行业协会的试点改革。同年，中国包装技术协会率先成立。随后，我国第一批行业协会相继成立。1982 年，国务院提出了“工业的调整，要从行业搞起，按行业组织、按行业管理、按行业规划”的改革要求与原则，各种行业协会在各级政府部门的扶持下相继建立，完成了行业协会制度在我国从无到有的发展过程。[②] 在随后的发展中，虽然因为国家政府对行会的担心而出现过发展反复的现象，但从趋势上来说，我国行业协会日益发展起来。截至 2013 年 12 月底，全国依法登记的行业协会商会近 7 万家，其中全国性行业协会商会约 800 家。

但是，由于我国现有的行业协会多由政府中专业经济管理部门转制而来，运作机制不健全，工作效率低下。一些政府部门更是出于自身利益的考虑，多年把持着应该由行业协会履行的职责，而不愿放权。行业协会总

---

① 章竟．新中国成立 60 年来我国行业协会制度发展的回顾与展望［J］．经济研究参考，2009，(63)：32－39.

② 章竟．新中国成立 60 年来我国行业协会制度发展的回顾与展望［J］．经济研究参考，2009，(63)：32－39.

体上还比较薄弱，就技能形成来说，更是无法承担一些应有的责任，比如技能认证、行业集体行动的制定等。政府部门和行业间仍然没有摆脱利益冲突。

第三节 中国技能形成制度的制度构成

在我国技能形成制度的发展与历史变迁中，起关键作用的行动者，似乎只有政府和企业；学徒、技工及其组织工会的声音非常微弱，至今如此；而行会也在不同的历史时期经历了生死存亡的不同命运，尽管现如今行业协会的数量并不算少，但其力量薄弱，其基本职能尚未发挥，对技能形成的支持更是微弱的。因此，现阶段，我国的技能形成制度，依然是以政府投资为主的技能投资制度、以公立职业学校为主的技能供应制度，技能评价制度也是以学历为导向的，技能使用制度更是出现了体制内外分割的差异，社会合作制度比较薄弱。

一 以政府为主的技能投资制度

（一）政府的投资

1996 年，我国颁布《中华人民共和国职业教育法》，《职业教育法》在职业教育的保障条件中规定："职业学校举办者应当按照学生人数平均经费标准足额拨付职业教育经费。各级人民政府、国务院有关部门用于举办职业学校和职业培训机构的财政性经费应当逐步增长。任何组织和个人不得挪用、克扣职业教育的经费。省、自治区、直辖市人民政府按照教育法的有关规定决定开征的用于教育的地方附加费，可以专项或者安排一定比例用于职业教育。"[①] 从《职业教育法》可以看出，职业学校的经费来源主要是其举办者，而我国大部分职业院校都是由各级人民政府或国务院有关部门举办的，也就是说中央政府和各级人民政府是职业教育经费的主要来源。表 5－2 是 2006～2012 年，我国总教育经费投入、高职高专教育经

① 中华人民共和国职业教育法［EB/OL］. http://www. moe. edu. cn/publicfiles/business/htmlfiles/moe/moe_619/200407/1312. html. 2015－2－1.

费投入、中等职业教育经费投入的基本情况。我国中、高职院校的国家财政性教育经费一直为持续上涨的趋势，如图 5－1 所示。

表 5－2　2006～2012 年全国中、高职教育投资情况

单位：千元

年份	学校类别	总计	国家财政性教育经费	民办学校中举办者投入	社会捐赠经费	事业收入	学杂费	其他收入
2012 年	总计	2386929356	1858670092	11193198	11186751	442469266	331697419	63410049
	高职高专	125078924	67482471	1409508	267258	50730506	44508004	5189181
	中职	163850301	125906437	1286876	247650	32266003	26683838	4143335
2011 年	总计	1956184707	1467006696	10542536	107883964	410606635	301555934	57240446
	高职高专	105148913	49162573	1456820	293170	49932641	43590653	4303709
	中职	135730990	96828258	1290231	255148	33200220	27655768	4157133
2010 年	总计	1650270650	1223109354	7498291	12549905	352759391	251559826	54353709
	高职	92111827	39697137	1766755	293307	46398892	40218125	3955736
	中职	119886746	81418480	1278707	389497	33515436	27781559	3284626
2009 年	总计	1450073742	1044962956	6984793	10266633	700989	234929828	51152253
	高职高专	80278973	33498921	1264338	265442	41344779	36222801	3905493
	高专	10835986	5657848	425	20731	4868751	4142350	288231
	高职	69442987	27841073	1263913	244711	36476028	32080451	3617262
	中职	104924351	68227144	374358	163535	5151014	12697906	1505038
2008 年	总计	1214806630	828021421	8093374	9305839	317723573	213090822	51662423
	高职高专	63157675	23238705	847607	259507	35340867	30202374	3470989
	高专	7937051	3686471	528	17784	3935259	2759589	297009
	高职	55220624	19552234	847079	241723	31405608	27442785	3173980
	中职	85179826	51219569	735634	289087	29560309	24010105	3375227
2007 年	总计	981530865	634836475	54905830	8990776	240730422	155233010	42067362
	高职	48909364	15758793	8393276	92084	22611267	18944368	2053944
	中职	30265801	16592193	1111735	108512	11149871	9106985	1303490
2006 年	总计	841883905	516107593	45221850	9316129	233999909	155305446	37238424
	高职	37053652	11862332	6035283	124491	17603565	14728021	1427981
	中职	27112197	14394881	874703	55366	10647838	8623509	1139409

注：中职包括普通中等专业学校、职业高中、技工学校、成人中等专业学校；高职高专包括高等职业院校和高等专科院校。

资料来源：据 2006～2016 年中国教育经费统计年鉴整理而得。

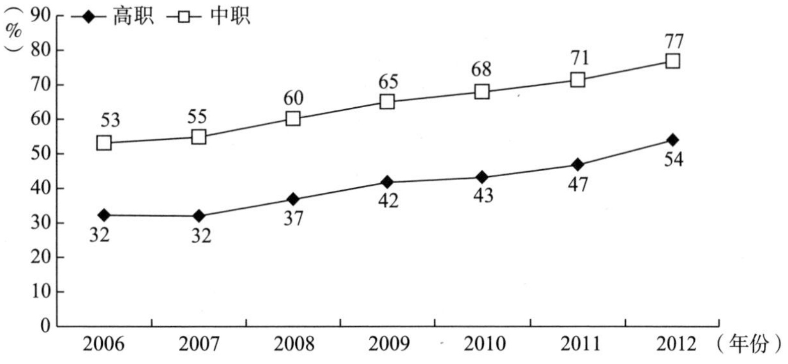

图 5－1　中、高职院校国家财政性教育经费投入比重（2006～2012 年）

注：中职、高职高专的范围同表 5－2。

资料来源：据 2006～2012 年中国教育经费统计年鉴计算所得。

从图 5－1 可以看出，在 2006～2012 年，国家财政性教育经费比重均占到职业院校经费来源总构成的 30% 以上。七年间，中、高职比例分别为 53%、55%、60%、65%、68%、71%、77% 和 32%、32%、37%、42%、43%、47%、54%。由表 5－3 我国职业院校经费来源可见，国家及各级政府是职业教育的主要投资者，尤其是中职，2012 年投资比例占到 77%。

表 5－3　我国职业院校经费来源

单位：%

年份	学校类别	国家财政性教育经费占比	民办学校中举办者投入占比	社会捐赠经费占比	事业收入占比	学杂费占比	其他收入占比
2012	高职	54	1.13	0.21	40.56	35.58	4.15
2012	中职	77	0.79	0.15	19.69	16.29	2.53
2011	高职	47	1.39	0.28	47.49	41.46	4.09
2011	中职	71	0.95	0.19	24.46	20.38	3.06
2010	高职	43	1.92	0.32	50.37	43.66	4.29
2010	中职	68	1.07	0.32	27.96	23.17	2.74
2009	高职	42	1.57	0.33	51.50	45.12	4.86
2009	中职	65	0.36	0.16	4.91	12.10	1.43
2008	高职	37	1.34	0.41	55.96	47.82	5.50
2008	中职	60	0.86	0.34	34.70	28.19	3.96
2007	高职	32	17.16	0.19	46.23	38.73	4.20

续表

年份	学校类别	国家财政性教育经费占比	民办学校中举办者投入占比	社会捐赠经费占比	事业收入占比	学杂费占比	其他收入占比
2007	中职	55	3.67	0.36	36.84	30.09	4.31
2006	高职	32	16.29	0.34	47.51	39.75	3.85
2006	中职	53	3.23	0.20	39.27	31.81	4.20

注：中职、高职的范围同表 5－2。

资料来源：据 2006～2012 年中国教育经费统计年鉴计算而得。

就中等职业教育来说，国家从 2007 年开始，试点中职免费政策。"2007 年 12 月，广西壮族自治区政府决定，从 2008 年开始，广西将投入 60 亿元，在全国率先开展免费中等职业教育试点，以逐步实现免费职业教育。"① 2009 年国家开始从涉农专业和农村家庭困难学生开始，逐步实现中等职业教育免费。从生均经费来说，国家对中等职业教育的生均经费投资也日益增多，如表 5－4 所示。

表 5－4　国家对中等职业教育的生均经费投资（2006～2013 年）

单位：元

年份	生均公共财政预算教育事业费支出	生均公共财政预算公用经费支出
2006	2163.69	407.28
2007	3124.01	718.00
2008	3811.34	911.71
2009	4262.52	1164.43
2010	4842.45	1468.03
2011	6148.28	2212.85
2012	7563.95	2977.45
2013	8784.64	3578.25

注：中职、高职的范围同表 5－2。

资料来源：2006～2013 年全国教育经费执行情况统计公告。

可见，国家及各级政府是国家职业教育投资的主体，对职业教育的投资巨大。

① 闫志刚，李玉珠．中职免费的背后［J］．教育与职业，2009（31）：24－28.

（二）个人的投资：学费

《职业教育法》规定："职业学校、职业培训机构可以对接受中等、高等职业学校教育和职业培训的学生适当收取学费，对经济困难的学生和残疾学生应当酌情减免。收费办法由省、自治区、直辖市人民政府规定。"① 从我国的职业教育经费来源中也可以看出，我国职业教育的个人投资也是职业教育经费来源的途径之一。2006～2012年，我国中职和高职院校学生的学杂费投入如表5－2所示，其所占教育总投入的比例，如图5－2所示。

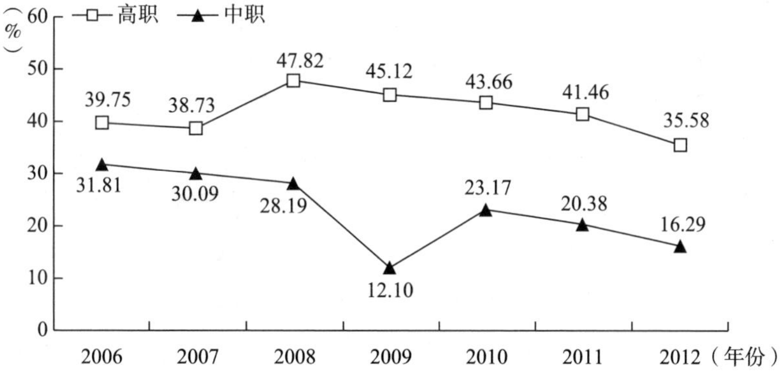

图5－2　中、高职院校学生学杂费投入占中、高职教育总投入的比重

注：中职、高职的范围同表5－2。

资料来源：据2006～2012年中国教育经费统计年鉴计算所得。

由图5－2所示，学生的学杂费投入也占我国职业教育投入的很大一部分，尤其是对于高职院校来说，学生的学杂费投入比国家财政性教育经费投入的金额还要多，比例还要大。

《职业教育法》还规定，"企业、事业组织应当接纳职业学校和职业培训机构的学生和教师实习；对上岗实习的，应当给予适当的劳动报酬。"对实习学生的劳动报酬，在《职业教育法》刚刚颁布的几年里，实施情况较差，近几年，随着企业用工需求的紧迫性增强，不少企业为实习生提供了劳动报酬，但从全国情况和实施规范性来说，企业为实习生提供劳动报酬尚处于起步阶段，没有形成制度性规范。

① 中华人民共和国职业教育法［EB/OL］. http://www.moe.edu.cn/publicfiles/business/htmlfiles/moe/moe_619/200407/1312.html. 2015－2－1.

（三）企业投资不足

《职业教育法》规定，“企业应当承担对本单位的职工和准备录用的人员进行职业教育的费用，具体办法由国务院有关部门会同国务院财政部门或者由省、自治区、直辖市人民政府依法规定”。我国2007年颁布的《就业促进法》也明文规定，“企业应按规定提取职工教育经费；企业未按规定提取或者挪用职工教育经费的，由劳动行政部门责令改正，并依法给予处罚”①。然而，目前这一政策的落实情况较差，我国企业对技能人才培养的投资严重不足。笔者曾经做过的一项调查显示，“在企业员工的培训经费中，培训经费在50万元以上的企业仅有21.4%。有近一半（48.4%）的企业没有培训部门或相关机构。企业对现有员工培训的投资尚且如此，更何况投资于与学校合作的人才培养项目了。”②

表5－5则从另外一个角度表明了我国企业教育培训投资相对偏低的状况。从全国平均水平来看，教育培训经费占销售收入的比重在0.01%～0.20%、0.21%～0.80%和0.81%～2.00%的企业数皆占被调查企业总数的30%左右，仅有9.9%的企业在2.00%以上。从不同的企业类型来看，国有企业教育培训经费支出的平均数最低，绝大多数企业的这一比例在0.20%以下，而大多数联营企业、外资企业和港澳台投资企业的这一比例能够在0.81%～2.00%，甚至高于2.00%。股份制企业由于发展刚起步，这方面的经费支出只比国有企业稍微强一些，总体上还是比较低。

表5－5　我国不同类型企业职工教育培训费用占销售总额的比例③

单位：%

指标	0.01%～0.20%	0.21%～0.80%	0.81%～2.00%	2.01%～20.00%
总体	30.8	28.8	30.5	9.9
国有企业	33.5	28.6	29.7	8.2
集体企业	26.7	30.7	31.5	11.2

① 中华人民共和国就业促进法［EB/OL］. http://www.molss.gov.cn/gb/zt/2007－08/30/content_1974922015.02.01.htm.

② 李玉珠，韩春梅．职业教育校企合作的互补性制度［J］．教育与职业，2014（17）：12－15.

③ 中国企业家调查系统．素质与培训：变革时代的中国企业经营管理者——1998年中国企业经营管理者成长与发展专题调查报告［J］．管理世界，1998（04）：136－147.

续表

指标	0.01% ~0.20%	0.21% ~0.80%	0.81% ~2.00%	2.01% ~20.00%
私营企业	20.0	28.0	24.0	28.0
联营企业	22.2	25.9	37.0	14.8
股份制企业	28.6	27.3	31.8	12.2
外资企业	25.5	23.4	36.2	14.9
港澳台投资企业	23.3	26.7	40.0	10.0

周报春的调查也是同样的结果，企业培训经费少，且面向一线技术工人使用的比例非常小。有的大型企业把培训经费主要用于领导的出国培训或MBA学习上，有的企业把提取的一部分培训经费用于技能比武，总之，均缺乏对一线生产操作员工的培训。调查显示，50%的企业用于一线技术工人培训的费用不到职工培训经费的20%，仅有36%的企业一线技术工人培训费用占职工培训经费的20% ~50%，比例占到50%以上的企业仅有14%。①

二　以公立职业学校为主的技能供应制度

（一）我国技能供应主体：职业学校

我国目前的技能供应主要有学校教育和职业培训两种途径，主体主要是职业学校，包括少量初等职业学校，大量中等职业学校、高等职业学校。

初等职业学校（职业初中）教育属于九年制义务教育体系，培养目标是农村中有一技之长的劳动者，目前这种学校已经很少。2011年，全国职业初中共有54所，占初中学校总数的1‰，在校生34173人，占初中阶段在校生数的0.7‰。2013年，全国职业初中只剩40所，占初中学校总数的0.75‰。初等职业学校发挥的培养初级技能人才的职能已不显著。

中等职业学校教育是在高中教育阶段进行的职业教育，是目前我国职业教育的主体，通过中等专业学校（简称“中专”）、技工学校、职业高级中学（简称“职业高中”）、成人中等专业学校（简称“成人中专”）等实施，招生对象主要是初中毕业生和具有初中同等学力的人员。2013年，全

① 周报春．湖南省企业职工培训现状、问题及其发展策略研究［D］．长沙：湖南师范大学，2009：82.

国中等职业教育（包括普通中等专业学校、职业高中、技工学校和成人中等专业学校）共有学校12262所，招生674.76万人，在校生1922.97万人（见表5－6），占高中阶段教育在校生总数的44.00%；这类学校在讲授高中文化知识的同时，根据职业岗位的要求有针对性地实施职业知识教育和职业技能培训，培养技能型人才和高素质劳动者。

表5－6　2000年至2013年中等职业与高等职业学校数量情况

年份	中职		高职	民办中职	全国职业技术培训机构
	学校（所）	在校生数（万人）	学校（所）	学校（所）	（万所）
2000	19729				
2001	17580				
2002	15901				
2003	14700	1256.73		1382	23.06
2004	14454	1409.24	1047	1633	27.71
2005	14466	1600.05	1091	2017	19.86
2006	14693	1809.89	1147	2559	17.77
2007	14832		1168		
2008	14847		1184		
2009	14401	2195.16	1215	3198	15.31
2010	13872	2238.05	1246	3123	12.94
2011	13093	2205.33	1280	2856	12.95
2012	12663	2113.69	1297	2649	12.38
2013	12262	1922.97	1321	2482	11.23

资料来源：全国教育事业发展统计公报（2002～2014年）。

高等职业教育是改革开放以来为了适应经济社会发展需要，在改革原有的高等专科学校、职业大学和成人高校，以及整合优质中等职业学校资源的基础上发展起来的。高等职业教育主要通过高等职业学校招收普通高中和中等职业学校毕业生，讲授大学文化知识和专业文化知识，进行专业能力和职业技能训练，培养高技能人才，特别强调培养应用型、工艺型、复合型的高技能人才。高等职业院校的类型比较丰富，包括短期大学、职业技术学院，具有高等学历教育资格的民办高校，普通高等专科学校，本科院校内设立的高等职业教育机构（二级学院），极少数国家级重点中等专业学校，达到国家规定合格标准的成人高校——俗称职业教育的“六车道”。自 1993 年以来，各种类型的职业教育都得到了发展，目前占主流的则是职业技术学院、普通高等专科学校和本科院校内设立的二级学院。当然，这一时期民办高校、短期大学和成人高校也得到了一定的发展。

从目前所获得的数据来看，最近十几年来，无论是中等职业教育还是高等职业教育，在数量上都比以前有较大规模的增长。高职教育也由无变有，数量呈现不断上升的趋势。

另外，2013 年全国职业技术培训机构 11.23 万所，5602.21 万人次接受了培训。民办中等职业学校 2482 所，在校生 207.94 万人，是公立职业学校的一个补充。

图 5－3 就是我国现行教育体系框架，其中灰色阴影部分是我国职业教育体系现状。

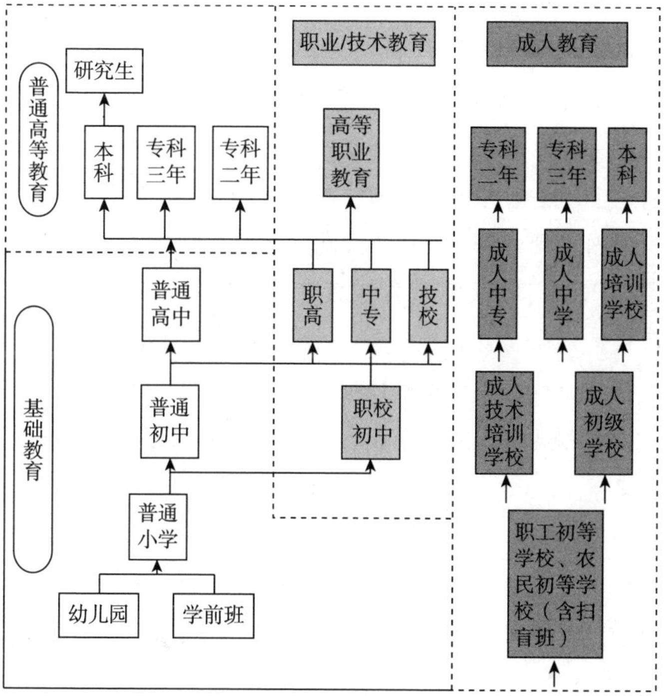

图 5－3　我国现行教育体系

（二）我国技能供应内容：继承性、生产性不足

长期以来，由于我国职业教育的组织者、实施者以及研究者大多由学科体系培养出来的，我国的技能供应内容始终未能跳出学科体系的藩篱。[①]而且多年来，技能供应内容一直在变化、探索，没有形成技能供应内容现代化的传统积淀。

近20年来，我国的技能供应内容经历了系统的学科化，可分为职业分析导向的基于能力的教育内容、模块化的可迁移技能，学习能力导向的“宽基础活模块”技能以及现在广为实施的综合职业能力。从技能供应内容的沿革上来看，我国的技能供应内容改革之路走得太急，以每一种技能为主开发的课程以及其开发模式的效果还未来得及显现，就会又有新的课程模式被广泛推广，使我国的技能供应内容以及职业院校的课程开发一直处于巨大的变化中。多次的变革不仅使学校和教师承担了巨大的工作量，而且使职业教育课程的根基受到了冲击。我国职业教育课程改革在引进一项新的课程开发模式之后，往往就会取代了一种课程及其开发模式，使得职业教育课程缺乏传统基础可以延续，每一种课程及其开发模式都有其优点和缺点，例如工作分析导向的课程设置，美国的职业教育至今仍在沿用，虽然有更新，但基本理念没有变。频繁的变更使得职业教育课程发展到今天，缺乏传统基础的积淀，仍然处于一种尝试、摸索阶段。

技能供应内容没有统一的官方技能标准。尽管教育部分别于2004年和2010年出台了《高等学校高职高专教育指导性专业目录》和《中等职业学校专业目录》两个文件，但这只是对各地设置专业的一个指导性意见。对每个专业开设何种课程、课程水平达到何种程度才算此专业设置合格，没有明确的要求和规定。技能标准的缺失也成为职业教育课程质量不高的一个关键因素。

另外，目前中等教育技能供应内容与高等教育技能供应内容缺乏统一的规划与设计，各地中高职学校确定自己的课程体系和教学内容，造成一些专业内容重复的现象。“以汽车运用与维修专业为例，根据2004年教育

① 姜大源．学科体系的解构与行动体系的重构——职业教育课程内容序化的教育学解读[J]．教育研究，2005（08）：53－57.

部调研，高职三类专业课共开设15门，合计1460学时，其中有11门课程与中职重复，学时数超过1100学时，约占专业课总数的75%。”① 课程设置的重复，不仅造成中高职教育资源与学习时间的浪费，而且严重影响了学生的学习积极性，降低了教育质量。

职业教育是与经济发展联系最为紧密的教育类型，职业教育内容应及时调整，以与社会经济的发展相适应，然而，我国现在的职业教育课程与经济发展需求的联系尚不够紧密，专业设置和课程内容滞后，没有区域特色。

三　以学历为导向的技能评价制度

（一）职业院校的毕业证书

《职业教育法》规定，“接受职业学校教育的学生，经学校考核合格，按照国家有关规定，发给学历证书。接受职业培训的学生，经培训的职业学校或者职业培训机构考核合格，按照国家有关规定，发给培训证书。学历证书、培训证书按照国家有关规定，作为职业学校、职业培训机构的毕业生、结业生从业的凭证。”②

然而，我国沿用多年的职业院校学生技能水平凭证——毕业证书，并不能提供学生技能水平的相关信息。学校对学生的考核往往以终结性的理论或实践考核为依据，评价的内容比较滞后、片面，不能反映职业院校学生实际操作能力水平。我国职业院校学生的毕业证书虽然是由教育部门颁发的，但考核主体仍是学校，也就是说学校既作为学生的培养机构，又作为学生培养质量的评价单位，这种评价本身就不具有客观性。加之评价方法的单一与评价内容的滞后，职业院校毕业生的毕业证含金量并不高。

我国的高等教育实行的是“严进宽出”的政策，随着1999年高等院校的扩招，大量具有本科文凭的毕业生涌入就业市场，使得拥有专科毕业证书或中等教育水平毕业证书的职业院校学生并不占优势。从学历层级上

---

① 李玉珠．中高职发展踏上“和谐号”［J］．教育与职业，2011（6）：28－34.

② 中华人民共和国职业教育法［EB/OL］．http://www.moe.edu.cn/publicfiles/business/htmlfiles/moe/moe_619/200407/1312.html. 2015－2－1.

来说，专业毕业证书和中等职业院校的毕业证书，不如本科证书，而专科毕业证书和中等职业院校的毕业证书，又不能体现其职业教育特色，不能凸显其毕业生与本科生相比的技能优势。因此，职业院校的毕业生在就业市场上没有获得应有的优势。

（二）职业资格证书的介入

职业技能鉴定和职业资格证书制度，在我国创建于 20 世纪 90 年代中期，是一种适用于工人的技能鉴定和认证制度。1994 年《中华人民共和国劳动法》中明确规定，“国家确定职业分类，对规定的职业制定职业技能标准，实行职业资格证书制度，由经过政府批准的考核鉴定机构负责对劳动者实施职业技能考核鉴定”①，自此确立了职业技能鉴定和职业资格证书制度的法定地位。1996 年，《中华人民共和国职业教育法》再次明确了职业资格证书在劳动就业和职业教育培训中的地位。在我国，职业资格证书的评定主要是通过职业技能鉴定来进行，评价管理区分为社会通用职业和行业特有职业两大类，社会通用职业由属地的劳动行政部门组织进行评价，行业特有职业由行业部门或行业组织进行评价。近年来，有不少职业院校引入了职业资格证书制度，实施“双证书”教育，即“学历证书 + 资格证书”。但这种双证书制度，并没有发挥双重评价体系的作用，职业资格证书的评价，并不比毕业证书有更多的企业参与，技能人才的可迁移能力同样得不到测评。“这种局限性使职业资格证书的评价活动孤立于具体的职业活动之中，劳动者应对技术进步和职业转换的能力在一定程度上被忽视了。”②

近年来，我国的职业资格鉴定机构逐步改革，有些逐渐走上了社会化的道路，考核机构的社会化被认为是保证职业资格同一性和公正性的关键。但是，在实践中，职业资格认证的考核方式和考核内容并没有及时更新，考核机构的社会化并没能带来证书的社会化，鉴定内容和质量难以达

① 中华人民共和国劳动法［EB/OL］. http://www.gov.cn/banshi/2005 - 05/25/content_905.htm. 2015 - 2 - 1.

② 陈李翔. 能力 · 课程 · 资格——从工作中来，到工作中去［M］. 北京：中国劳动社会保障出版社，2008：102.

到全社会的统一性，也难以实现对生产经营活动的适应性。①

从职业资格证书与学历证书的衔接上来说，“双证书”也只是并行的两种证书，职业院校的毕业生，无论是中等职业学校的毕业生，还是高等职业院校的毕业生，如果想获得职业资格证书，都要另花钱参加职业技能鉴定机构的技能认证考试，耗资耗力。而职业资格证书的权威性并不强，由于监管措施不严，个别地方在收取培训费后，不进行培训和鉴定，直接向学员发放职业资格证书。

因此，无论是职业资格证书制度和学历证书制度的衔接，还是从职业资格证书制度本身来说，都没有很好地实现其技能认证的职责。

四 体制内外分割的技能使用制度

20 世纪六七十年代，劳动经济学领域里兴起了一种劳动力分割理论，以 Doringer，P. 和 Piore，M. 为代表，他们将劳动力市场分为一级市场和二级市场。一级市场往往工资福利待遇高，工作条件好，就业稳定，有很多晋升和培训机会；与此相对照，二级市场的工资福利低，工作条件差，劳动力流动性大。②

中华人民共和国成立以后，我国的劳动力市场分为城市劳动力市场和农村劳动力市场，在城市劳动力市场中，工人都是国家的工人，都有自己相应的企业、事业单位。城市劳动力市场属于一级劳动力市场，而农村劳动力市场属于二级劳动力市场。20 世纪 70 年代末期以来，我国确立了社会主义市场经济体制，这意味着“市场”代替“计划”成为资源配置的主要手段。这使得原先的城市劳动力市场和农村劳动力市场的二元分割演变成了体制内劳动力市场和体制外劳动力市场的二元分割。体制内劳动力市场依然带有明显的“计划经济”时代的痕迹，主要在国家机关、事业单位以及国有大中型企业中形成。体制内的劳动力市场工作比较稳定，平均每

① 陈李翔．能力·课程·资格——从工作中来，到工作中去［M］．北京：中国劳动社会保障出版社，2008：102.

② 姚先国，黎煦．劳动力市场分割：一个文献综述［J］．渤海大学学报（哲学社会科学版），2005（01）：84－89.

个劳动力装配有较高数量的固定资产，工人工资中等，但享有较为全面的福利保障，而且很大一部分劳动者都有兼职或兼职收入。[①] 体制外劳动力市场的运行基本市场化了，劳动力价格基本上由市场供求决定，几乎没有任何制度性保护，竞争比较激烈，工作条件差，福利水平低，工作流动性大、不具有稳定性。

这种体制内外分割的劳动力市场现状，造成了很多“同工不同酬”现象，就目前而言，我国中高职院校的毕业生大部分集中于体制外劳动力市场，体制内劳动力市场因一般要求具有本科以上学历，而使中高职院校的毕业生与此无缘。在体制外劳动力市场中，工资协商制度缺失、技能工人的工资较低、技能工人的成长晋升制度也不合理，这就是当前我国技能人才就业的制度环境。

（一）工资协商制度的缺失

工资协商制度在我国20世纪八九十年代举步维艰。在国有企业中，员工的工资和福利待遇有很强烈的“计划经济”色彩，员工的工资有稳定的保障，且福利待遇好，其劳资冲突并不明显。即使有冲突的话，也不存在协商的条件。工会不是独立的组织，而是企业的，归属于企业的工会，不可能为员工争得更多的利益。在体制外的劳动力市场中，大部分为私营企业，私营企业主很少能够接受协商概念，而私营企业的工会组织要么缺失，要么不健全，更不具备协商的条件。

在欧洲保障技术工人工资和待遇的工资协商制度，在我国几乎处于一种缺失的状态。技能工人为自己争取应有利益的制度性渠道并不多。

（二）工资待遇较低

长沙民政职业技术学院曾经对其毕业生进行了一项追踪调查，调查结果如表5－7所示[②]，2007年毕业的学生当年人均月工资为1368.45元，2008年毕业的学生当年人均月工资为1399.30元，2009年毕业的学生当年人均月工资为1424.64元，2010年毕业的学生当年人均月工资为1480.80元，2011年毕业的学生当年人均月工资为1550.80元，2012年毕业的学生

---

① 赖德胜．论劳动力市场的制度性分割［J］．经济科学，1996（06）：19－23.

② 邵毅静．高职院校毕业生就业质量研究［D］．长沙：湖南师范大学，2013：64.

人均月工资为1799.60元。而同年长沙市的人均月工资分别为2330.67元、2652.92元、2907.42元、3194.83元、3708.08元、4242.00元。诚然，毕业生刚毕业经验不足、工资低，但与长沙市人均月工资有一倍多甚至2.3倍的差距也不是正常现象；更为严重的是与长沙市体制内的国有单位的工资差距更是接近3倍，更何况国有单位员工还有优厚的社会福利，这是职业院校的大部分毕业生所不具备的，体制内外劳动力市场中的毕业生工资待遇之差可见一斑。

表5-7　长沙民政职业技术学院毕业生毕业后平均月工资与市人均月工资和市国有单位人员人均月工资的对比（2007~2012年）

年份	学生数（人）	人均月工资（元）	市人均月工资（元）	差距	国有单位人均月工资（元）	差距
2007	20	1368.45	2330.67	1.70	2856.92	2.09
2008	30	1399.30	2652.92	1.90	3210.61	2.29
2009	50	1424.64	2907.42	2.04	3626.39	2.55
2010	90	1480.80	3194.83	2.16	3908.43	2.64
2011	127	1550.80	3708.08	2.39	4359.78	2.81
2012	150	1799.60	4242.00	2.36	5046.74	2.80

资料来源：职业院校毕业生数据来源于邵毅静．高职院校毕业生就业质量研究——以长沙民政职业技术学院为例［J］．现代商贸工业，2014（22）：85-86；其他数据依据长沙市统计年鉴（2007~2012年）计算而得。

职业院校毕业生就业的稳定性要稍弱一些已成为社会的共识，这也在长沙民政职业学院的调查中得到了印证，在被调查的2007年的毕业生中，有90%的学生毕业不满一年就变动了工作。高职院校毕业生主要是技能型工人，尤其是在毕业初期，多数毕业生都在相对低端的岗位上，每天的工作时间比较长。①

长沙民政职业学院毕业生的这种现状，在职业院校学生中并非个案，而是处于体制外劳动力市场中的职业院校毕业生的普遍现状。

① 邵毅静．高职院校毕业生就业质量研究——以长沙民政职业技术学院为例［J］．现代商贸工业，2014（22）：85-86.

（三）不尽合理的技能工人的成长晋升制度

一直以来，我国技能人才都没有良好的职前与职后成长环境。在技能人才的职前培养方面，我国承担技能人才培养的职业教育几乎未曾得到与普通教育同等的地位，职业教育被认为是“二流教育”，接受职业教育的学生也被认为是“二流学生”；我国的各项制度，包括高考制度等都没有平等地对待职业教育的学生，中职生升学受到严格的限制，高职生升入大学也阻碍重重，这种处处受限的技能人才成长制度，严重影响了我国高技能路径的形成。

在技能人才的职后发展方面，我国技术工人的职称由低至高，分为初级工、中级工、高级工、技师、高级技师；最高级别的高级技师与其他行业高级职称的待遇、地位相差很大，而且技术工人的工作环境也较差。改革开放以来，国家没有一个红头文件规定技师与高级技师的待遇差别；目前，国家也没有取消工人身份和干部身份的区别，在很多人看来，技师和高级技师是工人的技术职称，不能与干部的技术职称相提并论。这也是我国现在“技工荒”的深层次原因之一。

五　薄弱的社会合作制度

社会合作制度是指技能形成过程中，利益相关者——政府、企业、学校、行会、工会等的合作与协调。在中国，职业教育和培训中企业的缺位、行业力量的薄弱、工会组织的依附性，使得社会合作制度的“合作”不具有平等的合作主体。

（一）职业教育企业缺位

多年来，我国职业教育产教结合、校企合作一直处于“剃头挑子一头热”的状态，企业在合作中的主体作用缺失。调查发现，大部分（65.5%）企业只愿意提供实习岗位或者提供实训基地（53.1%），很少（28.1%）有企业愿意参与校企合作的课程开发或者提供资金（15.6%），这种校企合作，企业只起到了辅助作用，处在校企合作的表层。

企业在职业教育中并不积极，一方面与企业自身的人才培养意识淡薄有关，另一方面也是企业参与职业教育收效甚微所致。从企业的人才培养意识来说，《职业教育法》规定“企业依法履行实施职业教育的义务；企业未按规定实施职业教育的，责令改正；拒不改正的，可收取企业应承担的职业教育经费，用于职业教育。”① 但多年来，企业一直是从学校直接招聘人才，认为企业只是人才的使用者，学校才是人才培养的场所。殊不知企业自身也有培养和培训员工的职责，这种人才培养意识的淡薄，自然导致其履行职业教育义务不容乐观。

从企业承担职业教育的收效上来说，笔者调查显示，企业面临着“挖人风险”，企业承担职业教育有时不但不能收回成本，反而要承担因自己培养的人才被同行挖走而产生的竞争成本。有的企业反映，“我们和学校订单培养的人才，毕业时违约者大有人在，我们根本没办法，反而为别人培养了人才”。调查也显示，企业的人均培训费用与离职率成反比例关系，也就是说企业在每个人身上花费的培训费用越高，员工离职比例也就越高。这种状况在很大程度上让企业没有勇气承担职业教育的职责。

（二）行会力量薄弱

正如前文所述，我国的行业协会在计划经济时代被政府部门所取代，在社会主义市场经济体制改革时期，才逐渐从政府部门中脱离出来，但由于诸多利益因素，到目前为止，我国行业协会还是一个比较薄弱的民间组织，并未发挥其基本功能。一般而言，我国的行业协会具有维权服务功能、行业自律功能、参与功能和中介功能，如图 5－4 所示。

但目前我国的行业协会在其基本功能发挥中尚存在诸多问题，如企业服务功能发挥不到位，服务的针对性不强，对企业的服务仅限于一般的资料收集、信息提供，但在企业人员培训方面，并没有针对本行业的特点开展各种形式的有实际效果的培训。行业利益代表功能缺失，我国目前的行业协会是政府行政管理职能的延伸，主要作用是辅助政府进行行业管理，从而忽略了行业协会建立的初衷，即为企业服务，代表企业与政府对话，影响政府做出有利于行业发展的决策。行业自律功能发挥不足，目前的行业协会对企业间竞争自律、经营管制的职能均发挥不足，对同行业企业并

① 中华人民共和国职业教育法［EB/OL］. http://www.gov.cn/banshi/2005-05/25/content_928.htm. 2015-2-1.

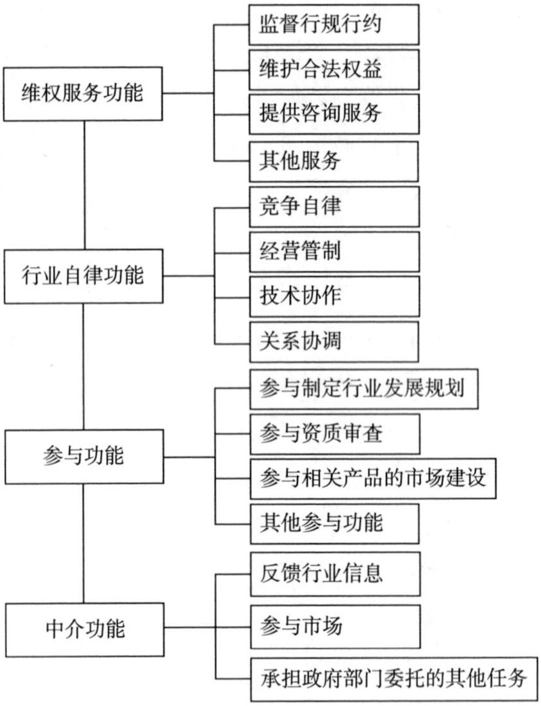

图 5－4　我国行业协会功能

没有实际约束力，更不用提同行业人才培养的集体行动问题了。①

行业协会既有功能的发挥尚且存在问题，对行业间技能形成的支持功能更是欠缺，行业协会在对职业教育的支撑上普遍乏力。有些地区的职业教育即使得到行业协会的协助，也没有形成真正的互动，只是形式而已；有的地区行业协会没有完全参与到职业教育的改革和发展中，有的甚至还没有参与的意识，即使是参与其中的行业组织，其功能也比较单一，而且也都是由职业学校主动邀请，还没有形成行业组织和职业教育的主动互动。

（三）工会力量薄弱

在欧洲国家技能形成过程中，工会是其中的关键角色，而在我国的技能形成过程中，工会少有声音。如果说行业协会在我国技能形成中的作用不大的话，那么工会的作用就连微薄都谈不上了。

① 陈荣峰．中外行业协会功能比较［D］．武汉：华中师范大学，2010：33.

我国工会本来就不是为了争取自身利益，自下而上自发组织形成的。工会在我国劳动冲突中的作为微乎其微，许多民营企业并没有工会，而国有企业的工会在技能形成过程中真正发挥作用所需的配套制度尚不健全。职工自身对于工会在争取培训权利方面的意识更是不足，多数劳动者面对激烈的市场竞争，只想着怎样保住“饭碗”，不敢提出更多的工资要求，更不用提培训要求了。

在我国，企业的力量很强大，但其力量的绝对性优势，使其“理所当然”地只顾追求企业的当前利益，对人力资本投资这种长远利益，企业并不关心，认为“那是学校的事情”。技能形成中的利益相关者——行业协会和工会在我国的力量又都很薄弱，不足以对企业的行为产生影响。

在这种情况下，政府虽然有“统合”之心，但无有效“统合”之力。一方面由于各政府部门对“权力”极其热衷，而导致放权不足。另一方面在社会主义市场经济发展的大环境下，政府也没有了“计划经济”时期的强制力，其协调整合资源的能力也已明显减弱。“放权不足”“协调能力减弱”的双重因素也促使政府无力统合企业、行业协会、工会的力量，以形成有效的技能形成的社会合作制度。

第六章

技能形成制度的比较

第一节　高技能形成模式的共性与差异

一　高技能形成模式的共性

（一）技能形成制度的演化均经历了“国家介入”阶段

对比两个高技能形成模式国家技能形成制度的演化历程，可以清晰发现，德国和新加坡技能形成制度的发展，均经历了集中式的“国家介入”阶段。

在德国，国家政府的“集中式介入”是在二战以后。二战后，国家政府通过了一系列法案如《职业教育法草案》《职业培训法草案》《联邦职业教育法》，这些法律的出台，以及法律的强制力，保障了国家对职业教育的影响力，为职业培训奠定了统一的法律基础，也强化了国家对职业教育的监管。在国家政府集中式介入时期，德国技术工人及工会被纳入技能形成的管理结构，工资协商制度在国家层面上被确定下来，建立了职业资格框架、统一的职业资格认证制度、责任共担的投资制度。国家介入使得德国的技能形成制度以一种集体主义的模式，正式地、完整地建立起来。

在新加坡，国家政府的强力介入是在 1973 年石油危机之后。经历石油危机，新加坡的经济发展面临重重困境，为摆脱困境，新加坡经济发展的转型升级问题迫在眉睫，为了快速、有效地实现经济发展的转型升级，政府采取了强有力的手段：新加坡政府实施了提高工人工资的计划，政策规定，“凡员工工资在 750 新元每月及以下的企业，必须缴纳工人工资 4% 的税收，政府将这些税收纳入技能发展基金（Skill Development Funds），以作为提高职工技能的培训费用”①；实施了一系列人力发展计划，成立职业和工业训练局。新加坡的技能形成，从一开始出现就有国家的影子，其发展壮大，更是在国家政府的强力推动下实现的，国家通过实施各项政策来确保职业教育的发展适应产业发展的需要。

从德国和新加坡技能形成制度的演化历程中可以发现，在两个国家中，国家政府在技能形成中的作用一直没有消失，只是在开始都表现得没有那么强硬，但在面临市场调节失灵的情况下，两国的技能形成制度均在国家的强力实施下得以延续和壮大。两国国家政府在技能形成中均衡各方力量，避免了因各方力量的失衡，而使技能形成发展具有不可持续性的弊端。在引导技能形成的发展方向上，尽管德国现在国家政府在技能形成制度中的作用又弱了下来，但技能形成体系发展的方向一直由政府引导着；新加坡技能形成的发展方向从一开始就是由国家政府主导的，至今如此。国家政府对两国技能形成制度的发展意义深远。

（二）技能形成制度变迁中共同的关键行动者：政府、雇主、工会

在高技能形成模式的德国和新加坡的技能形成制度变迁中，有着共同的关键行动者，即政府、雇主、工会，三者在德国和新加坡的技能形成制度中起到了关键作用。

作为关键行动者之一，政府在两国技能形成中的作用巨大，尤其是国家政府，正如前文已经阐释的，保障了技能形成的持续性和方向性。

在两国的技能形成中，雇主作为关键行动者起到了积极作用。在德国，雇主虽然在技能投资、技能培训管理权、技能培训内容、技能工资等多方面都与政府、工会、学徒发生了冲突，但其终究是从长远利益考虑，与政府、工会、学徒达成了妥协，尤其是与工会和学徒达成了跨阶级的联合，这种跨阶级的联合避免了技能形成的企业短期主义行为和个人短期主义行为，使得德国走上了高水平、高工资、高附加值的高技能形成路径。

① Wong, S. T. Education and Human Resource Development [A]. Toh, M. H., Soon, T. W., Tan, K. Y., et al. *Challenge and Response: Thirty Years of the Economic Development Board* [M]. Singapore: Times Academic Press, 1993: 47.

在新加坡，从表面上看，企业采取何种生产方式一直是由政府操控着，企业只是按照政府的要求来进行产业转型升级，并完成向高附加值生产方式的转换，但其实质是，新加坡的本地企业与政府是“利益一致”关系。新加坡最主要的商业家和企业家来自政府官员，在政府企业中，官员的升迁是根据他所管理企业的利润高低而确定的，新加坡这种企业与政府之间的“利益一致”关系，使其共同致力于人才的培养与经济的发展。所以，虽然在新加坡的技能形成制度变迁中，政府与企业、企业与工会之间也曾出现过某些利益冲突，但终究因为其“一致利益”而得到平衡。

工会同样是两国技能形成制度变迁的关键行动者之一，在两国的制度变迁中，工会都起到了很好的辅助与促进作用。德国工会在技能培训管理权、制定培训内容、发放技工工资和学徒津贴中起到了积极的作用，正是得益于工会的辅助和促进，德国技能形成制度才更有利于学徒和技工的发展，而非仅仅是企业利益的代言。在新加坡，工会配合了国家的发展政策，在一定时期，保证学徒和技工接受较低的工资，维持工人生产，以实现国家的崛起；工会迫使雇主实施培训，最终形成了新加坡劳资政三方的合作关系。

因此，德国和新加坡的技能形成制度变迁中，具有共同的关键行动者：政府、雇主、工会。

（三）技能形成制度构成的共性

在技能形成制度的构成中，高技能形成的德国社会合作模式和新加坡国家主导模式具有很多相似性，包括技能形成均有稳定的投资来源、技能供应内容均与产业发展需求密切相关、技能工人的工资和待遇均有保障也能体现技能水平的差异、均有高效的社会合作制度，如表 6－1 所示。

表 6－1　高技能形成模式技能形成制度构成的共性与差异

制度	国家	共性	差异
技能投资制度	德国	稳定的技能投资来源	政府、雇主、学徒技能投资责任分担，且有制度保障
	新加坡		技能发展基金

续表

制度	国家	共性	差异
技能供应制度	德国	技能供应与技能需求相互匹配	1. 雇主、工会、行会共同协商技能供应的内容 2. 技能的可迁移性、标准化程度高
	新加坡		政府不仅控制着技能供应，同时控制着技能需求，技能供应和需求在政策规划层面已经实现协调一致
技能评价制度	德国	证书能反映持证人员的技能水平，并且证书与行业标准和需求密切相关	职业资格证书
	新加坡		教育证书
技能使用制度	德国	技能工人的工资和待遇有保障，工资待遇差异体现技能水平差异	技能工资、工资协商制度
	新加坡		国家保障工资福利，工资低，但福利高
社会合作制度	德国	政府、工会、雇主、行业等利益相关者的有效合作	社会统合的合作模式，雇主、行会、工会起主要作用
	新加坡		国家统合的合作模式，国家政府起主要作用

1. 技能形成有稳定的投资来源

德国和新加坡的技能形成的资金充足，不论是企业投资还是国家投资，两国政府均建立了保障资金来源稳定的机制。

正如前文对技能形成制度的基本构成中所阐释的，在德国，对职业教育的投入主要基于一套复杂的财政制度，提供职业教育资金的相关方包括政府、工会、理事会、协会、企业、学徒等，以政府、企业和学徒的分担为主。其中政府的投入主要是通过联邦教育与研究部、联邦经济与技术部、联邦就业局、各州就业教育经济部等部门来实现，一般通过对职业学校的投资和技能培训项目的方式实施。学徒以接受较低学徒津贴的方式承担培训成本，而学徒在企业进行的培训由企业直接投资。这种资金来源多样且分配明确的投资方式，保证了德国技能投资的稳定性。

在新加坡，技能形成的投资主要是通过政府税收的形式实施，这种税收比较稳定。新加坡建立了“技能发展基金”，要求企业将一定比例的职工工资存入“发展基金”中去，作为企业培训职工的教育专款。虽然在技能发展基金征税的比例上会根据经济发展状况做出调整，但这种税收足以为技能培训提供稳定的资金来源，另外政府还会通过一些项目来投资技能，更加保障了技能形成有充足的资金。德国和新加坡技能形成的稳定投资来源，技能投资中企业的大幅度占比，不但保障了技能形成与发展的资金来源，而且保障了技能培训中企业的积极参与。

2. 技能供应内容与产业发展需求密切相关

德国和新加坡作为高技能形成模式国家，在技能形成中都实现了技能供应与需求的吻合，做到了产教密切合作。

德国通过双元制的学徒培训使得技能供应与需求一致，从双元制学徒培训的内容要求看，均是企业间尤其是行业内部可迁移技能。德国的技能形成在发展过程中，其技能供应的内容、技能种类、教学规范等均由工会、雇主、行会等协调而定，这种三方的协商保证了技能供应与技能需求的一致。①

新加坡通过国家引导技能需求、国家保障技能供应的方式使得技能供应与技能需求同步发展。新加坡的技能供应内容一直是与产业需求密切相关的，政府依据经济发展政策制定职业教育政策，依据经济发展的当前和未来需求而培养人才，政府不仅掌握着技能的供应，同时也控制着技能需求，技能供应与需求在政府的规划层面就已经实现了协调一致。技能供应与技能需求的协调一致，是高技能形成模式的德国和新加坡的技能形成制度有效服务经济发展、提高国力的基本保障，是技能形成制度的关键。

3. 技能评价制度均以技能水平认证为主

高技能形成的社会合作模式的德国和国家主导模式的新加坡都非常重视技能资格认证，建立了各自有效的技能评价制度。

德国的技能资格认证制度旨在对学徒的技能水平进行考核和评价，合格者获得相应的技能资格证书，技能资格证书能够清晰体现学徒的技能水平。技能资格证书依据行业要求和标准进行更新，能够满足企业的需求。

① Crouch, C., Finegold, D., Sako, M. *Are Skills the Answer?: The Political Economy of Skill Creation in Advanced Industrial Countries: The Political Economy of Skill Creation in Advanced Industrial Countries* [M]. Oxford University Press, 1999.

新加坡的技能评价制度以教育证书为主，但是新加坡的教育证书除了反映持证者的教育经历外，还能反映持证者的技术水平。新加坡将教育证书与行业标准和需求建立最大限度的关联，以满足行业企业的需求。这两种证书均是与行业标准和需求密切联系的，均是一种能够对受教育者技能水平进行认证的证书，即一种技能认证证书。

4. 技能工人工资待遇有保障且能体现技能水平的差异

在两个高技能形成模式案例中，其技能使用制度均保障了技能工人的工资待遇，并且这种工资待遇能够体现出技能水平的差异。

德国实施技能工资制度，建立了行业和企业两个层面的工资协商制度。在行业层面，集体工资协商制度由雇主协会和工会达成，技能工人的基本工资在每个行业中均与雇主绑定在一起，而且这种绑定不仅是实际上的绑定，还是法律上的绑定，即在行业内，每个企业的基本工资几乎相同。企业层面的协商是一种补充，是非法律层面的，但也对技能工人的工资具有保障作用。[①] 德国的技术工人工资比非技术工人工资高出 11.8%，[②] 技能工人的技能水平越高，其工资也就越高。这种工资差异形式鼓励很大一部分德国工人通过进一步的教育和培训来提高自己的技能，以获得更高的工资待遇。

在新加坡，工资待遇一直是国家调控生产的一种工具，在工业化初期阶段，通过国家提供的福利政策，保障技能工人的福利，使工人甘愿接受较低的工资。在经济转型升级时期，国家为了促使企业生产高附加值的产品，提高了工资，产业间的收入状况也在不断地变化，专业、技术及相关工人的工资待遇更高，促使企业和员工参与培训，提高生产力。

德国和新加坡技能工人工资待遇的保障性制度是技能发展不可或缺的制度。技能工人工资待遇具有保障，职业教育才能提高吸引力。从表面上来说，技能工人工资待遇有保障，学徒或者职业院校学生实习和工作也就有拿到津贴的希望；从根本上来说，技能工人是职业教育人才的未来归

---

① Soskice, D. Reconciling Markets and Institutions: The German Apprenticeship System [A]. *Training and the Private Sector* [M]. Chicago: University of Chicago Press, 1994: 39.

② 转引自臧志军．职业教育国家制度的比较研究［D］．上海：华东师范大学，2013：85.

宿，其工资、待遇有保障，职业教育人才的技能学习才有动力，职业教育人才才有出口。只要有好的归宿及可预见的良好的发展前景，学徒和职业院校的学生就可以接受短暂的低津贴和成本分担。

5. 社会合作制度有效

高技能形成的德国和新加坡技能形成制度都有社会合作制度的推动，对两国的职业教育发展的促进作用不容小觑。社会自治是德国国家治理的重要方式，政府将职责下放给社会组织，以实现对事务的管理。德国的社会合作传统在职业教育领域非常强大，各个社会合作者共同致力于职业教育的持续发展，其中起关键作用的包括政府、企业、行业、工会。这四者在集体协商制度下，形成了一种协同合作关系，共同保障双元制培训的有效性。

新加坡的技能形成，以其鲜明的政府主导作用而著称，是一种国家统合的合作制度。国家层面的合作在新加坡的各方面发展中都已经成为一种国家的意识形态，在社会各团体之间，以及社团、国家之间形成了一种凝聚精神。这种凝聚精神可以使各团体之间协作，使它们为国家制定的目标而奋斗。新加坡技能形成的需求由国家政府部门——投资委员会来预测，由贸易和工业部核对，二者共同规划国家的人力资源发展图谱，预测国家未来发展的基本技能需求。经济发展局将国家人力资源发展规划转换成技能目标，专业和技术委员会将技能目标分解成教育机构的教育目标，并将工业和贸易发展需求与职业教育和培训体系发展之间的联系制度化，确保技能供应与需求一致。总之，在新加坡，国家政府的各部门机构协同合作，共同促进本国的技能形成。

通过求同法，笔者发现，高技能形成模式的德国和新加坡在技能形成制度的演化中共同经历了“国家介入”阶段；技能形成制度变迁中利益相关者力量均较为均衡，且其共同存在政府、雇主、工会三个关键行动者；技能投资制度均为责任共担且来源稳定的投资制度；技能供应内容均与产业发展需求密切相关；技能评价制度颁发的证书虽然存在差异，但其实质均是一种技能水平的认证；技能工人的工资待遇均具有保障，工资差异均能体现技能水平的差异；均具有有效的社会合作制度。

二　高技能形成制度的差异

正如表6－1所展示的，德国和新加坡虽然都为高技能形成模式国家，但是其技能形成制度也存在差异，技能依赖型企业的作用及技能评价证书不同、技能供应主体不同、社会合作的方式也存在差异。

（一）技能依赖型企业的作用及技能评价证书形式不同

在德国的技能形成制度中，技能依赖型企业在技能资格认证制度的建设中起到了非常关键的作用，技能依赖型企业非常重视技能资格认证权，并在一定历史时期为获得技能资格认证权而与手工业企业进行斗争。在德国企业看来，技能资格认证权及技能资格认证制度非常重要，经过多年的斗争与妥协，最终形成了现今德国技能资格认证制度，德国的技能资格认证制度由行业协会等中介组织来实施技能的考核与评价，技能资格证书代表了学徒的技能水平，能够保证学徒在未来就业中具有好的前景。

在新加坡，技能资格认证制度却并不普遍，也几乎没有出现过技能依赖型企业为获得技能资格认证权的斗争。新加坡的技能评价制度以教育证书为主，然而，与其他国家教育证书不同的是新加坡的教育证书除了反映持证者的教育经历外，还能反映持证者的技术水平。这种教育证书是与行业标准和需求密切联系的，是一种技能认证证书。同时，此证书在制度上保障了职业轨的学生与学术轨的学生具有同等的发展通道，保障了技术工人职业成长道路的畅通。①

（二）技能供应主体差异

在技能供应的主体上，德国和新加坡存在显著的不同，德国的双元制以企业供应为主，职业学校为辅；新加坡却建立了较为完善的职业学校教育体系，技能供应以职业学校为主，以企业为辅。德国以企业直接承担培训的方式来实现职业教育和产业发展的密切结合，而新加坡通过企业参与人力资源发展预测与规划的方式，帮助学校确定未来的技能需求，进而实

① Chong，T. Vocational Education in Singapore：Meritocracy and Hidden Narratives［A］. *Discourse*：*Studies in the Cultural Politics of Education*［M］. London：Routledge，2014：637－648.

现技能需求与技能供应的结合，使二者殊途同归。

由此可见，是以职业学校为供应主体还是以企业为供应主体并不影响技能形成与发展，关键在于技能供应内容与技能需求的匹配度，匹配度越高，技能形成与发展越顺畅，匹配度较低自然影响技能形成与发展。

（三）社会合作方式差异

虽然德国和新加坡都形成了有效的社会合作制度，但这二者的合作方式迥异。德国是一个依赖社会自治的国家，在其技能形成制度中，主要是社会统合的社会合作制度，社会合作者通过自愿性原则协同合作，共同进行技能培养。

在新加坡，却形成了国家统合的社会合作制度，在技能形成的社会合作者的合作与利益协调中，国家起到了关键作用，国家制定目标，各社会合作者共同为之奋斗。社会合作制度对技能形成至关重要，社会合作方式可以多样。

通过求异法，笔者发现，高技能形成模式的德国和新加坡在技能依赖型企业这一关键行动者方面存在差异，德国技能形成中技能依赖型企业起到的关键作用，新加坡的技能依赖型企业没有起到；在技能评价证书的形式上存在差异，德国为技能资格证书、新加坡为教育证书；在技能供应主体上存在差异，德国技能供应以企业为主，新加坡技能供应以职业学校为主；在社会合作的方式上存在差异，德国为社会统合的合作制度、新加坡为国家统合的合作制度。

三　比较结果

在两个模式并不相同的高技能形成国家中，高技能形成模式的德国和新加坡存在共性：其技能形成制度的演化共同经历了“国家介入”阶段；技能形成制度变迁中利益相关者力量均较为均衡，且其共同存在政府、雇主、工会三个关键行动者；技能投资制度均为责任共担且来源稳定的投资制度；技能供应内容均与产业发展需求密切相关；技能评价制度均是一种技能水平的认证；技能工人的工资待遇均具有保障；均具有有效的社会合作制度。这些共性代表了一定的普遍意义：国家政府制度保障、社会保护、发展引导不可或缺；技能形成中利益相关者力量均衡，各方才有博弈的可能，协商才能达成；技能投资责任共担，技能形成方有稳定的资金来源；技能供应与技能需求相互匹配，技能形成方能有效；对技能水平的评价才是有效的技能形成评价方式；技能工人的工资待遇有保障，职业教育才有吸引力；社会合作制度对技能形成不可或缺。

高技能形成模式的德国和新加坡也存在一些差异：在技能依赖型企业这一关键行动者方面存在差异，德国技能形成中技能依赖型企业起到关键作用，在新加坡的技能形成中技能依赖型企业没有成为关键行动者；在技能评价证书的形式上存在差异，德国为技能资格证书、新加坡为教育证书；在技能供应主体上存在差异，德国技能供应以企业为主，新加坡技能供应以职业学校为主；在社会合作的方式上存在差异，德国为社会统合的合作制度、新加坡为国家统合的合作制度。在两个高技能形成模式国家中，这些差异意味着，对于高技能形成来说，第一，是否有技能依赖型企业对技能资格认证的推动并不重要，重要的是国家最终重视技能水平认证；第二，是以职业资格证书作为对学徒或学生的评价，还是以教育证书作为对学徒或学生的评价并不重要，重要的是最终形成的技能评价制度属于一种技能水平认证制度，其技能评价标准与行业企业标准、要求相符；第三，不论以学校为主的技能供应还是以企业为主的技能供应均可以实现有效的技能形成与发展，关键在于，不管是以哪一方为主，另一方都不可或缺，只有责任共担、共同努力，技能供应与技能需求才能匹配，技能形成才能有效；第四，社会合作对技能形成至关重要，但社会合作的方式可以多样。

第二节　高技能形成模式与技能替代模式的差异与共性

一　高技能形成模式与技能替代模式的差异

（一）技能替代模式制度演化中“国家介入”的薄弱

在技能替代模式的美国，其技能形成的制度演化中，如果说国家介入完全缺失，也是不科学的。第一，毕竟在赠地学院运动时期，国家曾推动了技能学习的发展，但是赠地学院的发展不能满足经济发展对技能的需求，在大的工业化浪潮下，赠地学院的发展并没有得到持续，便很快被企业的技能替代战略所淹没；第二，20世纪末期以来，美国联邦政府出台了一系列法案和政策，来支持职业教育的发展，但是这些法案和政策实施时间尚短，离促成完善的技能形成制度还有相当的距离。这两次的国家介入，一个被淹没，另一个尚没有明显的建设效果，使得美国从19世纪60年代进入现代化以来，在一个多世纪的技能形成制度演化中，国家介入均呈现一种薄弱的状态。国家介入的薄弱，使得美国技能形成制度至今不完善。

（二）技能替代模式制度变迁中利益相关者力量的失衡

在技能替代模式的美国，其技能形成制度变迁的利益相关者中政府、雇主、工会等的力量是失衡的。

前文已经阐述，在一个多世纪的美国技能形成制度的形成与演化过程中，国家政府的力量是比较薄弱的。同样，在美国，工会的力量也比较薄弱，美国是一个以“资本”为本位的国家，一切为“资本”而效忠，在美国的技能形成中，企业主要关注雇主和股东的利益，尽力压制工会的力量，在20世纪中前期，企业多采用技能替代战略，试图彻底摆脱工会的力量。因此，在美国技能形成制度的形成与演化中，工会的力量一直比较薄弱，即使在某些运动中取得胜利，也是短暂的。工会与雇主的利益冲突，以雇主的压倒性胜利而告终，工会在技能培训管理权、技能培训内容等方面的发言权有限。这种利益相关者力量的失衡造成了美国技能形成制度中只有企业的利益，没有技能工人的利益，而在追逐“资本最大化”的雇主视野里，没有长期的、积累性的技能培训意识与需求，企业培训不足，美国社会的一线工人技能水平整体上比较低。

尽管20世纪末期以来，美国联邦政府加强了对技能形成的调控，出台了一系列立法，但其工会的力量依然很薄弱，不具备利益博弈的条件，更不具备跨阶级的社会合作的条件，在美国技能形成制度中提升学徒或者技能工人的利益，任重道远。

（三）技能形成制度构成的差异

高技能形成模式的德国和新加坡与技能替代模式的美国在技能形成的基本制度构成上存在诸多差异，如表6－2所示，美国技能投资以政府投资为主，其技能供应以学校供应为主且技能供应内容的可迁移性差、技能使用缺乏制度保障、社会合作制度也几乎不存在。

表6－2 高技能形成模式与技能替代模式技能形成制度的共性与差异

制度	国家	共性	差异
技能投资制度	德国		责任共担的技能投资制度
	新加坡		
	美国		以政府投资为主
技能供应制度	德国		技能供应与技能需求密切相关、具有可迁移性
	新加坡	技能供应主体：职业学校	
	美国		技能供应和技能需求脱节、可迁移性差
技能评价制度	德国		技能评价制度的技能水平认证信息丰富
	新加坡	教育证书	
	美国		技能评价制度的技能水平认证信息较少
技能使用制度	德国		工人工资待遇有保障
	新加坡		
	美国		工人工资待遇无保障，两极分化严重
社会合作制度	德国		有效的社会合作制度
	新加坡		
	美国		社会合作制度缺失

1. 技能替代模式技能投资以政府投资为主

在美国，技能投资主要来源于政府。政府对技能投资主要是通过对实施职业教育的学校的投资来实现的，美国职业教育学校可以得到政府的定期资助和来源于各种渠道的特种职业教育培训资金。这些资金包括地方定期资金、州定期资金、地方特种职业教育培训资金、州职业教育特种资金和联邦职业教育资金等。[①]《史密斯休斯法》建立了地方－州－联邦三方合

① 潘书阁．美国职业教育培训资金的管理模式［J］．现代技能开发，1997（07）：38－39.

作开展职业教育的机制，因此职业学校（包括社区学院和技术学院）资金主要来源于联邦政府、州政府、地方政府。

当然职业学院尤其是社区学院和技术学院也会收取学生的学费，但美国社区学院的学费要比四年制大学的学费低很多，平均而言，学费占两年制社区学院全国运营预算的1/5。美国企业对技能培训的投资很低。因此，在美国，技能投资的主体是政府，美国技能投资的政府主体与两个高技能形成模式国家责任分担的投资制度存在差异。

2. 技能替代模式技能供应内容可迁移性差

为适应美国工业化迅速扩张的需求，几乎整个20世纪，美国的技能供应内容都主要集中在文化知识、基本技能以及较窄的岗位技能方面。普通文化知识和基本技能一般属于通识教育，与产业发展中企业的特殊技能需求不匹配，而与工作岗位相吻合的岗位技能又由于缺乏可迁移性，而不具有持续性。这种技能只能满足流水线式的生产方式。

在20世纪末，美国经济竞争力下降，一些美国企业开始学习日本、德国等企业精益生产方式，在这种大背景下，这种文化普及教育和岗位技能培训已经不能满足企业的多样要求，这也正是美国20世纪末期以来，改革技能形成体系的原因所在。

3. 技能替代模式技能评价制度的技能水平认证信息较少

美国的技能评价，主要是为学习者颁发副学士学位、学士学位的教育证书，这种证书承载的学习者的学习经历较为丰富，而技能等级水平信息较少。这种技能评价制度，评价的不是学习者的技能，与德国和新加坡对技能的评价和认证显然不同。

副学士学位证书相比于四年制本科的学士学位证书来说又低一等，因此，美国的教育证书，不利于技能学习者在未来就业市场中的前景，这也是职业教育在美国声誉较低的原因之一。

4. 技能替代模式技能使用缺乏制度保障

20世纪，美国雇主采用技能替代战略以及聘用高管管理、控制生产的制度，使得美国的用工市场多偏重于受过高等教育的学术型人才和非技术、半技术工人，而具有中等技术水平的技术工人比较缺乏，甚至出现断层。美国的技能使用制度中，实施的是岗位工资，工人的待遇不以技能高低而定，而以其所处岗位的高低而定。在工人晋升中，领班或高管的主观性判断占很大比例。三种因素共同作用，使得美国劳动力出现严重的两极分化现象，处于最顶层的高层管理人员和处于最底层的一线工人在待遇、地位等多方面差别非常大。在美国，由于雇主和工会力量的悬殊，工资集体协商制度并不存在，工人的利益没有有效的抗争渠道，其工资待遇状况改变较为困难。这种状况与德国的工资协商制度、技能工资和内部劳动力市场晋升制度形成鲜明的对比，也与新加坡国家保障的技能使用制度存在差异。

5. 技能替代模式社会合作制度缺失

在美国，技能形成制度变迁中的利益相关者力量悬殊、不具备相互合作的条件。政府的协调力量不足，工会的力量薄弱，传统行会缺失，对技能培训兴趣不足的企业力量独大，各方（尤其是企业和工会）力量悬殊，使各方不具有平等对话的基础，也不可能达成各方利益的协调。因此，在美国的技能形成制度的形成与变迁中，雇主与工会没有形成德国的跨阶级联合，也没有形成新加坡的劳资政三方协作，社会合作制度几乎是缺失的。

通过求异法，笔者发现，高技能形成的德国、新加坡与技能替代的美国在技能形成制度中存在多种差异：美国的技能形成中缺少国家的强力介入或者国家强力介入之路刚刚起步，美国技能形成制度变迁中利益相关者的力量严重失衡、不具备博弈条件，美国的技能投资以政府投资为主，美国的技能评价技能水平认证信息较缺乏，美国的技能使用制度没有保障且两极分化现象严重，美国社会合作制度几乎缺失。

二　高技能形成路径与技能替代路径技能形成制度的共性

高技能形成模式的技能形成制度与技能替代模式的技能形成制度之间存在诸多显著差异，也存在一定的相似性。第一，美国与新加坡一样，同属于以职业学校为主体的技能供应体系，其均具有完善的学校技能供应体系；第二，美国和新加坡一样都采用教育证书，来实施对技能学习的评价。当然，虽然其证书均属于教育证书，但其承载的信息是不同的，新加坡的教育证书具有技能认证的功能，而美国的教育证书的技能认证功能比较弱。

通过求同法，笔者发现高技能形成国家、技能替代国家在技能供应主体和技能评价制度的表现形式上存在共性。

三 比较结果

高技能形成模式的德国、新加坡与技能替代模式的美国在技能形成制度上存在的差异如下：美国的技能形成中缺少国家的强力介入或者国家强力介入之路刚刚起步，美国技能形成制度变迁中利益相关者的力量严重失衡、不具备博弈条件，美国的技能投资以政府投资为主，美国的技能评价技能水平认证信息较缺乏，美国的技能使用制度没有保障且两极分化现象严重，美国社会合作制度几乎缺失。高技能形成模式、技能替代模式在技能供应主体和技能评价制度的表现形式上存在共性。

这些差异与共性更进一步说明了以下几点。第一，高技能形成需要国家的强力制度保障、发展引导，没有国家的强力制度保障、发展引导，一个国家的技能形成很容易陷入短期主义困境，不利于国家技能形成的长期积累与发展，不利于技能形成对经济增长的促进。第二，技能形成中利益相关者力量均衡，才能平等对话，协商才具有条件，才能达成多方的社会合作关系，保障技能的形成与发展。第三，政府、企业、学徒三方共担技能投资的责任，技能形成方有稳定的资金来源，为三方共同参与技能培训活动，如技能供应、技能评价、技能使用等打好基础。第四，技能供应与技能需求相互匹配，技能形成方能有效，无论是采取何种技能供应方式，也无论技能供应主体是谁，只要技能形成的关键行动者——政府、企业、工会能够共同实施、协同合作，保障技能供应与技能需求的高度匹配，技能形成就能顺畅发展，成为促进经济增长的利器。第五，对技能水平的评价才是有效的技能形成评价方式，不管是专门的技能资格认证制度，还是带有技能水平认证的教育证书制度，只要能够形成对技能水平的评价，能够符合行业企业的标准与需求，均是有效的技能评价制度，否则，即使同为一种教育评价方式，也会因引起评价内容与实施的差异而大相径庭。第六，技能使用制度公平、合理，技能工人的工资待遇有保障，职业教育才有吸引力；不公平的技能使用制度，两极分化的社会阶层，不可能获得技能形成的长期、协调发展。第七，社会合作制度对技能形成不可或缺，不论采取何种方式，只要社会合作者能够相互对话、协同合作，就有利于形成技能发展的有利社会环境，社会合作方式可以多样化。

高技能形成的德国社会合作模式、新加坡国家主导模式和技能替代的美国模式，均是与其各自国家一定发展阶段的经济发展相适应的，都是各自国家利益相关者在相互博弈与协调的基础上形成的，在一定时期均促进了各自国家的经济增长。德国的社会合作模式，保障了德国这个制造业大国在国际市场中以高附加、高产品质量取胜，新加坡国家主导模式，促使规模较小、历史较短的新加坡迅速发展成为亚洲“四小龙”之一，在高新技术等行业的世界市场中占据一定的份额。美国技能替代模式，使其依赖技术创新，在大规模批量生产中迅速赢利，占据了庞大的世界市场份额。不同的技能形成模式，形成了不同国家各自经济发展的优势。当然，随着经济发展变化，各个国家的技能形成模式均面临着一些挑战，只是有的模式发展变革面临的困境较大，有的模式发展变革面临的困境较小，有的模式变革需要在教育与培训体系内部进行，有的模式变革需要在整个社会大环境下实施。进入21世纪，各国均在积极进行技能形成制度的改革，力促本国的技能形成创造国家发展的新辉煌。

第三节　我国与不同技能形成制度模式之间的共性与差异

我国的技能形成是高技能形成模式还是技能替代模式？本书通过求同法和求异法，试图找出我国与高技能形成模式、技能替代模式之间的共性与差异。

一 我国与高技能形成模式的共性与差异

（一）我国与高技能形成模式的共性

1. 技能形成制度演化经历了“国家介入”

与高技能形成模式一样，我国的技能形成制度演化也经历了“国家介入”阶段，我国国家介入技能形成有三个不同的阶段。

第一个阶段是民国政府时期，当时不论是职业学校的发展还是企业学徒培训，均有法律法规的保障。就职业学校发展来说，民国初年，民国政府对职业教育做出了积极的改革，1922 年实施了新学制，也就是“壬戌学制”，“新学制注重职业教育，要求高小增设职业准备科，中等教育阶段设立专门职业学校，普通中学也要开设职业课等”①。新学制极大促进了职业教育的发展。1936 年颁发《职业学校与建设机关协作大纲》，使学校与校外实习机关取得联络与协作。同年 4 月 27 日，教育部又颁布《职业学校设置顾问委员会办法》，聘请与学校同性质的农工商界专家或领袖 5 至 7 人参加，使办学适合社会实际需要，避免与农工商界分离。② 就企业的学徒培训来说，民国初期，北京政府开始干预学徒制培训并将之提升至劳动教育的高度；1914 年，北京政府颁布了改造学徒制教育的《商人通例》；1923 年，政府出台《暂行工厂通则》；1929 年，政府对学徒制的现代化改造全面铺开，其标志是《工厂法》的颁布。《工厂法》③ 第十一章专门对学徒制培训进行了规定，规范和保障了学徒制的发展。

在这个时期，民国政府通过法律法规的强制约束力，使得内部技能形成方式和外部技能形成方式的技能培训资金来源稳定、技能供应与产业发展需求匹配、技能评价能够起到一定的技能认证作用、技能人才的出路也比较好、各利益相关者能够相互合作。这个时期是我国技能形成制度发展较为完善、有效的时期。

第二个阶段是中华人民共和国成立以后的计划经济时期，尤其是社会

---

① 孙培青，杜成宪．中国教育史［M］．上海：华东师范大学出版社，2009：401－402.

② 李澜田，王萍．中国职业技术教育史［M］．北京：高等教育出版社，1994：136.

③ 工厂法［F］．北京：经济部投资业务处，1987.

主义改造完成以后。这个时期，技能形成的利益相关者的各种职责均由国家及其所属“单位”承担，利益冲突也在国家的统筹下得以平衡。当时，技能投资由国家承担，技能供应由国家委托职业学校和企业承担，技能评价由国家实施，未来的技能人才是国家工人，由国家保障其工资和待遇，社会合作制度所起到的作用也均由国家及其所属“单位”完成了。虽然从国家经济、社会的发展来说，当时的计划经济使得国家负担沉重、经济社会发展缓慢，但是对技能形成来说，形成了一种相互匹配的制度包，对技能形成促进作用不容小觑。

然而，技能形成的目的是促进国家经济发展、社会和谐，在计划经济条件下，虽然技能形成具有相互匹配的制度包，在国家庞大的规模中，国家政府统得太多，不利于技术创新，不利于技能形成对市场的灵活适应，也容易引发企业和工人的惰性。为了实现经济社会的健康、稳步发展，我国不得不实施社会主义市场经济体制改革。经济和社会大环境的变化，使得我国技能形成的基本制度也发生了变化，首先是1983年国家对用工政策进行调整，开始推行“先招生、后招工”的用工制度，用工制度的改革使企业招收工人的形式发生了显著变化，即过去以招收学徒工、培训技术工人为主，转变为以招收各大中专、技工学校、职业高中毕业生补充技术工人为主，技能培训开始外部化，技能供应体系开始向职业学校转换，中等职业学校得到了长足发展。

1989年，国家的技能使用政策再次发生变化，国务院批转国家教委《关于改革高等学校毕业生分配制度的报告》。《报告》指出，“高等学校毕业生分配制度改革的目标是：在国家就业方针、政策的指导下，逐步实行毕业生自主择业，毕业生择优录用的‘双向选择’制度”。[①] 至此，毕业生的就业安全失去了政策保障，很多企业开始甩包袱，将厂办技校等甩出，并淡出技能培训体系。至此，我国的技能形成方式由内部技能形成方式转变为外部技能形成方式，但与外部技能形成相匹配的制度包并没有形成。因此，以职业学校为主的外部技能形成方式，长期没有企业的参与，

① 国务院批转国家教委关于改革高等学校毕业生分配制度报告的通知［J］. 中华人民共和国国务院公报，1989（12）：489－495.

逐渐陷入了职业教育与实践脱离的困境，质量堪忧。虽然，国家出台了法律与大量文件，强调产教合作，但时至今日，没有匹配制度保障，技能形成状况并不理想，以职业院校为主的技能形成制度陷入了有效性危机。

第三个阶段的“国家介入”显然没有起到很好的作用，国家在职业教育范围内的努力，没有技能认证制度、技能使用制度、社会合作制度的匹配，很难真正发挥作用、取得实际效果。

2. 技能形成的供应主体与新加坡的共性：职业学校为主的供应

当然，除了技能形成的历史演化中，我国曾经有多次的“国家介入”之外，我国的技能供应主体与新加坡存在共性，均为以职业学校为主体的外部技能形成方式，不过与新加坡不同的是，我国以职业学校为主体的职业教育体系尚不完善，从某种意义上来说，在我国，职业教育还没有摆脱“断头教育”的命运，我国现代职业教育体系还有待实现上下贯通、普职融通等。

3. 技能形成的评价与新加坡的共性：教育证书

在技能评价制度方面，我国学校职业教育对学生的评价证书是学历证书。这一点也与新加坡存在共性，二者颁发的均是一种教育证书。但与新加坡教育证书不同的是，我国的教育证书所承载的学生技能水平的信息比较少，并不能充分证明职业院校学生的技能水平，也不能使职业院校学生在就业市场中占据优势。教育证书与行业标准和要求也存在很大的差距，不能满足企业的需求。

（二）我国与高技能形成模式的差异

1. 技能形成制度变迁中利益相关者的差异

利益相关者是形塑技能形成制度的主体，在技能形成制度建构的过程中，利益相关者的多元化、力量的均衡，有利于塑造协调的技能形成制度，否则可能导致技能形成制度的偏离。我国与高技能形成模式的差异之一就在于：我国技能形成制度的利益相关者比较单一，主要是政府以及政府所辖的职业学校在积极行动，而行业、工会的力量薄弱，不能起到相应的支撑作用。企业在我国的社会主义市场经济中，力量强大，但正是因为其过于强大，而没有相应的企业制约机制，企业家中追求当前利益最大化者居多，很少有企业真正参与到长期的技能积累战略中来，培养技术技能人才。

2. 技能投资主体的差异

在高技能形成模式的德国和新加坡，其技能形成的投资均是一种责任分担的投资制度。企业是技能投资的主体之一，保障了资金来源的充足和稳定。企业投资必然要求回报，要求技能培训内容符合自身需求，这又有利于职业教育与产业发展的密切合作。在我国，技能投资的主体是政府，企业投资较少。虽然近些年国家对职业教育非常重视，职业教育财政资金支持数额一直持续增长，但与国家对其他教育的财政投资相比，职业教育的占额还比较小，与职业教育的发展需求相比也还远远不够，况且这种单一的资金来源毕竟不是长久之计。企业投资少，承担职业教育意识淡薄，参与职业教育的实践并不多，没有企业的积极参与，职业教育产教合作何谈顺畅，其培养的人才又如何能够为企业所用?

技能投资中企业这一主体的缺失，不仅仅影响到技能形成的资金问题，更是影响到了技能供应问题以及技能供应的质量问题。

3. 技能形成供应内容的差异

德国和新加坡作为高技能形成模式国家，其技能供应内容多为可迁移性技能，技能供应与技能需求吻合。而我国的学校职业教育中，高等职业院校多年来的课程一直延续了学科课程的模式，其一度被认为是本科课程的“压缩饼干”，与一般本科的课程除了在数量和水平上的差异外，没有类型的差异。这种学科式的课程模式适合学术教育的发展，而不适合以应用为目的的职业教育的发展，更与产业发展需求相距较远。

中等职业教育虽然具有自身的应用特色，也有一些较好的中等职业学校的优秀毕业生在社会上很抢手，但从整个中等职业教育供应内容来说，又有偏于碎片化、短时性的问题，大部分技能学习均是某个岗位的技能学习，这种岗位技能学习的可迁移性差，跟不上企业的技术更新速度，很多企业反映学生入学时学习的岗位技能到毕业时就已经被企业所淘汰。这种与产业需求脱节的技能供应、岗位技能供应不利于技能的积累，不利于职业教育的长远发展。

4. 技能评价制度的差异

从技能评价制度来说，在德国，技能依赖型企业起到了关键的作用，推动了德国技能资格认证制度的国家化和标准化。在新加坡，国家政府起到了关键作用，将教育证书与技能资格证书相衔接，赋予教育证书资格认证的功能，进而保障了对技能人才的公平评价。

然而在我国，既没有德国技能依赖型企业关于技能资格认证权的追求，也没有将学历证书与职业资格证书的衔接，学历证书和职业资格证书两张皮，教育部门的职业学校学生毕业颁发学历证书，人社部门的技工学校学生毕业及工人短期培训结束颁发职业资格证书。学历证书并不能承载学生技能水平认证的信息，也不能将其与学术教育学历证书相区别；职业资格证书不能代表学生的求学经历，职业资格证书颁发的不规范，也使得其价值贬值，学历证书和职业资格证书均面临着各种问题。

5. 技能使用制度的差异

在技能使用制度中，德国实施了技能工资制度和工资协商制度，并且德国从一定意义上来说属于内部劳动力市场，企业对培训积极性较高，青年人对技能的学习积极性也较高。新加坡通过国家政府和工会保障了工人的工资和待遇。

然而，我国的技术工人的工资待遇普遍较低、工作环境差、地位低。工资协商制度还非常薄弱，既不能保障技能工人工资待遇，也不能发挥约束同行业者相互“挖人”的行为的作用。在我国，技能人才的成长路径受阻，其所进入的职业教育的上升通道受阻，而技能人才在工作中的职业晋升也不合理，没有德国依据技能水平晋升的机制，技术技能人才的晋升职称与其他行业同等水平的职称待遇也不对等。

总体而言，我国技能使用制度环境比较恶劣，非常不利于技术技能人才的成长和发展。

6. 社会合作制度的差异

在高技能形成模式的德国和新加坡，其社会合作制度均比较完善，德国是企业、行会、工会、政府多元主体的社会合作制度，新加坡是国家政府主导的劳资政三方协作的国家统合的合作制度。

在中国，虽然在其历史发展中也曾出现过技能形成的社会合作，比如民国政府时期的职业教育发展中，各合作主体均发挥了积极作用；社会主义改造以后，我国也曾形成了国家主导型的社会合作制度，一切社会合作者的职责均在国家统筹下实施。但在现阶段，我国社会合作制度中的关键合作者——工会、行会、企业等多个主体缺失，我国技能形成的社会合作关系异常脆弱且目前相应的匹配制度尚未建立，技能形成的社会合作制度环境尚不成熟。

二　我国与美国技能替代模式的共性与差异

（一）我国与美国技能替代模式的共性

1. 当前制度中国家协调力有待提高

技能替代模式的美国是一个联邦制国家，其在政治、经济中，联邦政府的力量本来就不足，技能形成制度也没能例外。

在中国，国家虽然具有强大的力量，但由于中国尚处于社会主义初级阶段，各种制度建设还不完备，国家政府在协调职业教育发展的问题上，尚显得力不从心。国家政府在某些方面“管得太多”，而在某些方面又“管得太少”，从某种程度上说，一些不应由国家政府承担的职责国家政府承担了，应该由国家政府承担的职责国家政府尚未承担或存在未尽责现象。我国的一系列文件中都规定了繁复的政府职责：统筹规划、普职优化、促进资源共享、支持行业企业、政策引导、信息服务、监督管理、公共服务、拨款、督导评估等。这一系列职责有些可以放权，比如信息服务职责、评估评价职责等；而有些应该极力做好，比如资金保障、统筹规划、政策引导等。然而目前的状态是：前者，政府并未放权；后者，政府并未尽职。

2. 利益相关者力量不均衡

在技能发展路径呈技能替代模式的美国，利益相关者的力量是不均衡的，美国没有传统的行会，工会的力量也在多次劳资冲突中被镇压而非常薄弱，企业的力量独大，因此，美国的技能形成制度严重偏于企业利益的一方。企业采用了激进式创新方式——技能替代，因此技能培训与发展受到严重制约。

在我国，利益相关者的力量同样是不均衡的，在社会主义市场经济条件下，有两个强大的利益相关者：政府和企业。如前文所述，政府职责尚未厘清，些许部门存在“越责”和“渎责”现象。企业虽然是强大的利益相关者，但在技能形成中并没有成为关键行动者，企业职责的缺失，造成了我国职业教育发展的资金来源单一、供应内容与产业需求脱节等多重问题，这种力量的不均衡使得社会合作也无从形成。

3. 技能供应主体与内容脱节

前文已经阐述为适应美国工业化迅速扩张的需求，几乎整个 20 世纪，美国的技能供应内容都主要集中在文化知识、基本技能以及较窄的岗位技能方面。普通文化知识和基本技能一般属于通识教育，与产业发展中企业的特殊技能需求不匹配，而与工作岗位相吻合的岗位技能又由于缺乏可迁移性，而不具有持续性。这种技能只能满足流水线式的生产方式。

在我国的学校职业教育中，高等职业院校多年来的课程一直延续了学科课程的模式，其一度被认为是本科课程的“压缩饼干”，与一般本科的课程除了在数量和水平上的差异外，没有类型的差异。中等职业教育虽然具有自身的应用特色，又有偏于碎片化、短时性的问题，大部分技能学习均是某个岗位的技能学习，这种岗位技能学习的可迁移性差，跟不上企业的技术更新速度。在我国和美国的技能形成制度中，技能供应的主体都为职业学校，其技能供应的内容均为可迁移性较差的岗位技能或者是学科知识，与生产发展的需求脱节，职业教育发展面临可持续性危机。

4. 技能评价制度中技能水平因素得不到体现

我国和美国的技能评价制度均为教育证书制度，而教育证书承载的技能水平、技能类型等信息量又比较少，且这种教育证书的层级不高。虽然美国比我国多了一个副学士学位，但这个学位的层级、地位无法与学士、硕士、博士学位相提并论，在美国，职业教育也是一种受歧视的教育。

我国的职业资格证书对人社部主管的职业院校直接发放，对教育部主管的职业院校学生要进行再次考核，考核合格才能发放证书，而且证书本身与行业标准的联系并不密切，使得我国职业资格证书制度不能满足学校和企业的需求。职业资格证书与教育证书也缺乏衔接，教育评价制度不科学。

5. 技能使用制度没有保障

在技能替代模式的美国，其技术技能人才几乎处于工人阶级的底层，拿较低的工资、承受相对恶劣的工作环境，而具有四年制本科学历及以上的人才，居于高管或领班等职位，处于工人阶级的中上层，工资较高、工作压力较小、工作环境优越——美国工人阶级出现了严重的两极分化现象。技术技能人才使用制度的环境较差，没有相对公平的工资协商制度，也没有较好的工人晋升途径。

在我国，劳动力市场分割呈现两种情况，一种是体制内劳动力市场，在体制内劳动力市场中，原来的技术技能工人的待遇基本稳定，培训较多，福利较好；但这种劳动力市场的用人条件基本要求本科及以上学历，专科及以下学历的职业教育毕业生几乎与此无缘。另一种是体制外劳动力市场，竞争激烈、工作不稳定，技能人才的待遇还相对较差，工资较低。在体制外劳动力市场中，“白领”等职位如同美国一样也被高学历的人把持，中国工人阶层的分化现象颇为复杂。

6. 社会合作制度薄弱

正如前文已经阐释的，在美国和中国，技能形成中的利益相关者力量的失衡，以及关键行动者——企业、工会、行会的缺失，使得两个国家技能形成的社会合作制度无从谈起，社会合作实践较少。

美国没有传统的行会，工会因为在多次的劳资冲突中以失败告终，其力量也受到了严重的打击，并不能与雇主相抗衡，企业以压倒性优势在经济生产中追逐自己的利益，对技能形成与发展支持较少。

在我国社会主义改造时期，工会、行会、企业等技能形成的关键行动者所应履行的职责尽由国家及其所属“单位”来履行，而随着改革开放的深入，在我国社会主义市场经济条件下，国有企业改革，企业的生产经营自负盈亏，企业为使生产最大化，将其厂办技校、学徒培训进行了大量压缩，并逐渐从技能形成中淡出。我国当前处于社会主义初级阶段，工会、行业协会等利益相关者力量较为薄弱，对企业起不到实质的约束、协调作用，社会合作发展不畅。

（二）我国与美国技能替代模式的差异

1. 我国曾经历“单位制”时期的类高技能形成状态

在我国的技能形成制度变迁中，曾经有类似于高技能形成的时期。社会主义改造完成后，在我国经济社会发展的“单位制”环境下，我国的技能形成与发展迅速，当时，工人的培训较多、技能水平不断提升、工资待遇有保障，生产在国家计划下进行。不管当时的经济、政治发展速度如何，但就技能形成制度来说，当时建立了相互匹配的“制度包”，类似于德国技能形成的基本制度。

而在美国的发展历程中，几乎是没有这种时期的。美国是资本主义国家，以企业家为首的资本家在追逐经济利益最大化的前提下，不可能有兴趣花费大量精力于技能投资与培养中。因此，中美两国的技能形成制度历史发展还是有区别的。

2. 技能供应体系差异

虽然我国和美国均属于以学校为主体的技能供应体系，但是二者还是存在差别的。就体系的层级来说，美国的技能供应体系较为完善，从职业启蒙、中等职业教育到高等职业教育上下贯通。高等职业教育领域包括颁发副学士学位的两年制社区学院，社区学院具有转学功能，两年制社区学院毕业的学生，具有继续求学、进入四年制大学继续专业教育学习的机会。就体系的融通性来说，美国技能供应体系与普通教育、学术教育相互融通，如就中学的学习来说，即使普通中学的学生也要修一两门职业课程。这是美国技能供应体系比我国完善的地方。

我国的技能供应主体，现在包括中等职业教育和高等职业教育，就技能供应体系的层级来说，我国中等职业教育的学生升入高等职业教育的比例比较低，我国高等职业教育的学生，升入四年制本科学习的机会也比较小，即使能够升入四年制本科，也要放弃自己原来的技能应用型方向，而被迫转为学术型方向，这对于选择职业教育轨学习的学生来说是不公平的。就技能供应体系的融通性来说，我国目前的职业教育与普通教育、学术教育的贯通性较差，不及美国合理。

我国与高技能形成模式国家、技能替代模式国家的共性和差异，归纳如表6－3。

表6－3　我国与高技能形成模式国家、技能替代模式国家的共性与差异

<table>
<tr><th></th><th colspan="2">主体</th><th>共性</th><th>差异</th></tr>
<tr><td rowspan="3">发展历程</td><td colspan="2">高技能形成模式</td><td rowspan="2">经历了有效的“国家介入”阶段</td><td></td></tr>
<tr><td colspan="2">中国</td><td></td></tr>
<tr><td colspan="2">技能替代模式</td><td></td><td>没有经历有效的“国家介入”</td></tr>
<tr><td rowspan="3">利益相关者</td><td colspan="2">高技能形成模式</td><td></td><td>利益相关者力量均衡、利益冲突得以平衡</td></tr>
<tr><td colspan="2">中国</td><td rowspan="2">利益相关者力量不均衡，利益冲突尚存</td><td rowspan="2">利益相关者力量不均衡，利益冲突尚存</td></tr>
<tr><td colspan="2">技能替代模式</td></tr>
<tr><td rowspan="3">技能投资制度</td><td colspan="2">高技能形成模式</td><td></td><td>责任分担的技能投资制度</td></tr>
<tr><td colspan="2">中国</td><td rowspan="2">国家投资为主</td><td rowspan="2">国家投资为主</td></tr>
<tr><td colspan="2">技能替代模式</td></tr>
<tr><td rowspan="3">技能供应制度</td><td colspan="2">高技能形成模式</td><td></td><td>技能供应内容可迁移性强、与产业发展需求符合</td></tr>
<tr><td colspan="2">中国</td><td rowspan="2">技能供应内容可迁移性差、以岗位技能为主，与产业发展需求脱节</td><td rowspan="2">技能供应内容可迁移性差、以岗位技能为主，与产业发展需求脱节</td></tr>
<tr><td colspan="2">技能替代模式</td></tr>
<tr><td rowspan="4">技能评价制度</td><td rowspan="2">高技能形成模式</td><td>德国</td><td>技能资格认证（能够进行技能水平认证的技能认证制度）</td><td rowspan="2"></td></tr>
<tr><td>新加坡</td><td>技能资格认证（承载技能水平认证信息的教育证书制度）</td></tr>
<tr><td colspan="2">中国</td><td rowspan="2">实行承载技能认证信息较少的教育证书制度</td><td rowspan="2">实行承载技能认证信息较少的教育证书制度</td></tr>
<tr><td colspan="2">技能替代模式</td></tr>
<tr><td rowspan="3">技能使用制度</td><td colspan="2">高技能形成模式</td><td></td><td>公平、合理的技能使用制度（工资协商、技能工资、工资具有保障）</td></tr>
<tr><td colspan="2">中国</td><td rowspan="2">工资协商制度缺失、岗位工资、技能工人晋升制度不合理</td><td rowspan="2">工资协商制度缺失、岗位工资、技能工人晋升制度不合理</td></tr>
<tr><td colspan="2">技能替代模式</td></tr>
<tr><td rowspan="3">社会合作制度</td><td colspan="2">高技能形成模式</td><td></td><td>有效的社会合作制度、合作主体多元化</td></tr>
<tr><td colspan="2">中国</td><td rowspan="2">合作主体单一、社会合作制度发展滞后</td><td rowspan="2">合作主体单一、社会合作制度发展滞后</td></tr>
<tr><td colspan="2">技能替代模式</td></tr>
</table>

三　我国的技能形成——高技能形成模式？技能替代模式？

我国的技能形成究竟是高技能形成模式，还是技能替代模式呢？从表6－3我国与高技能形成模式国家、技能替代模式国家的共性与差异的比较中，可以看出我国与高技能形成模式的共性有三项。第一，我国与德国、新加坡的技能形成制度变迁中共同经历了有效的“国家介入”阶段，这种国家介入对技能形成和发展起到了巨大的推动作用；第二，我国与新加坡同属于以职业学校为主的技能供应主体；第三，我国与新加坡都为职业学校毕业生颁发教育证书。

我国与高技能形成模式的差异包括六方面。第一，我国技能形成制度变迁中利益相关者利益分配不均衡，利益冲突尚存；高技能形成模式国家技能形成制度变迁中利益相关者利益均衡，利益冲突得以平衡。第二，我国技能投资主体为政府，高技能形成模式国家的投资制度为责任分担的投资制度。第三，我国技能供应内容多为岗位技能，可迁移性差、与产业发展需求联系不密切；高技能形成模式下的技能供应内容多为可迁移技能，与产业发展需求密切相关。第四，我国技能评价制度与职业资格认证制度互不衔接，各自存在问题；高技能形成模式的德国实施的是技能资格认证制度，新加坡为具有技能资格认证职能的教育证书制度。第五，我国技能使用制度不完善，技术技能人才大多处于体制外劳动力市场中，工资协商制度缺失，岗位工资、工人晋升制度不合理；高技能形成模式下，工资协商制度发达，采取技能工资分配制度，劳动力内部市场晋升机制完善，技能使用的制度环境较好。第六，我国技能形成模式社会合作者力量不均衡，社会合作薄弱；高技能形成模式下技能形成的社会合作力量均衡，社会合作制度有效。

从我国与高技能形成模式国家的共性与差异来看，我国与高技能形成模式国家的差异过大、过多，我国尚未走上高技能形成的发展路径。

从表6－3中，我们还可以发现我国与技能替代模式国家的共性与差异，就共性而言，我国与技能替代模式的美国的共性有六项。第一，当前的技能形成制度中，国家协调不力，美国属于联邦制国家，联邦政府相对于州政府的力量本来就薄弱；我国政府的职责庞杂，使其应尽职责未尽、应放职责未放，总体协调能力较差。第二，我国与技能替代的美国在技能形成制度的变迁中，利益相关者的力量均为失衡的，企业力量独大，虽然我国政府的力量也很强大，但政府职责履行状况不佳也削弱了其力量。第三，我国与技能替代的美国在技能供应主体和内容上存在共性，均为以职业学校为主体的技能供应体系，技能供应内容的可迁移性均较差，且多为岗位技能。第四，我国与技能替代的美国在技能评价中，均实施教育证书制度，不适合对技术技能人才的评价。第五，我国与技能替代的美国在技能使用制度中，存在工人阶级或阶层的两极分化现象，劳动力就业制度不公平，工资协商制度薄弱，岗位工资、工人技能晋升制度不合理。第六，我国与技能替代模式的美国，在社会合作制度中，均没有约束企业行为的关键行动者——强有力的工会和行业协会组织，社会合作制度均比较薄弱。

当然我国也与技能替代的美国存在差异，主要包括两方面：第一，我国的技能形成制度变迁经历了有效的“国家介入”阶段，美国没有或者刚刚起步；第二，我国的技能供应体系不如美国的技能供应体系完善。

从我国与技能替代的美国来说，我国与之共性多于差异，说我国与美国一样属于技能替代国家应不为过。

因此，从我国与高技能形成模式国家的差异过多、与技能替代模式国家的共性较多的结果来看，我国尚处于技能替代发展阶段，急需国家进行相关制度的建设，改变我国以技能替代模式为主导的技能形成状态，依据产业发展需求不同，选择不同的技能形成模式。如在制造业发展中，尽快走上高技能形成的路径；在高新技术、生物技术等适宜采取技能替代模式的产业，优化发展技能替代的技能形成模式。

第七章
结论与建议

第一节　结论

研究结论既是理论研究逻辑的终点，又是政策实践的起点。本章主要是对本书进行简要、系统的总结，概括和凝炼技能形成所需条件，以期为我国技能形成制度建设的政策实践提供支撑。

在前面的章节，本书遵循历史制度主义的立场和方法，对高技能形成模式的德国、新加坡，技能替代模式的美国，以及中国的技能形成制度在不同历史阶段的制度变迁过程、利益冲突及制度构成进行了比较研究，并尝试从庞大而繁杂的历史资料中抽取具有现实意义的一般“规律”。

第一，一国或一个经济行为主体的技能形成制度并不是某个人或团体随意选择的，而是与其宏观经济社会治理机制相匹配的，是社会不同利益集团相互博弈、平衡的结果，换言之，技能形成是社会建构的。

第二，国家的保护：制度法律的强制保障、雇佣保护和就业保护，是技能形成的保障，国家对技能形成的保护不仅不是反市场的，而且能够形成不同国家的比较制度优势。

第三，技能形成制度变迁中，利益相关者力量的均衡，是形成有效利益协调机制的基础；利益失衡，技能形成制度的发展也会失调。

第四，技能形成的基本制度不可或缺，责任分担的技能投资制度、优势互补的技能供应制度、合理的技能资格认证制度、公平的技能使用制度、有效的社会合作制度，是技能形成的基本制度，五者均是不可或缺的。

第五，技能形成的基本制度，相互之间需要匹配与协调，只有相互匹配与协调的技能形成制度才能使职业教育与产业经济发展相匹配。

第六，国家的技能形成制度应与国家的技术创新方式相适应。

第七，高技能形成所需要的九个条件之中任何一个条件的缺失，均会影响高技能模式的形成。

一　技能形成的社会建构

社会建构理论是20世纪七八十年代兴起的一股哲学思潮，是一种不同于传统经验主义和理性主义的认识论和思维方式。它主张人类不是静态地认知、发现外在的客体世界，而是经由认识、发现过程，不断构造新的现实世界。目前，学界对于社会建构的研究不胜枚举，将其应用于教育的研究也很丰富，本书不在于对其进行丰富的理论诠释，而仅在于应用其相关的观点，继续本书的研究。就本书的主题而言，与社会建构的如下观点相关：所谓建构，实质上是通过行动者之间的磋商达成妥协共识，参与磋商的行动者是多元的，建构是一种双向的互动过程，它既包括社会成员之间的互动，又包括社会成员与制度间的互动。

通过历史研究，笔者发现高技能形成模式的德国、新加坡，技能替代模式的美国、中国，其技能形成制度均是政府、雇主、学徒及工会、行会等多元的行动者之间利益相互博弈、相互磋商达成的妥协共识。不同的历史时期，政府、雇主、工会、行会等多元行动者的行动选择不同，形塑了不同时期的技能形成制度。多元行动者之间，以及多元行动者与先前制度不断地双向互通，最终制度的发展与变迁方向也是多元行动者之间达成的妥协。

在德国，技能形成的多元行动者或者说利益相关者，包括政府、雇主、学徒、工会、行会，还包括手工业企业、技能依赖型企业等。在多年的利益博弈中，政府选择为技能形成立法、决策，并确定影响技能形成方式（包括生产方式在内）的生产制度。雇主本着长期战略发展的利益，选择与工会达成跨阶级的联合，而工会为保障学徒和技能工人的利益，也愿意与雇主合作。技能依赖型企业和手工业企业的博弈，使得技能资格认证不再由手工业企业把持，而在经过多次变迁后，由行会来组织和实施。德国技能形成制度变迁中，多元行动者的行动选择与互动，最终形塑了德国以责任分担的技能投资制度、双元的技能供应制度、合理的技能资格认证制度、公平的技能使用制度、有效的社会合作制度为主要内容的技能形成制度，并形塑了这些基本制度之间的关系，使其相互匹配。

在新加坡，技能形成的多元行动者包括政府、雇主、工会。新加坡独立的时间比较晚，是一个晚近现代化国家，其独立之初，经济、政治时局比较紧迫，为了迅速发展，新加坡国家政府发挥了积极作用，新加坡政府一方面依据对产业发展所需技能的预测，大力发展教育，通过学校教育来保障技能供应；另一方面，积极引导企业朝着国家设定的生产战略发展，力促企业采用国家政府设定的生产方式、生产技术模式等。这样在国家层面，技能供应与技能需求形成匹配。工会也在国家的主导下，通过各种国家的福利保障，劝说工人甘愿接受较低的工资，以增进国家发展。在新加坡国家政府的主导下，新加坡形成了国家发展型技能形成模式。

在美国，技能形成的利益相关者包括政府、雇主、工会，但在美国，三者之间的力量并不均衡，因此，三者之间的互动也不是平衡的，在历史上，雇主以压倒性优势主导着技能形成方式的选择和制度的建构。20 世纪前期，劳资冲突、罢工不断使企业改变了战略，形成了几乎整个 20 世纪美国雇主的选择：技能替代战略。美国雇主的生产采用了急进的技术创新方式，用先进的技术替代了人力劳动，最大限度地减少企业对技能工人的依赖。美国工会在整个 20 世纪几乎都处于被压制的状态，力量微薄，无力与雇主磋商，只能妥协。但这种技能替代模式的技能形成制度适应了当时美国工业迅速扩张的需求，促进了美国经济发展。到了 20 世纪末，尤其是进入 21 世纪，美国技能替代战略面临多种挑战，美国联邦政府开始不断改革，加强国家政府在技能形成中的力量，这种力量的变化，使得美国当前的技能形成模式与制度尚处于变化中。

在我国，技能形成的历史更加复杂，技能形成制度变迁中的利益相关者更为多元，不同的历史时期形成了不同的制度模式。在民国政府时期，技能形成的多元行动者包括政府、行会、工会、雇主，其发展状况类似于德国，多元行动者达成了协作，技能形成制度显现社会合作式雏形。在新中国成立，尤其是社会主义改造以后，国家实施计划经济，像经济社会发展的其他方面一样，国家实施了技能形成的去商品化保护，在单位制及其制度包中，我国的技能形成制度出现了类似于国家主导型的单位式技能形成制度。在社会主义市场经济时期，国家改变了对技能形成的去商品化保护：国家用工制度改变、国家大中专毕业生的就业分配制度改变，工人不再是国家的工人，而是市场上的工人。因此，在社会主义市场经济时期，在体制内外分割的劳动力市场中，形成了不同的技能形成方式。然而在占劳动力市场大军主体的体制外劳动力市场中，技能形成没有国家的保护政策，也没有相应的匹配制度，雇主的利益占据优势，形成了类似于美国的技能替代式技能形成模式与制度。虽然国家政府一直在呼吁大力发展职业教育，但是在技能使用制度、社会合作制度缺失的情况下，在技能形成的基本制度不能相互匹配的现状下，我国的技能形成仍然面临多重问题，制度构建已经成为必然选择。

因此，不管是从高技能形成的德国、新加坡，还是从技能替代的美国和中国来看，技能形成均是由社会建构的，不同国家、不同的多元行动者及其之间的互动、博弈，形塑了不同的技能形成制度。

二　国家保护：技能形成的保障

通过对高技能形成的德国、新加坡，技能替代的美国和中国的技能形成历史研究和比较研究发现，在高技能形成的德国和新加坡，以及我国民国政府时期和单位制技能形成时期的技能形成中，国家保护都起到了积极的作用，这些国家保护包括立法的强制性支持和以雇佣保护和就业保护为主的社会保护。

（一）立法的强制性支持

在德国，国家在技能形成中强制性的立法保障起到了积极作用。我国民国政府，也曾出台了一系列的法律，保障了技能形成与发展。

德国 1897 年《手工业保护法》出台后，法律赋予手工业协会监管学徒培训内容和质量以及技能资格认证的准公共权力。[①] 政府为组织化的手工业部门所控制的学徒制培训创立了一个制度框架，使学徒制培训完成了初始制度化。1953 年，德国颁布了《职业教育法草案》，1956 年颁布了《职业培训法草案》，相关部门不断追求技能形成的法制化，最终于 1969 年颁布《联邦职业教育法》，该法的出台保障了国家对职业教育的影响力，为职业培训奠定统一的法律基础，强化了国家对职业教育的监管。《联邦职业教育法》为建立由相等数量的雇主、工会及州政府代表所组成的职业教育委员会提供了条件，保障了雇主、工会、政府在技能形成中力量的均衡；《联邦职业教育法》将工会纳入技能培训管理结构，使工会在技能形成中的合法权益受到保护；《联邦职业教育法》将工资协商制度从国家层面上确定下来，一方面保护了企业免受技能培训的外部性伤害，另一方面保护了技能工人的待遇。1990 年以后，德国更是积极进行法律的修订和完善，有力地支撑了德国的技能形成与发展。

在我国民国政府时期，政府也出台了一系列强制性法律，保障了技能形成与发展。就以学校为主体的技能形成来说，1922 年实施了新学制，也就是“壬戌学制”，新学制注重职业教育，增设职业准备科，在中等教育阶段设立专门职业学校，极大促进了中等职业学校的发展。1936 年颁发《职业学校与建设机关协作大纲》，使学校与校外实习机关取得联络与协作。同年 4 月 27 日，教育部又颁布《职业学校设置顾问委员会办法》，聘请与学校同性质的农工商界专家或领袖 5 至 7 人参加，使办学适合社会实际需要，避免与农工商界分离。[②]

就以学徒制为主的技能形成来说，1914 年，北京政府颁布了改造学徒制教育的《商人通例》，1923 年政府出台《暂行工厂通则》，1929 年颁布《工厂法》，政府对学徒制的现代化改造全面铺开。《工厂法》第十一章专门对学徒制培训进行了规定。此后，政府又颁布了一系列法案，如《工厂检查法》《工厂检查人员养成所规则》《工厂检查人员养成所办事细则》

---

① Mayer Karl Ulrich, Solga Heike. *Skill Formation: Interdisciplinary and Cross - national Perspectives* [M]. Cambridge New York: Cambridge University Press, 2008: 26.

② 李澜田，王萍. 中国职业技术教育史 [M]. 北京：高等教育出版社，1994：136.

《修正工厂法施行条例》等，对《工厂法》规定的内容进一步细化，规范和保障了学徒制的发展。在这个时期，民国政府通过法律法规的强制约束力，使得内部技能形成方式和外部技能形成方式的技能培训资金来源稳定、技能供应与产业发展需求匹配等，形成了我国早期较为完善、有效的技能形成制度。就我国当前职业教育的改革来说，国家为了保障职业教育可持续、科学发展，正在加强地方法规的建设和国家《职业教育法》的修订工作，足见我国已经意识到法律强制力的必要性。

就美国当前的职业教育改革来说，20 世纪末以来，美国也连续出台了一系列法案保障职业教育的发展，例如 1984 年的《帕金斯职业教育法》、1992 年的《从工作向学习过渡法案》《青年学徒培训法案》等，这些法案在现阶段美国的技能形成制度变革中起到了巨大的积极作用。因此，高技能形成模式的经验以及技能替代模式国家的当前改革，都能说明具有国家强制力的法律法规是技能形成的保障。

（二）社会保护：雇佣保护和就业保护的不可或缺

通过比较研究，本书发现国家的社会保护对技能形成来说不可或缺。这里的社会保护主要包括雇佣保护和就业保护，而实现这种保护的基本方式是工资协商制度。

雇佣保护是为企业雇用员工提供保护，使雇主不会面临同行业间恶意“挖人”行为的威胁，减少企业承担职业教育的外部性。就业保护是对技能人才的保护，是学成后的技能人才就业的有力保障，使其处于公平的劳动力市场竞争中，保障学生或学徒不会异化为企业的廉价劳动力，保障其就业前景。

实现这种保护的措施是工资协商制度，就企业的雇佣保护来说，从德国的发展经验来看，工资协商制度意味着同行业之间某种水平的技能工人工资相差无几，使企业不能通过高工资来挖走其他企业辛苦培养的技能人才，工资协商制度还规定，学徒必须为企业服务一定的年限，并且经过技能资格认证方可离开，提前离开便得不到技能资格证书，使自身在就业市场中处于不利地位。这不仅保障了企业投资培训的成本收益，而且保障了技能形成的质量。从技能人才的就业保障来说，德国的工资协商制度保障了技能人才的工资待遇，使其处于一种公平的劳动力市场竞争中，不同水平的技术技能对应着不同等级的工资，工资只因技术技能水平而有显著差异，而不主要受学历水平等影响，使技能人才有较好的就业前景，也愿意花长时间从事技能学习。

在新加坡，工资协商制度并不像德国一样在行业层面达成，而是在国家层面，在国家的保障下形成的，新加坡的技能工人的工资并不高，但国家提供了大量的住房、保险等社会福利，从一定意义上来说起到了工资协商的作用，保护了技能人才的利益。

在我国的单位制技能形成时期，企业是国家的企业，工人是国家的工人，国家投资技能，并保障技能人才的就业，也在国家层面上形成了技能形成的雇佣保护和就业保护。而当前，国家虽然也在呼吁大力发展职业教育，但是没有国家的雇佣保护和就业保护，而能够实现雇佣保护和就业保护的市场机制——工资协商制度——也非常薄弱，仅仅从职业教育领域进行的改革收效较差。

其实，美国的现状跟我国当前现状相似，美国联邦政府也实施了一系列工程来促进职业教育的发展，但也只是在职业学校教育方面，建立起了完善的学校职业教育体系，对于技能形成的另一种方式——企业内培训来说，也几乎毫无进展。没有工资协商制度，没有国家的雇佣保护和就业保护，雇主面临着“挖人”问题，投资技能风险较大，而技能人才就业没有保障，在劳动力市场竞争中与四年制本科毕业生相比处于劣势，从事技能学习的积极性也不高。因此，国家的社会保护——雇佣保护和就业保护——对于技能形成而言都是不可或缺的。

三　利益相关者的力量均衡是形成有效的利益协调机制的基础

在技能形成制度变迁中，利益相关者力量的均衡，是形成有效利益协调机制的基础；利益失衡，技能形成制度的发展也会失调。

力量均衡才有对话、互动可言，力量均衡才有博弈的可能性。在德国的技能形成制度变迁中，政府、雇主、工会、行会的力量几乎是均衡的，没有哪一家独大的局面，因此，可以形成雇主与工会的跨阶级联盟，可以形成多元的社会合作制度。在新加坡的技能形成制度变迁中，国家政府虽然具有主导力量，但也均衡了雇主和工会的力量，形成了劳资政三方的协作，这种三方协作使得新加坡的技能形成不是单纯为个人服务的，也不是单纯为企业服务的，而是为国家经济的整体发展服务的。

在美国的技能形成中，工会和行业协会的力量都很微弱，政府虽然通过各种措施促进技能形成与发展，但终究未能均衡各方力量，雇主独大的局面尚未改变。一味追求自身利益的雇主，不惜采取技能替代策略，减少对技能工人的依赖，而且，在技能替代战略中，实施了高管生产管理制度，技能工人和高管的工资待遇差距较大，形成了工人阶级的两极分化。

因此，利益相关者的力量均衡是形成有效的利益协调机制的基础。

四　技能形成的基本制度不可或缺

通过历史研究和比较研究，本书发现技能形成制度的基本制度构成包括责任分担的技能投资制度、完善与有效的技能供应制度、合理的技能资格认证制度、公平的技能使用制度、完善的社会合作制度，五者均是不可或缺的。

（一）责任分担的技能投资制度，技能形成的长久之道

技能投资制度要责任分担才能长久，本书发现，不同国家的技能投资制度不同，高技能形成的德国和新加坡均为责任分担的技能投资制度，而技能替代的美国和中国均为以政府为主体的投资制度，从德国、新加坡发展的经验和美国、中国技能形成在当前面临的种种挑战来看，技能形成的责任分担制度更具有长久性、资金来源更为稳定。

（二）完善与有效的技能供应制度，技能形成的基本要求

技能供应制度的完善是技能形成的基本要求。技能供应体系完善，是指不管是以企业为主的技能供应体系，还是以职业学校为主体的技能供应体系都应是完善的，上下贯通、普职融通，这样才能有利于技能人才的多元化选择。技能供应内容应与技能需求密切匹配，不管是哪种技能形成方式，都应该实现技能供应与技能需求的密切匹配，技能形成方能极大促进经济增长，尤其是高技能的经济增长。

（三）合理的技能资格认证制度，技能人才的特殊评价制度

技能评价制度应以技能资格认证制度为主，技能资格认证制度才是适合技能人才的评价制度，能保证技能人才在就业市场中的优势。不同的国家国情不同，在不具备实施职业资格认证制度的国家中，应实施能够发挥技能水平认证制度作用的其他制度安排，体现技能人才评价的特殊性。另外，技能资格认证制度与行业标准、要求相匹配才能满足企业的需求。

（四）技能使用制度公平，技能形成才有保障

技能使用制度公平，技能人才的出口才有保障。公平的技能使用制度应该具有国家的雇佣保护和就业保护，或者具有实现雇佣保护和就业保护的工资协商制度。没有公平的技能使用制度，技能人才的地位与待遇得不到保障，国家的技能形成就不可能获得稳定、长久的发展。

（五）社会合作制度完善，技能形成才能顺畅

社会合作制度是技能形成制度的必然要求，社会合作制度完善，技能形成才能顺畅发展。技能投资的稳定需要多元主体的社会合作，技能供应与技能需求的匹配需要多元主体的社会合作，技能资格认证需要社会合作，技能使用的公平性同样需要社会合作。德国和新加坡的成功已经证明了社会合作制度的必要性。因此，社会合作制度是技能形成制度的必然要求，社会合作制度完善，技能形成才能顺畅。

五　技能形成的基本制度需相互匹配

日本学者青木昌彦指出，“一个域的制度之间存在着互补性，制度的互补性存在意味着，富有活力的制度安排构成一种连贯的整体，任何单个制度在孤立情况下都不会被轻易改变或设计。而为了改变一项帕累托低劣的制度安排，需要同时改变互补性制度”①，这也被称为制度匹配。西方学者也认为，“一个国家政治经济制度或多或少地是一种综合体系，其中各种各样的制度安排（劳资关系制度、金融制度、职业教育和培训制度及企业治理制度等）通过种种途径密切地黏合在一起”。西方政治经济学者

---

① 〔日〕青木昌彦. 比较制度分析［M］. 周黎安译. 上海：上海远东出版社，2001：229.

“霍尔和金杰里奇通过分析不同发达国家的数据，已经令人信服地证明了制度体系之间的相互匹配的确是存在的。”①

因此，从历史上来看，对于一个领域中特定的制度安排，如果在相邻领域中存在一套与之兼容或匹配的制度安排，那么将会“提高制度的回报”。也就是说，在某一领域内，不同制度之间呈现一种相互匹配状态，具有整体性和协调性，只有相互一致和相互支持的制度安排才是富有生命力的。

制度匹配意味着教育制度变迁最终必须实现制度结构的整体变迁，只对个别具体制度而不对其关联的其他制度安排和相应的制度环境进行改革，新制度将因缺乏相应的互补性制度的配套改革而处于失衡状态。对于技能形成来说也是一样，技能形成的基本制度之间是相互匹配的，要形成有效的技能形成制度，实现技能形成对经济增长的贡献，就要使技能形成的基本制度相互匹配，只有相互匹配的技能形成基本制度才具有生命力。

一般而言，人们在进行技能形成的改革中，首先会涉及的是技能供应体系的变迁、技能投资的增加等，然而对于技能资格认证制度、技能使用制度、社会合作制度的改革涉及的要少一些，没有实现技能形成基本制度的相互匹配与整体变迁，只关注技能形成的某个制度而忽视了其他制度建设，更无视基本制度之间的匹配性，不可能切实解决我国技能短缺的根本问题。

因此，我国的技能形成制度建立，在不断完善技能投资制度、技能供应制度的同时，一定要与其匹配的基本制度——公平的技能使用制度、有效的技能资格认证制度、多元协同的社会合作制度一起进行建设与改革，以保障我国技能形成制度的有效性。匹配制度的建设不容忽视，更不容缺失。

六　技能形成方式与技能创新方式相互适应

通过比较可以清晰地发现，德国的技能形成制度与新加坡的技能形成

---

① 〔美〕凯瑟琳·西伦．制度是如何演化的：德国、英国、美国和日本的技能政治经济学［M］．王星译．上海：上海人民出版社，2010：252.

制度在技能供应主体方面存在巨大的差异。德国社会合作式技能形成制度是校企双元制的技能供应制度，新加坡国家主导式技能形成制度是以职业学校为主的技能供应制度。一个是内部技能形成方式，另一个是外部技能形成方式，这二者的显著差别是与其企业的生产方式相关的，也就是说德国双元制的内部技能形成方式是与其国家技能的积累性创新方式相适应的，新加坡的外部技能形成制度是与其国家技能的急进型创新方式相适应的。

霍尔和索斯凯斯将技能创新区分为两种类型：急进型创新和累积型创新。急进型创新主要是生产技术本质上的改变，包括由此带来的全新产品和全新的生产程序；累积型创新主要是对现有生产线和生产流程的技术进行持续、渐进的改进。比较而言，急进型创新模式更具有效率，可满足效率至上的风险资本投资要求，所以，它对灵活多变的科技产业很重要，如生物科技、软件行业，这些产业注重创新设计以及快速生产的技术；而累积型创新模式相对效率较低，见效较慢，比较适用于固定资本投资规模较大、注重持续竞争力的产业，比如机械加工类、工程或特殊交通设备等装备制造行业。相比较而言，德国有深厚的制造业基础，只有发挥其制造业基础，才能促进经济迅速发展，所以其选择了累积型创新方式。新加坡没有深厚的工业基础，但新兴科技较为发达，其采用急进型创新方式也是符合其经济发展需求的。而与两种创新方式相适宜的技能形成方式也是不同的，德国的内部技能形成方式更适合累积型创新方式，而新加坡的外部技能形成方式更适合于急进型创新方式。

对于急进型创新模式而言，时间领先对企业市场竞争优势的获取尤为重要，这需要以技能人才不断转换更新的自由劳动力市场作为支点，外部技能形成模式为这种模式提供了匹配的条件，外部技能形成方式通常注重一般性技能的生产，技术工人的普通教育程度较高，且技能的通适性强，故可以说外部技能形成方式为经济发展中急进型创新的实现提供了支持。而对于累积型创新模式而言，它需要一个高质量的产品生产线，且必须对生产过程的技术进行持续长期的改良，所以其必须要有稳定的内部技能形成方式作为支撑，才能为累积型创新模式提供必要的技能储备，推动经济发展方式的创新。

其实，从一定意义上来说，美国之所以选择技能替代路径，也是与其技术创新方式相适应的，美国在几乎整个20世纪，一直比较热衷于急进型的创新方式，采用福特式生产组织方式，这种创新方式与生产方式对技术技能积累要求并不高，对一线工人的技术水平要求也不高，而对科技研发的水平和创新要求较高。因此，美国选择了与之相适应的技能替代式技能形成模式，大力发展高等教育，注重新科技的研发。因此，一个国家的技能形成制度是与该国的技术创新方式相适应的。

七　高技能形成模式形成所需条件

从水平高低角度对技能进行分类研究的开拓者是英国学者芬戈尔德（Finegold，D.）和索斯凯斯（Soskice，D.），他们依据这种分类，最先提出英国经济发展处于一种“低技能均衡”的模式，而德国的经济发展处于一种“高技能均衡”的模式。之后，很多学者开始探讨“高技能均衡”形成的条件。1996年，艾什顿等人提出高技能形成体系的建立需要具备六个必要的制度条件：第一，执政者要共同致力于实现高水平技能形成的目标，以高技能形成为目标，创新生产；第二，教育部门应该使学生具备基本技能，这些基本技能包括语言、科学、数学、信息技术等；第三，雇主必须为高技能形成而努力；第四，必须具有遏制短期培训主义意识的约束机制，以及严格的问责机制；第五，技能人才，包括学徒和学生，也要为实现高技能而努力；第六，必须有基本制度的保障，使企业内培训成为学校教育的补充。①

2001年，菲利普·布朗也总结了实现高技能形成所需要的因素。第一，政府、雇主与工会共同致力于技能形成，在形成高技能还是低技能、如何形成技能、如何应对技能升级、采取何种方式升级技能等问题上达成一致意见；第二，经济发展要具备一定的基础，产业、企业要具有创新的能力、变革的潜力，努力提高国家在世界经济竞争中的市场份额，

① Ashton, D. N., Green, F. *Education, Training and the Global Economy* [M]. London: Edward Elgar Publishing Limited, 1996: 100 - 105.

提高竞争力；第三，高技能形成要具有普惠性，要使大部分人都能够从技能形成、技能升级以及终身学习中受益；第四，实现技能供应与需求的匹配；第五，国家的各个经济部门均需采用高技能发展战略，使高技能在国家的行业企业中广泛存在、传播、流动；第六，技能形成的各行动主体之间要进行合作，在社会制度结构中建立信任关系；第七，推行全纳性技能形成政策，增加社会弱势群体在教育、培训、劳动力市场上的参与机会。①

2005 年，英国教育顾问鲍威尔也提出了高技能形成的机制。第一，营造并发展工人终身学习的工作环境；第二，利益相关者齐心协力，共同促进高技能形成，且积极参与技能形成的各种规划和实践；第三，高度重视劳动力市场信息的准确性。②

本书在一定程度上验证了上述专家对于高技能形成需要条件的观点。第一，利益相关者——政府、雇主、工会、行会之间就促进劳动者技能升级方面达成一致意见；第二，必须具有遏制短期培训主义意识的约束机制，以及严格的问责机制；第三，实现技能供应与需求的匹配；第四，社会组织之间要形成合作，建立可信任关系。此外，本书也发现了新的高技能形成所需要的条件。第一，除了利益相关者要共同致力于高技能形成之外，国家要均衡各利益相关者力量，提供技能形成的、强制性的法律制度保障；第二，对于技能的投资要责任分担，只有责任分担才能使技能形成具有长久性；第三，技能资格认证对于技能形成的重要性不容忽视，高技能形成需要完备、科学的技能资格认证制度；第四，技能使用制度是技能形成的出口，没有合理、公平的技能使用制度，高技能形成无从谈起，因此，应重视和发展工资协商制度、技能工资制度和技能工人科学合理的技能晋升制度；第五，各种制度之间要相互匹配。

综合而言，本书认为高技能社会形成需要的条件包括以上九个因素。

---

① Brown，P. Globalisation and the Political Economy of High Skills［J］. *Journal of Education and Work*，1999，12（3）：233－251. 转引自许竞．英国教育领域关于劳动者技能形成研究现状综述［J］. 比较教育研究，2007（12）：85－89.

② Powell，M. *Skill Formation and Globalization*［M］. England：Ashgate Publishing，2005：1－3.

第二节　建议

当前，我国的技术技能人才受到国家的高度重视，曾多次出现在国家的政策文件中；在实践中，我国人力资源管理与开发界、职业教育界更是进行了积极、丰富的探索。但总体而言，目前我国的技能形成还是困难重重，就其制度建设而言，还存在如本书第五章所述的诸多问题，技能形成制度建设尚处于初级阶段。在今后的制度建设中，本书建议，应有效发挥国家的职业教育与培训职责、协调发展国家的社会保护与市场经济、建立技能形成的基本制度、促进技能形成制度间的匹配、分类发展技能形成模式。

一　有效发挥国家职业教育与培训的职责

国家保护是技能形成的保障，有效发挥国家的职业教育与培训职责，并不是说国家要事无巨细地参与、主导职业教育与培训的发展，而是说在技能形成中，国家应该协调与平衡各方力量，形成以法律为基础的技能形成强制力，加强就业保护和雇佣保护，正确处理政府与市场的关系。

（一）协调与平衡各方力量

技能形成是社会建构的，不同的制度环境形塑了不同的技能形成制度，德国的社会环境形塑了技能形成的社会合作模式，新加坡的国家主导力量产生了技能形成的国家主导模式，美国的联邦社会发展出技能形成的技能替代模式，我国在社会主义改造时期形成了“单位制”的技能形成制度。因此，何种技能形成模式与国家的社会环境息息相关，而国家的社会环境是由国家的各个利益相关者相互博弈形成的。因此，国家应该完善制度环境，协调平衡各利益相关者的力量，从而形成一种合力，努力营造和谐的社会环境，形成技能形成制度与社会环境相互依存或相互影响的综合体。

国家技能形成是一个需要多元行动主体共同合作的活动，具体而言，需要政府、雇主、工会、学徒、行会等多元合作者的协商与合作。然而，如同前文中阐释的技能替代的美国，雇主一方的力量独大，行业协会、工会等的力量比较薄弱，合作与协商无从谈起。国家政府的职责就是要协调与平衡各方力量，使得政府、雇主、工会、行会之间的力量基本达到均衡，具有利益博弈与平衡的基础。在协调与平衡各方力量的基础上，科学分配各方职责与权力，使各方权责明确、分工合理，以促成技能形成的顺畅发展。

（二）形成以法律为基础的技能形成强制力

立法的强制性支持是技能形成的保障，而我国当前的职业教育法律只有《职业教育法》一部，这仅有的一部《职业教育法》的强制力很弱，大部分都为“应然”的规定，例如，“政府主管部门、行业组织应当举办或者联合举办职业学校、职业培训机构”“企业应当根据本单位的实际，有计划地对本单位的职工和准备录用的人员实施职业教育”“职业学校、职业培训机构实施职业教育应当实行产教结合，为本地区经济建设服务，与企业密切联系，培养实用人才和熟练劳动者”。[①] 这些“应然”的规定对企业、学校、行业没有强制力，对不履责也没有相应的惩处措施，严重降低了《职业教育法》的应有效力。

《职业教育法》应随着职业教育内部和外部条件的显著变化而做出相应的修订，增强职业教育法的法律约束力。以《职业教育法》为基础，进一步出台《职业教育产教合作条例》以及相应的实施细则，形成国家主导的、以法律为基础的技能形成强制力。

（三）加强就业保护和雇佣保护

对国家的社会保护，经济学界有着激烈的争论，新自由主义者认为，社会保护的政策安排不但会增加财政负担，而且更严重的是会伤害劳动者利益，鼓励福利依赖，产生“反市场的政治”；而社会政策倡导者则认为，社会保护行为不但不会妨碍市场机制，而且还能够稳定生产秩序，进而促进经济健康和可持续的增长。

前文已经阐释国家的社会保护对技能形成的巨大作用，国家的社会保

---

① 中华人民共和国职业教育法［EB/OL］. http://www.moe.edu.cn/publicfiles/business/htmlfiles/moe/moe_619/200407/1312.html. 2015 - 2 - 1.

护（雇佣保护和就业保护），不仅没有妨碍市场机制，反而成为与技能形成制度相互匹配的制度环境。

从技能人才的就业保障来说，德国的工资协商制度保障了技能人才的工资待遇，使其处于一种公平的劳动力市场竞争中，不同水平的技术技能对应不同等级的工资，工资只因技术技能水平而有显著差异，而不会受学历水平等的严重影响，使技能人才有较好的就业前景，也愿意花长时间从事技能学习。在新加坡，工资协商制度并不像德国一样在行业层面达成，而是在国家层面，在国家的保障下形成，新加坡的技能人才的工资并不高，但国家提供了大量的住房、保险等社会福利，从一定意义上来说起到了工资协商的作用，保护了技能人才的利益。

因此，我国应协调社会保护和经济发展的关系，在技能形成中加强雇佣保护和就业保护，以建立技能形成的匹配制度，保障技能的形成与发展。

（四）正确处理政府与市场的关系

处理政府与市场的关系，是全世界政府共同面对的问题，它不仅仅体现在经济领域，同样体现在公共部门的投入上。教育领域作为支持社会发展的公共部门，职业教育和培训当中政府和市场之间关系的处理显得尤为重要。通过对德国、新加坡、美国等不同国家技能形成制度之间的差异分析可以发现，不同的政府管理力度和市场自由程度决定了职业教育体系的发展走向。艾什顿等人认为，分析不同国家职业教育和培训体系的关键是厘清政府、教育与培训系统、资本以及劳动力之间的关系。[①] 这四个方面分别代表社会中的四个利益集团，它们在各个国家特定的背景下，在维护和争夺各自利益过程中相互影响，其冲突和合作的结果是形成一种特定的制度环境，而技能则在这种环境中传递、形成。

在政府与市场的关系中，政府的协调作用可能因各国国情不同而有大有小，但以市场协调为主、以国家有限责任为辅，几乎已经成为各国经济发展的原则，也就是说，国家或政府在技能形成中发挥着重要的有限作用，但这种作用不是事无巨细、统包统管，而是承担有限责任。政府对教

① Ashtond, D., Sung, J. *Adopting the Market for Skill Formation: Two Contrasting Approaches* [M]. Leicester: Centre for Labour Market Studies, University of Leicester, Leicester, 2000: 92.

育和培训市场的控制与主导在于，通过高度地规范市场秩序和企业行为达到企业扩大投入培养高技能人才的目的，在技能形成中协调各方力量、提供强力的法律保障、提供雇佣保护和就业保护等。市场在应对技术革命以及制度变迁方面有政府无法替代的作用，市场制度的形成是各方斗争的结果，这种制度具有自我增强的特征，在技能形成中应充分发挥市场的作用。因此，在技能形成中应正确处理政府与市场的关系。

二 制度环境：技能形成与发展的根基

技能形成的社会建构性更加说明其跨界性，技能形成的顺畅发展与国家的生产组织方式、国家对技能的态度、国家的技能创新方式、技能资格认证制度、就业制度、技能人才发展制度、技能工人的社会地位、社会合作者的社会合作程度等均有密切的联系。

（一）技能形成模式与企业生产方式的匹配

当前，我国很多企业的生产方式还是一种高度依赖廉价、低技能劳动力的方式，劳动密集型企业还比较多。有些劳动力密集型企业已经不能适应市场经济的发展需求，在市场竞争中濒临破产，这样的企业为了生存更加压榨工人的工资而无力进行技术创新。对这种企业，国家政府应在其技术创新中给予支持，杜绝其采取降低工人工资的方式来降低成本，维持生存。对即使给予技术支持也不能进行自我技能更新、提高生产附加值的企业，应迫使其破产，将更多的精力用于支持高附加值的企业发展。

在产业发展的初级阶段，企业对技术工人的技能要求并不高，而对技能工人的数量要求很高。以我国的制鞋工业为例，我国的安踏公司在开始发展时需要大量的低技术含量的一线技术工人，大部分为手工业工人，而我国丰富的劳动力资源满足了其要求，大量无技能的劳动力通过短期培训之后能够胜任工作，成就了安踏公司的规模。后来，由于技术的变迁和生产工具的更新，批量生产的方式逐渐取代手工业作业，企业通过对员工进行机械操作培训，使得大量一线技术工人转变为机械操作工。但是，在现阶段，制鞋产业面临转型升级，信息技术广泛应用于制鞋产业，计算机工作终将取代机械操作。在每个转型升级的关键阶段安踏都走在了产业升级发展的前端，取得了较好的市场效益。但是我国该产业中尚存在大量的中低级生产技术及生产方式，为了国家经济持续、长效发展，需要国家鼓励和引导这些企业升级生产技术、转变生产方式。

就职业教育来说，应注重技能培训内容的更新和技能人才基本素质的提高，使技能形成与企业的生产方式相匹配，培养具有较高文化素养、较好信息素质的劳动力，以促进企业的转型升级与发展。

（二）多元合作者共同达成长期发展战略

技能形成的发展涉及政府、企业、工会、行会、学生等多个主体，高技能形成的模式德国和新加坡的经验告诉我们，只有多元合作者共同达成长期的发展战略，共同避免短期行为，才能获得良好发展，技能形成才能成为经济增长的核心因素。

政府应引导企业实施长期的发展战略，避免企业采取短期营利主义、机会主义行为。充分发挥市场的作用，引导企业按照市场需求转变生产方式、更新升级生产技术，实施高技能、高工资战略。

企业应从长远考虑，建立和谐的劳资关系，采取柔和的手段处理劳资冲突，积极主动地采取长期发展战略，承担国家技术技能积累的责任，承担企业的职业教育责任。企业之间建立良好的合作、竞争关系，建立企业群体利益代言组织，完善行业协会的建构、发展行业协会力量，一方面为企业群体利益代言，另一方面约束企业行为。

工会应发挥在技能形成体系中的应有作用，超越工人个人利益，建立群体自觉，加强工会与雇主博弈的力量，使工人与企业之间的关系由不对等变为对等，使松散的工人力量变为积极有序的参与力量。

学生也应积极参与培训，承担培训所需花费的时间成本和机会成本，努力提高自身素质和技能水平。学生还应广泛了解与劳动和职场相关的各项法规、制度，并依靠各方相关主体，为自己争取正当权益。成为学生利益的代言者。

只有政府、企业、行业协会、工会、学生等均实施一种长期的发展战略，技能形成的发展才能顺畅，技能形成才能达成。

（三）保障公平的社会政治经济环境

社会政治经济制度的公平性，是一切国家发展壮大的基础，没有公平的社会政治经济发展环境，一国的国际竞争力不可能维持或提高。德国和新加坡的成功经验告诉我们，只有社会是公平的，具有公平的制度环境，技能人才和学术人才的地位、待遇才会公平，普通教育和职业教育的地位才能同等。

公平的社会政治经济环境是教育公平的前提。为真正实现普通教育和职业教育的公平、职业人才和学术人才的公平，我们要从公平的劳动力使用制度着手，使职业人才和学术人才在劳动力市场中具有同等的地位、享受同等的待遇。目前，我国技能人才在劳动力市场中的地位和待遇均比较低，这种不公平不可能实现普通教育和职业教育的平等，对我国技术技能积累、技能形成与发展极为不利。国家应改善社会政治经济环境，尤其是劳动力使用制度环境，促使教育公平实现。

三　建立技能形成的基本制度

高技能形成所需要的基本制度包括责任分担的技能投资制度、完善的技能供应制度、合理的技能资格认证制度、公平的技能使用制度、有效的社会合作制度。通过前文阐释，可以发现我国的技能形成制度中尚存在技能投资主体单一、技能供应体系不完善、技能供应内容与产业发展需求不尽吻合、职业资格证书与学历证书互不衔接、技能使用制度两极分化、社会合作制度缺失等问题，因此国家应致力于构建责任分担的技能投资制度、建立有效的技能供应制度、构建新型的职业资格证书制度、建立公平的技能使用制度、建立和完善社会合作制度。

（一）构建责任分担的技能投资制度

责任分担的技能投资制度是技能形成的基础制度。技能形成是耗时耗力的一项系统工程，其需要大量的资金支持，而目前我国学校和企业开展职业教育与企业培训的经费不足、投资主体与渠道单一已成为制约技能形成顺利发展的瓶颈之一，国家应建立以政府和企业的投资为主，学校、企业、政府、社会、学生多元投资和责任分担的投资制度。

1. 政府应加大职业教育与培训投入

政府应加大对职业教育的投入，提高财政预算内教育经费用于职业教育的比例，逐年按比例提高职业教育生均公用经费水平，从专业、规模、资源的需求以及人才培养的数量等方面综合考虑，明确经费的用途，加强导向性，逐步优化产教之间的资源结构。①

2. 鼓励企业履行投资责任

企业是职业教育与培训所培养人才的最终使用者和主要受益者之一，企业具有投资职业教育与培训义不容辞的责任。我国完善技能形成投资制度，应鼓励和约束企业履行职业教育的投资责任。我国可以参考德国的经验，在企业缴纳的税收中单列一部分作为职业教育基金，由政府统一分配和发放。对实施职业教育与培训的企事业单位进行资格认证，并进行质量监控，只有获得职业教育资格的企业才可以获得政府补助，否则不能获得政府补助。有关部门和企业认真贯彻国务院《关于大力推进职业教育改革与发展的决定》中关于“一般企业按照职工工资总额的1.5%足额提取教育培训经费，从业人员技术要求高、培训任务重、经济效益较好的企业，可按2.5%提取，列入成本开支”② 的规定；国家还可以建立用以鼓励和补助企业培训的中央基金。成熟的行业可试行行业基金。③

（二）建立有效的技能供应制度

技能供应制度是技能形成制度的核心制度。学校和企业是技能形成的双主体，任何一个主体的缺失都不能发挥技能形成的实际效果，针对我国职业教育与培训中企业这一责任主体的缺失状况，提高并明确企业的职业教育育人主体责任，建立职业教育与产业协调发展机制，密切技能供应与技能需求的关系。

1. 明确企业的育人主体责任

企业转型升级的起点是人才素质的转型升级，因此，企业应明确自身

---

① 李玉珠，韩春梅．职业教育校企合作的互补性制度［J］．教育与职业，2014（17）：12－15.

② 国务院．关于大力推进职业教育改革与发展的决定［EB/OL］．http://www.gov.cn/gongbao/content/2002/content_61755.htm［2014－12－2］.

③ 李玉珠，韩春梅．职业教育校企合作的互补性制度［J］．教育与职业，2014（17）：12－15.

的职业教育育人主体地位，从技能人才的工资制定和地位上，重视企业技能人才的培养和发展，主动承担职业教育的育人主体责任，提高经济竞争力。政府和学校也应明确企业的职业教育育人主体地位，不能仅仅将企业视为职业教育与培训的参与者，而应让企业承担育人主体的责任和义务，并赋予育人主体应享的权力。①

2. 建立职业教育与产业协调发展机制

技能供应内容与技能需求的匹配度直接影响一国的技能形成及其对经济增长的贡献力。建议建立职业教育与产业协调发展机制，密切技能供应与技能需求的联系。

建立职业教育与产业发展协调机制，就应使职业教育结构与经济结构和发展水平相适应，职业教育的办学水平、规模、层次与不同的经济发展阶段、产业结构、速度等相适应。

职业教育与经济发展阶段相适应，主要体现在职业教育结构与经济结构和发展水平相适应上，二者的相互适应通过以下途径来实现。一是职业教育专业设置要与不同阶段的区域产业结构调整相适应，符合区域产业发展需要，做到专业与产业对接，专业方向“适销对路”。二是职业教育层次要与经济发展不同阶段对人才需求的技术结构相适应。不同的产业结构、不同的区域对人才要求的结构是有差异的。在我国既有上海、广东等经济高速发展的地区，以现代服务业为主的产业结构，在人才需求上表现为对本科及以上层次人才的需求；也有甘肃和宁夏等经济低速发展的地区，以工业化初期加速发展和第一产业加工业为主的产业结构，在人才需求上表现为对初等职业教育、中等职业教育层次的人才需求。三是职业教育规模要与经济建设中劳动力的需求结构相适应。四是职业院校专业布局要与区域经济发展规划相适应。

（三）构建新型的职业资格证书制度

1. 建立职业资格证书分类管理制度

我国的职业技能鉴定和职业资格证书制度，是 20 世纪 90 年代中期，

---

① 李玉珠，韩春梅．职业教育校企合作的互补性制度［J］．教育与职业，2014（17）：12－15.

为适应我国经济体制从计划经济体制向社会主义市场经济体制的转变而建立起来的。到目前一直没有改变证出多门、管理混乱、种类繁多等弊病，建立新型职业资格证书制度，就应对职业资格证书实施分类管理。

本书建议分为三类：第一类为涉及高危工作内容、风险较大的特殊工种，这类工种的技能考核涉及社会的安全问题，由国家相关部门组织领导职业资格证书的考核并负责管理，属于强制性职业的资格考核；第二类为对技术水平有一定的要求且技术需要长期积累的工种，由国家将职业资格考核和管理的权限下放给由行业协会（或学会）、企业、职业学校三方共同组成的第三方机构来组织领导，这类考核属于非强制性职业的资格考核；第三类为对技术水平要求不高，技能可凭短暂培训获得，并不需要长期学习的工种，由国家下放权力给企业或职业学校来组织领导或者同样由第三方组织机构实施，这类也属于非强制性的职业资格考核。职业技能鉴定和职业资格证书考核的分类管理，有利于职业资格证书的管理和实施，减轻了政府职责负担，也有利于职业资格证书根据行业企业的需求、技术的发展而更新，使职业资格证书真正获得从业人员的认可。[①]

2. 建立第三方职业资格证书考核制度

“新的职业资格证书制度实施分类管理之后，有一大部分技术工种需要由第三方机构来组织实施，并负责管理和更新，因此应该建立第三方职业资格证书考核制度。第三方机构由行业人员、企业人员、职业学校人员共同构成，负责创新行业职业资格标准，提升行业人才标准，更新职业资格证书的考试内容。”[②] 在第三方机构中，行业发挥职业教育指导作用，组织实施职业资格考试和认证，牵头制定本行业职业标准、人才标准、课程标准、培训计划、考试标准和规则等。

“第三方职业资格证书考核制度，意在保证证书的公平性、有效性。第三方机构成员中虽然有证书的供给方和需求方，但他们不是主要成员，

① 李玉珠．教育现代化视野下的现代学徒制研究［J］．职教论坛，2014（16）：14－18，30.

② 李玉珠．教育现代化视野下的现代学徒制研究［J］．职教论坛，2014（16）：14－18，30.

主要成员是处于中立地位的行业协会、学会、商业等行业组织，第三方职业资格考核制度保证了证书的公平性。第三方机构中企业和行业人员深知市场对证书的需求，可以保障证书的有效性，及时更新证书考核内容，并根据需要丰富证书考核形式。”①

3. 以职业分析为基础，建立职业资格证书和与学历证书互认制度

职业资格证书和学历证书的分离，使得职业学校的学生在获得学历证书的同时，还要花费大量精力和财力去考取职业资格证书，给职业学校的学生就业带来极大的不便，职业学校应建立职业资格证书和学历证书互认制度。双证融通的方式有三种：“直接对等互换式——在某种层级上建立对等关系，相互承认、对等互换；拼接式——学历教育加上职业资格培训，通过考试，获得职业资格；融合式——同一课程中融合两种标准要求和内容，学生完成相应的课程即获得两类证书。”②

融合式无疑是最好的。融合式互认方式的形成，需要职业资格证书和学历证书的考核都以职业分析为基础。一方面，需要职业教育专业设置建立在对职业分类和职业分析的基础上，课程开发建立在职业分析的基础上，职业学校课程内容围绕该职业或职业群中所需要的最基本的能力而设置；另一方面，需要职业资格证书建立在职业分析的基础上，建立在国家统一的职业能力标准的基础上，更新和完善现有的职业资格证书体系。“目前很多英语国家（尤其美国）在职业资格的制定、修订以及职业资格考试编制过程中非常重视职业分析的作用，将其作为第一步工作来开展。俄亥俄州立大学教育和就业培训中心（Center on Education and Training for Employment）运用 DACUM 分析法进行职业/工作分析，为俄亥俄州教育局数个职业资格的建立做出了大量贡献。”③ 只有二者的考核都建立在职业分析的基础上，才能实现二者稳固、长期、有效的衔接，才能实现职业资格

① 李玉珠．教育现代化视野下的现代学徒制研究［J］．职教论坛，2014（16）：14－18，30.

② 吴亚萍．关于学历证书和职业资格证书融通的再思考［J］．教育与职业，2009（33）：35－37.

③ 高山艳．多学科视角下职业资格证书制度研究述评［J］．职教论坛，2013（16）：13－18.

证书和学历证书的内部根本性的融合互认。

（四）建立公平的技能使用制度

公平的技能使用制度是技能形成不可或缺的制度，没有良好的技能使用环境与保障技能人才发展的制度，高技能形成不可能实现。

1. 建立工资协商制度

本书发现工资协商制度不仅可以为雇主提供雇佣保护，还能为学徒和技能工人提供就业保护。就企业的雇佣保护来说，工资协商制度意味着同行业之间某种水平的技能工人的工资相差无几，使企业不能通过高工资挖走其他企业辛苦培养的技能人才，工资协商制度还规定，学徒必须为企业服务一定的年限，并且经过技能资格认证方可离开，提前离开便得不到技能资格证书，使自身在就业市场中处于不利地位。这不仅保障了企业投资培训的收益，而且保障了技能形成的质量。从技能人才的就业保障来说，工资协商制度保障了技能人才的工资待遇，使其处于一种公平的劳动力市场竞争中，使技能人才有较好的就业前景。因此，国家应建立和广泛发展工资协商制度。

2. 建立技能人才成长制度

在职前培养阶段技能人才成长需要普职融通制度。

联合国教育、科学及文化组织 2011 年版的《国际教育标准分类法》将教育分成了 9 个等级、2 种类型，其中 0～5 级分成了普通教育和职业教育，6～9 级分成了学术教育和专业教育，分别对应前面的普通教育和职业教育，而且各级各类教育之间以课程为基础，是互通的。我国可以借鉴联合国教育、科学及文化组织对教育的分类，制定以课程为基础的、普职融通的教育制度，保障职业教育的学生和普通教育的学生能够依据自身兴趣和条件在二者之间自由转换，自由发展，使职业教育的学生选择的职业教育不再是“断头教育”，保障学生的发展权益。[①]

3. 制定技能人才的职称晋升制度

尽管近几年，由于“技工荒”，高技能人才的工资有所提高，但技术

---

① 李玉珠，韩春梅. 职业教育校企合作的互补性制度［J］. 教育与职业，2014（17）：12－15.

工人的整体发展环境、工资待遇、社会地位等仍然不乐观。提高职业教育的吸引力，保障职业教育产教合作的长久发展，需要制定技能人才的职称晋升制度，实现技能人才的职称晋升与其他类型人才的职称晋升基本对等。例如，让最高职称的技能人才的社会地位、待遇与教授、工程师、研究员等职称的社会地位、工资、待遇、福利等基本对等，从实质上提高技能人才的社会地位，保障技能人才合理发展。①

（五）建立和完善社会合作制度

社会合作制度是技能形成基本制度之一，在我国，政府、企业、工会、行业四者的力量并不均衡，建议培养和发展多元的社会合作力量，形成多元协商的社会合作制度。

在多元协商的社会合作制度中，政府、企业、工会和行业协会形成一个“三棱锥体”，四者是“三棱锥体”的四个顶点，如图 7－1 所示。只有四者责任共担、协同合作才能形成一个稳定的“三棱锥”，其中行业协会、企业、工会作用发挥的大小，决定协同合作关系的“三棱锥”底盘的大小，而政府的立法、决策以及生产制度等决定“三棱锥”的高度及发展方向。“三棱锥”的稳定、和谐四部分职责缺一不可。

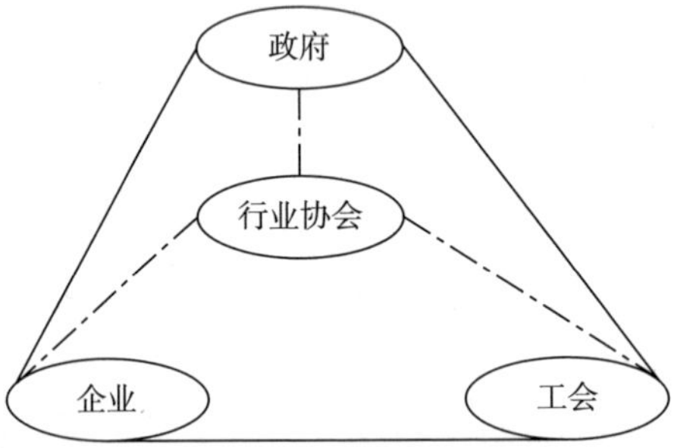

图 7－1　多元协商的社会合作制度

四　促进技能形成基本制度间的匹配

制度匹配意味着制度变迁最终必须实现制度结构的整体变迁，只对个

---

① 李玉珠，韩春梅．职业教育校企合作的互补性制度［J］．教育与职业，2014（17）：12－15.

别具体制度进行改革而不对其关联的其他制度安排和相应的制度环境进行改革，新制度将因缺乏相应的互补性制度的配套改革而处于失衡状态。在我国，不仅要改变和完善技能供应体系、增加技能投资，还要改革技能资格认证制度、技能使用制度、社会合作制度，使技能形成的基本制度构成能够相互协调、相互匹配、同步发展。

我国多年来的职业教育改革，由于没有意识到匹配制度的建设和改革问题，诸多改革成效不显著，因此，国家应在建立技能形成产教合作基本制度的过程中，充分重视并提高基本制度之间的匹配性与协调性，尤其应重视技能资格认证制度、技能使用制度的改革，实现技能形成产教合作制度的整体发展与完善。

五　技能形成模式的分类发展

一国的技能形成是与它的技术创新方式相互适应的。因此，技能形成模式也要依据不同的企业生产方式和创新方式而分类发展。

我国的经济发展情况比较复杂，既有适合累积型创新方式的产业，如机械加工类、工程或特殊交通设备等装备制造业，又有适合急进型创新方式的产业，如生物科技、软件行业。不同的技术创新方式要有不同的职业技能形成模式相匹配，因此，建议分类发展技能形成模式，并依据不同类型技能形成模式的现状及需求制定各自不同的发展政策（见表7-1）。

表7-1　技能形成模式分类

技术创新方式	技能形成方式	产教合作方式
累积型技术创新方式	内部技能形成	学徒制
急进型技术创新方式	外部技能形成	学校职业教育

采用急进型技术创新方式的企业实施外部技能形成方式，技能形成以学校职业教育为主，以企业培训为辅。采用急进型技术创新方式的产业，其劳动分工较明显，技术更新较快，对一线工人个体技能水平要求不高，这种产业的技能形成发展需要严格的规范制度，对学校尤其是企业行为进行规范，要求企业对学生实行轮岗轮训，避免学生在单一技能上成为廉价

劳动力。

采用累积型技术创新方式的企业实施内部技能形成方式，以双元的学徒制为主。采用累积型技术创新的产业，其劳动分工相对不明显、技术更新是在先前技术基础上的更新，更新相对要慢，对一线工人个体技能要求较高，这类产业在生产中具有独特的生产技艺，对技能的依赖程度较强，需要具有专业知识、专门技术操作能力的工人，这种人才需求在劳动力人才市场上不能得到很好的满足，需要企业和职业学校共同培养，实施学徒制。这种技能形成需要政府各方面的政策保障机制和相应的规范制度。

综合而言，不同的技能创新方式需要不同的技能形成制度，因此，我国应分类发展技能形成模式，制定有针对性的政策、制度，以切实保证技能形成的发展，培养经济发展所需要的各类人才。

总之，本书通过对德国社会合作模式、新加坡国家主导模式、美国技能替代模式和中国技能形成制度演化与变迁的回溯，对制度变迁中利益相关者的利益冲突与平衡的分析，对技能形成制度构成的探究，发现以下几点。第一，技能形成是社会建构的，我国构建技能形成制度，需要相关劳资关系制度、工资协商制度、用工制度等社会制度的变革，才能改变技能人才培养与使用的制度环境，改革才能有效。第二，国家保护是技能形成的保障，因此，我国技能形成的发展需要国家有效发挥其职业教育与培训职责，协调与平衡各方力量，形成以法律为基础的技能形成强制力，加强国家的就业保护和雇佣保护，使经济发展与社会保护协调发展。第三，制度环境是技能形成发展的根基，应该使技能形成模式与企业生产方式匹配，使多元合作者共同达成长期发展战略，保障公平的社会政治经济环境。第四，责任分担的技能投资制度、完善与有效的技能供应制度、合理的技能资格认证制度、公平的技能使用制度、完善的社会合作制度是技能形成的基本制度，五者是相互协调、相互匹配的，进行技能形成制度的构建与改革，以上五者缺一不可。尤其不能忽视对技能资格认证制度、公平的技能使用制度、完善的社会合作制度的改革，没有这些配套制度的改革，我国技能形成不可能取得良好实效。第五，技能形成方式与技能创新方式是相互适应的，我国的经济发展情况复杂，采用急进型技术创新方式的行业企业与采用累积型技术创新方式的行业企业并存，因此，应该依据行业产业的不同，分类发展技能形成模式，制定分类发展政策。

第三节　未尽之处

为本书，笔者竭尽个人最大努力，在研究过程中收获颇丰，但是由于个人原因，本书仍存在一些不足和未尽之处。

第一，本书在对技能形成的利益相关者进行分析时，集中关注了利益相关者在不同国家、不同历史时期的不同行动选择，及这种行动选择带来的利益冲突，而对于各利益相关者在技能形成中的具体职责问题，虽然有涉及，但不够深入，在后续研究中需加强。

第二，本人依据前人的研究成果，设计了技能形成制度构成的基本框架，但这一基本框架并不能涵盖所有的技能形成制度，除技能形成的基本制度之外，还存在哪些影响技能形成与发展的制度，尚待研究。

第三，制度包括正式制度和非正式制度。本书只关注了正式制的发展与建设，而对非正式制度还有待进一步加强研究。例如，德国的学徒文化、工匠文化对德国技能形成的发展具有巨大的促进作用，本书曾进行了深入研究，但进行到新加坡、美国等国家技能形成的非正式制度时，由于时间、精力和知识储备有限，而不得不放弃，在今后的研究中，需进一步补充和完善。

参考文献

外文文献

图书

1. Acemoglu, D., Robinson, J. *Why Nations Fail: The Origins of Power, Prosperity, and Poverty* [M]. New York: Crown Publishers, 2012.

2. Ashton, D. N., Green, F., James, D., et al. *Education and Training for Development in East Asia: The Political Economy of Skill Formation in Newly Industrialised Economies* [M]. Routledge, 2005.

3. Ashton, D. N., Green, F. *Education, Training and the Global Economy* [M]. London: Edward Elgar Publishing Limited, 1996.

4. Ashton, D. N., Sung, J., Halsey, A. H., et al. *Education, Culture, Economy and Society* [M]. Oxford: Oxford University Press, 1997.

5. Ashton, D. N., Sung, J. *Adopting the Market for Skill Formation: Two Contrasting Approaches* [M]. Leicester: Centre for Labour Market Studies, University of Leicester, Leicester, 2000.

6. Ashton, D. N., Sung, J. *The State, Economic Development and Skill Formation: a New East Asian Model?* [M]. Centre for Labour Market Studies, University of Leicester, 1994.

7. Becker, Gary, S. *Human Capital: A Theorical and Empirical Analysis with Special Reference to Education* [M]. New York: Columbia University Press, 1966.

8. Berger, K., Walden, G. Developmental Lines of Public Funding for In –

company Training in Germany [A]. Burke, G. & Reuling, J. *Vocational Training and Lifelong Learning in Australia and Germany* [M]. Australia Centre Series, 2002.

9. Bobosky, M. A. *Essential Criteria of Business/education Partnerships Perceived to Be Mutually Beneficial by Each Party in Large Unit Districts in the State of Illinois* [M]. Northern Illinois University. 1998.

10. Booth, A. L., Snower, D. J. *Acquiring Skills: Market Failures, their Symptoms and Policy Responses* [M]. Cambridge: Cambridge University Press, 1996.

11. Braverman, H. *Labor and Monopoly Capital: The Degradation of Work in the Twentieth Century* [M]. NYU Press, 1998.

12. Brint, S., Karabel, J. *The Diverted Dream: Community Colleges and the Promise of Educational Opportunity in America, 1900 – 1985* [M]. Oxford University Press, Inc., 200 Madison Ave., New York, NY 10016, 1989.

13. Brockmann, M., Clarke, L., Winch, C. *Knowledge, Skills and Competence in the European Labour Market: What's in a Vocational Qualification?* [M]. Routledge, 2011.

14. Brown, P., Green, A., Lauder, H. *High Skills: Globalization, Competitiveness, and Skill Formation: Globalization, Competitiveness, and Skill Formation* [M]. Oxford University Press, 2001.

15. Brown, P. Globalisation and the Political Economy of High Skills [J]. *Journal of Education and Work*, 1999.

16. Busemeyerm, R., Trampusch, C. *The Political Economy of Collective Skill Formation* [M]. New York: Oxford University Press, 2012.

17. Chiang, M. *From Economic Debacle to Economic Miracle: The History and Development of Technical Education in Singapore* [M]. Times Editions, 1998.

18. Chong, T. Vocational Education in Singapore: Meritocracy and Hidden Narratives [A]. *Discourse: Studies in the Cultural Politics of Education* [M]. London: Routledge, 2014.

19. Cohen, A. M., Brawer, F. B. *The American Community College* [M]. San

Francisco: Jossey – Bass Publishers, 1996.

20. Crouch, C., Finegold, D., Sako, M. *Are Skills the Answer?: The Political Economy of Skill Creation in Advanced Industrial Countries: The Political Economy of Skill Creation in Advanced Industrial Countries* [M]. Oxford University Press, 1999.

21. Culpepper, P. D., Thelen, K. *Institutions and Collective Actors in the Provision of Training: Historical and Cross – national Comparisons* [A]. Solga, H. *Skill formation: Interdisciplinary and cross – national perspectives* [M]. New York: Cambridge University Press, 2008.

22. Dehen, P. *Die Deutschen Industrie Werkschulen in Wohlfahrts –, Wirtschafts – und Bildungsgeschichtlicher Beleuchtung* [M]. A. Huber, 1928.

23. Deissinger, T. *Cultural Patterns underlying Apprenticeship: Germany and the UK* [A]. Lang, P. *Diveregence and Convergence in Education and Work* [M]. Bern, Switzerland: 2008.

24. Dieter Timmermann. National Systems of Financing TVET [A]. Felix Rauner, Rupert Maclean. *Handbook of Technical and Vocational Education and Training Research* [M]. Dordrecht: Springer, 2008.

25. Dobbs, R., Madgavkar, A, Barton, D, et al. *The World at Work: Jobs, Pay, and Skills for* 3.5 *Billion People* [M]. McKinsey Global Institute, 2012.

26. Douglas, P. H. *American Apprenticeship and Industrial Education* [M]. London: The Faculty of Political Science of Columbia University, 1921.

27. Ebert, Roland. *Zur Entstehung der Kategorie Facltarbeiter aIs Problem der Erziehungsunssenschaft* [M]. Bielefeld: Kleine. 1984.

28. Gordon, H. R. D. *The History and Growth of Vocational Education in America* [M]. Allyn and Bacon, Prentice Hall, 200 Old Tappan Rd., Old Tappan, NJ 07675, 1999.

29. Grubb, W. N. *Education through Occupations in American High Schools. Volume I. Approaches to Integrating Academic and Vocational Education* [M]. Teachers College Press, 1234 Amsterdam Avenue, New York, NY 10027

(paperback: ISBN - 0 - 8077 - 3450 - 0; clothbound: ISBN - 0 - 8077 - 3451 - 9), 1995.

30. Hall, Peter, A., and David Soskice. *Varieties of capitalism: The Institutional Foundations of Comparative Advantage* [M]. Oxford University Press, 2001.

31. Howard, R. D. Gordon. *The History and Growth of Vocational Education in America* [M]. Needham Heights: Allyn and Bacon, 1999.

32. Industrial Relations (Amendment) Bill [A]. The Minster for Foreign Affairs and Minister for Labour speeches [M]. 1968. 26 (07). 733. Ashton D., Green, F., James, D., et al. Education and Training for Development in East Asia [M]. London and New York: Routledge, 1999.

33. Jakobi, A. P., Martens, K., Wolf, K. D. *Education in Political Science: Discovering a neglected field* [M]. Routledge, 2009.

34. Kliebard, H. M. *Schooled to Work. Vocationalism and the American Curriculum*, 1876 - 1946. *Reflective History Series* [M]. Teachers College Press, 1234 Amsterdam Avenue, New York, NY 10027 (clothbound: ISBN - 0 - 8077 - 3867 - 0, $56; paperback: ISBN - 0 - 8077 - 3866 - 2, $22.95), 1999.

35. Lindeman, E. C. *The Meaning of Adult Education. A Classic North American Statement on Adult Education* [M]. Oklahoma Research Center for Continuing Professional and Higher Education, University of Oklahoma, Norman, OK 73037 - 0003, 1989.

36. Low, L. *From Entrepot to a Newly Industrialising Economy* [A]. Toh, M. H., Soon, T. W., Tan, K. Y., et al. *Challenge and response: Thirty years of the Economic Development Board* [M]. Singapore: Times Academic Press, 1993.

37. Manow, P. *The Uneasy Compromise of Liberalism and Corporatism in Postwar Germany* [M]. University of California, Berkeley, Center for German and European Studies, 1999.

38. Markus Maurer. *Skill Formation Regimes in South Asia——A Comparative Study ON the Path - Dependent Development of Technical and Vocational Ed-*

ucation and Training for the Garment Industry [M]. Frankfurt am Main: Peter Lang Gmbh, 2011.

39. Matthias Pilz. *The Future of Vocational Education and Training in a Changing World* [M]. Springer VS, 2010.

40. Mayer Karl Ulrich, Solga Heike. *Skill Formation: Interdisciplinary and Cross – national Perspectives* [M]. Cambridge New York: Cambridge University Press, 2008.

41. North D. C. *Institutions, Institutional Change and Economic Performance* [M]. Cambridge: Cambridge university press, 1990.

42. Peters, B. G. *Institutional Theory in Political Science: the New Institutionalism* [M]. Bloomsbury Publishing USA, 2011.

43. Powell, M. *Skill Formation and Globalization* [M]. London: Ashgate Pub Co, 2005.

44. Richard, B. *Freeman: New Inequality in the United States* [A]. Fishlow, A, Karen, P. *Growing apart: The causes and consequences of global wage inequality* [M]. Council on Foreign Relations Press, 1999.

45. Scott, J. L., *Sarkees – Wircenski M. Overview of Vocational and Applied Technology Education* [M]. American Technical Publishers, Inc., 1155 West 175th Street, Homewood, IL 60430., 1996.

46. Shibata, H. A Comparison of American and Japanese Work Practices: Skill Formation, Communications, and Conflict Resolution [J]. *Industrial Relations*, 1999.

47. Soskice, D., *Reconciling Markets and Institutions: The German Apprenticeship System* [J]. Training and the private sector., University of Chicago Press. 1994.

48. Streeck, W., Hilbert, J., Van Kevelaer, K., et al. *The Role of the Social Partners in Vocational Training and Further Training in the Federal Republic of Germany* [M]. Berlin: CEDEFOP – European Centre for the Development of Vocational Training, 1987.

49. Streeck, W. *Skills and Politics: General and Specific* [A]. Busemeyer M R, Trampusch, C. *The Political Economy of Collective Skill Formation* [M]. New York: Oxford University Press, 2011.

50. Streeck, Wolfgang. *Skills and the Limits of Neo – Liberalism: The Enterprise of the Future as a Place of Learning* [M], Berlin: WZB Discussion paper FS I. 1988.

51. Taylor, M. E. *Education and Work in the Federal Republic of Germany* [M]. London: Anglo – American Foundation for the Study of Industrial Society. 1981.

52. Thelen, K., Busemeyer, M. R. *Institutional Change in German Vocational Training: from Collectivism toward Segmentalism* [A]. Busemeyer, M. R., & Trampusch, C. *The political economy of collective skill formation* [M]. Oxford University Press, 2012.

53. Thelen, K. *How institutions evolve* [M]. Cambridge University Press Cambridge, 2004.

54. Wong, S. T. *Education and Human Resource Development* [A]. Toh, M. H., Soon, T. W., Tan, K. Y., et al., *Challenge and Response: Thirty Years of the Economic Development Board* [M]. Singapore: Times Academic Press, 1993.

学位论文

1. Boozer G. H. A Comparison of Recognized and Nonrecognized Business – education Partnership Programs Utilizing the Human Resources Model in Elementary Schools in Region II of South Carolina [D]. South Carilina State University, 1994.

2. Chas, B. M. A Naturalistic Investigation of the Operation and Benefits of Business – education Partnerships [D]. Rutgers University, 1992.

3. Erickson, M. R. C. Business – education Partnerships A Study of Evaluation Methods [D]. The George Washington University, 1991.

4. Gilson, C. D. Attitudes and Perceptions of Business People and Educators In-

volved in Business Education Partnerships about the Partnership [D]. The University of Dayton, 1995.

5. Green, E. K. Employee Volunteer and Employer Benefits from Business – education Partnerships as Perceived by Employee Volunteers [D]. The University of Southern Mississippi, 2012.

6. Lehmann, W. L. The Dual System of Vocational Training in Germany: Its Organization, Structure, Context, and Current Debate [D]. University of Toronto, 1996.

7. Lotze, Christine Helga. The German Dual System: Formal Policy, Theory and Practice, and Legitimation. What the U. S. can Learn from an Apprenticeship Model in Context [D]. University of Virginia, 1994.

8. Machoian, K. B. Effectiveness of Business/Education Partnerships on Career Paths of Students: Case Study [D]. University of California, Davis, 2011.

9. Mosher, James. Labor Power and Wage Equality: The Politics of Supply – Side Equality [D] Madison: University of Wisconsin – Madison, 2001.

10. Spohn, C. H. Business – Education Partnerships in the New York State Tech Prep Consortia [D]. State University of New York, 2003.

11. Stone, L. F. A. School and Work Partnerships to Promote Student Success in Schools [D]. Roosevelt University, 2001.

12. Sutarto Hadiprayitno, M. S. Employers' Acceptance of Pendidikan Sistim Ganda (dual system) and Their Roles in its Implementation in the Province of Yogyakrta, Indonesia [D]. The Ohio State University, 1997.

论文

1. Abowitz, K. K. Democratic Communities and Business/Education "Partnerships" in Secondary Education [J]. *The Urban Review*, 2000, 32 (4).

2. Aokimasahi Harayama Yuko. Industry – University Cooperation to Take on Here from Research Institute of Economy [J]. *Trade and Industry*, 2002, (4).

3. Becker, G. S. Investment in Human Capital: A Theoretical Analysis [J]. *The Journal of Political Economy*, 1962, 70 (5).

4. Finegold, D., Soskice, D. The Failure of Training in Britain: Analysis and Prescription [J]. *Oxford Review of Economic Policy*, 1988.

5. Luft, V. D. School – to – work: A Business and Industry Program for Educators [J]. *The Clearing House: A Journal of Educational Strategies, Issues and Ideas*, 1997, 70 (6).

6. Nyhan, B. Creating the Social Foundations for Apprenticeship in Ireland [J]. *Journal of Education Industrial Training*, 2009, 33 (5).

7. O'Connor, L., Harvey, N. Apprenticeship Training in Ireland: from Time – served to Standards Based; Potential and Limitations for the Construction Industry [J]. *Journal of Europen Industrial Training*, 2001, 25 (6/7).

8. Abowitz, K. K. Democratic Communities and Business/Education "Partnerships" in Secondary Education [J]. *The Urban Review*, 2000, 32 (4).

9. Bailey, T. Can Youth Apprenticeship Thrive in the United States? [J]. *Educational Researcher*, 1993, 22 (3).

10. Bowman, R., Dawson – Jackson, C. Development of a Business – education Partnership to Reform Secondary Education [J]. Education, 1994, 114 (3).

11. Brown, P., Globalization and the Political Economy of High Skills [J]. *Journal of Education and Work*, 1999, 12 (3).

12. Cedercreutz, K., Cates, C. Cooperative Education at the University of Cincinnati: A Strategic Asset in Evolution [J]. *Peer Review*, 2010, 12 (4).

13. Culpepper, Pepper, D. The Future of the High – Skill Equilibrium in Germany [J]. Oxford Review of Economic Policy 1999. 15 (1): 43 – 59.

14. Cyert, R. M. Goodman, P. S. Creating Effective University – industry Alliances: An Organizational Learning Perspective [J]. *Organizational Dynamics*, 1997, 5 (1).

15. Danziger, S., Gottschalk, P. Increasing Inequality in the United States: What We Know and What We Don't [J]. *Journal of Post Keynesian Economics*, 1988.

16. Debrah, Y. A. , Ofori, G. The State, Skill Formation and Productivity Enhancement in the Construction Industry: the Case of Singapore [J]. *International Journal of Human Resource Management*, 2001, 12 (2).

17. Deissinger, T. , Hellwig, S. Apprenticeships in Germany Modernising the Dual System [J]. *Education & Training*, 2005, 47 (4/5).

18. Deissinger, T. Germany's Vocational Training Act: Its Function as an Instrument of Quality Control within a Tradition – based Vocational Training System [J]. *Oxford Review of Education*, 1996, 22 (3).

19. Deissinger, T. The cultural foundations of VET and the European Qualifications Framework: a Comparison of Germany and Britain [J]. *The Australian TAFE Teacher*, 2009, (9).

20. Deissinger, T. Vocational Education and Training – VET System [J]. *International Encyclopedia of Education*, 2010, (8).

21. King, F. A. The Federal Government, Direct Financial Aid, and Community College Students [J]. *Community College Journal of Research and Practice*, 26 (7 –8).

22. Feldman, G. D. , Nocken U. Trade Associations and Economic Power: Interest group Development in the German Iron and Steel and Machine Building Industries, 1900 – 1933 [J]. *Business History Review*, 1975, 49 (04).

23. Finegold, D. , Soskice, D. The Failure of Training in Britain: Analysis and Prescription [J]. *Oxford Review of Economic Policy*, 1988.

24. Glover, R. W. , Bilginsoy, C. Registered Apprenticeship Training in the US Construction Industry [J]. *Education & Training*, 2005, 47 (4/5).

25. Glover, R. W. , Clopton, L, McCollum, M. , et al. Building an Apprenticeship and Training System for Maintenance Occupations in the American Transit Industry [J]. *Education & Training*, 2007, 49 (6).

26. Goh, E. , Green, F. Trade Unions as Agents for Skill Formation: The Case of Singapore [J]. *Interantional Journal of Training and Development*, 1997, 1 (4).

27. Gopinathan, S. Preparing for the Next Rung: Economic Restructuring and Educational Reform in Singapore [J]. *Journal of Education and Work*, 2006, 12 (3).

28. Green, A. East Asian Skill Formation Systems and the Challenge of Globalisation [J]. *Journal of Education and Work*, 1999, 12 (3).

29. Green, A. The Reform of Post – 16 Education and Training and the Lessons from Europe [J]. *Journal of Education Policy*, 1991, 6 (3).

30. Grollmann, P., Rauner, F. Exploring Innovative Apprenticeship: Quality and Costs [J]. *Education & Training*, 2007, 49 (6).

31. Haclett, R. K., Martin, G. R., Rosselli, D. P. Factors Related to Performance Ratings of Engineering Students in Cooperative Education Placements [J]. *Journal of Engineering Education*, 1998, 87 (4).

32. Kapitzke, C., Hay, S. School Education as Social and Economic [J]. *Educational Philosophy and Theory*, 2010, 43 (10).

33. Kurvilla, S., Erickson, C. L., Hwang, A. An Assessment of the Singapore Skills Development System: Does it Constitute a Viable Model for Other Developing Countries [J]. *World Development*, 2002, 30 (8).

34. Mendoza, P., Mendez, J. P., Malcolm, Z. Financial Aid and Persistence in Community Colleges: Assessing the Effectiveness of Federal and State Financial Aid Programs in Oklahoma [J]. *Community College Review*, 2009, 37 (2).

35. Mill, J. S. Two Methods of Comparison [J]. *Comparative Perspectives*: Theories and Methods, 1970.

36. Mukhopadhaya, P. Trends in Income Disparity and Equality Enhancing (?) Education Policies in the Development Stages of Singapore [J]. *International Journal of Educational Development*, 2003, 23 (1).

37. Nyhan, B. Creating the Social Foundations for Apprenticeship in Ireland [J]. *Journal of Education Industrial Training*, 2009, 33 (5).

38. O'Connor L., Harvey N. Apprenticeship Training in Ireland: from Time –

served to Standards Based; Potential and Limitations for the Construction Industry [J]. *Journal of Europen Industrial Training*, 2001, 25 (6/7).

39. Osterman, P. Skill, Training, and Work Organization in American Establishments [J]. *Industrial Relations*, 1995, 34 (2).

40. Oultram, T. Fresh Insights into British Apprenticeship Schemes [J]. *International Journal of Organizational Analysis*, 2012, 20 (1).

41. Parsons, C. K., Caylor, E., Simmons H. S. Cooperative Education Work Assignments The Role of Organizational and Individual Factors in Enhancing ABET Competencies and Co – op Workplace Well – Being [J]. *Journal of Engineering Education*, 2005, 94 (3).

42. Pilz M. Why Abiturienten Do an Apprenticeship before Going to University: the Role of 'Double Qualifications' in Germany [J]. *Oxford review of education*, 2009, 35 (2).

43. Ragin, C. Comparative Sociology and The Comparative Method [J]. *International Journal of Comparative Sociology*, 1982, 22.

44. Rainsbury, E., Hodges, D., Sutherland, J., et al. Academic, Employer and Student Collaborative Assessment in A Work – based Cooperative Education Course [J]. *Assessment and Evaluation in Heigher Education*, 1998, (3).

45. Robert, W. Glover. Registered Apprenticeship Training in the US Construction Industry [J]. *Education & Training*, 2005, 47 (4/5).

46. Ryan, P., Wagner, K., Teuber, S., et al. Trainee Pay in Britain, Germany and Switzerland: Markets and Institutions [J]. *SKOPE research paper*, 2010 (96).

47. Ryan, P. The Institutional Requirements of Apprenticeship: Evidence from Smaller EU Countries [J]. *International Journal of Training and Development*, 2000, 4 (1).

48. Scottish Government Strategizes Promotion of School – business Links [N]. US Fed News Service, Including U. S. State News, 2009 – 10 – 29.

49. Shibata, H. A. Comparison of American and Japanese Work Practices: Skill Formation, Communications, and Conflict Resolution [J]. *Industrial Relations*, 1999, 38 (2).

50. Siegfried, H. , Bossio, S. Costs and Benefits of Dual Apprenticeship: Lessons from the Swiss system [J]. *International Labour Review*, 1998, 137 (4).

51. Soskice, D. , Reconciling Markets and Institutions: The German Apprenticeship System [J]. *Training and the Private Ssector*, University of Chicago Press, 1994.

52. Sung, J. , Turbin, J. , Ashton D. Towards a Framework for the Comparative Analysis of National Systems of Skill Formation [J]. *International Journal of Training and Development*, 2000, 4 (1).

53. Thelen, K. , Busemeyer, M. R. Institutional Change in German Vocational Training: from Collectivism toward Segmentalism [A]. Busemeyer, M. R. , & Trampusch, C. *The Political Economy of Collective Skill Formation* [M]. Oxford University Press, 2012.

54. Thelen, K. , Kume, I. The Rise of Nonmarket Training Regimes: Germany and Japan Compared [J]. *Journal of Japanese Studies*, 1999, 25 (1).

55. Wellington, J. Skills for the Future? Vocational Education and New Technology [J]. *Skills 56. and Vocationalism: the Easy Answer*, 1987.

56. Yong S. Lee. The Sustainability of University – Industry Research Collaboration: An Empirical [J]. *Journal of Technology Transfer*, 2000, 25 (2).

报告

1. Acemoglu, D. , Pischke, J. S. Why Do Firms Train? Theory and Evidence [R]. Cambridge: National Bureau of Economic Research, 1996.

2. Ashton, D. , Sung, J. The State, Economic Development and Skill Formation: A New East Asian Model? [R]. Centre For Labor Market Studies, University of Leicester, 1994.

3. Klaus, B. , Dick, M. Financing Models for Initial and Continuing Vocational

training [R]. Information Service of the Federal Institute for Vocational Education and Training, 2008.

4. Levesque, K., Laird, J., Hensley, E., et al. Career and Technical Education in the United States: 1990 - 2005: Statistical Analysis Report [R]. Washington, DC: National Center for Education Statistics, Institute of Education Sciences, U. S. Department of Education. 2008.
5. "NTUC Representation at Statutory Boards and Other Organization" in Tomorrow: the Peril and the Promise. Secretary General's Report to the 2nd Triennial Delegates' Conference of the NTUC, Singapore: NTUC, 1976.
6. Piopiunik M., Ryan, P. Improving the Transition between Education/training and the Labour Market: What Can We Learn from Various National Approaches? [R]. EENEE Analytical Report No. 13, 2012.
7. Seng, L. S. Case Study on "National Policies Linking TVET with Economic Expansion: Lessons from Singapore [R]. Education for All Global Monitoring Report, 2011.
8. Silverberg, M., Warner, E., Fong, M., et al. National Assessment of Vocational Education: Final Report to Congress [R]. Washington DC: U. S. Department of Education, Office of the Under Secretary, Policy and Program Studies Service, 2004.
9. The Charter for Industrial Progress. National Trades Union Congress, Secretary - General's Report and Annual Delegates' Conference. Singapore: NTUC, 1965.
10. World TVET Database: United States of America [R]. UNESCO - UNEVOC International Centre for Technical and Vocational Education and Training, U. S. Centre on Education and Training for Employment (CETE), 2014.

其他

1. Jr. Charles J. Law. A Search for a Philosophy of Vocational Education [EB/OL]. http://files. eric. ed. gov/fulltext/ED126368. pdf. 2015 - 1 - 10.
2. Harris, R., Deissinger, T. Learning Cultures for Apprenticeship: A Comparison of Germany and Australia [Z]. Queensl and Australia: Griffith Univer-

sity, 2003.

3. Ministry of Education, Singapore. [EB/OL]. http://www.moe.gov.sg/education/ [2014-12-19].

4. Ministry of Education, Singapore [EB/OL]. http://www.moe.gov.sg/education/post-secondary/ [2014-12-31].

5. U. S. Departmentof Education. Federal Pell grant. [EB/OL]. http://www.ed.gov/programs/fpg/funding.html. 2014-1-10.

6. U. S. Department of Education. Stafford loans (FFELs and direct loans). [EB/OL]. http://studentaid.ed.gov/PORTALSWebApp/students/english/studentloans.jsp. 2014-1-20.

7. U. S. Department of Education. Digest of Education Statistics. Washington: Institute of Education Science (ies) and National Center for Education Statistics (NCES) [EB/OL] http://nces.ed.gov/programs/digest/d07/figures/fig_01.asp. 2015-1-22.

中文文献

著作

1.〔德〕菲利克斯·劳耐尔,〔澳〕鲁珀特·麦克林.国际职业教育科学研究手册[M].赵志群等译.北京:北京师范大学出版社,2014.

2.〔法〕皮埃尔·布迪厄,〔美〕华康德.实践与反思——反思社会学导引[M].李猛,李康译.北京:中央编译出版社,1998.

3.〔美〕约翰·W.巴德.劳动关系:寻求平衡[M].于桂兰,于米,于楠等译.北京:机械工业出版社,2013.

4.〔美〕R.爱德华·弗里曼.战略管理——利益相关者方法[M].王彦华,梁豪译.上海:上海译文出版社,2006.

5.〔美〕阿兰·柯林斯,理查德·哈尔弗森.技术时代重新思考教育:数字革命与美国的学校教育[M].陈家刚,程佳铭译.上海:华东师范大学出版社,2013.

6.〔美〕艾尔·巴比.社会研究方法(第十一版)[M].邱泽奇译.北

京：华夏出版社，2009.

7. 〔美〕伯纳德·贝林. 教育与美国社会的形成［M］. 王晨，章欢译. 合肥：安徽教育出版社，2013.

8. 〔美〕道格拉斯·C. 诺斯. 制度、制度变迁与经济绩效［M］. 杭行译. 上海：格致出版社，上海人民出版社，2008.

9. 〔美〕傅高义. 亚洲四小龙腾飞之谜［M］. 陈阵声译. 北京：中国政法大学出版社，1993.

10. 〔美〕凯瑟琳·西伦. 制度是如何演化的——德国、英国、美国和日本的技能政治经济学［M］. 王星译. 上海：上海人民出版社，2010.

11. 〔美〕科斯，诺思. 财产权利与制度变迁——产权学派与新制度学派译文集［M］. 刘守英等译. 上海：上海三联书店、上海人民出版社，1994.

12. 〔美〕威廉·维尔斯马，斯蒂芬·G. 于尔斯. 教育研究方法导论［M］. 袁振国主译. 北京：教育科学出版社，2010.

13. 〔挪威〕埃里克·S. 赖纳德. 穷国的国富论——演化发展经济学论文选（上卷）［M］. 贾根良，王中华等译. 北京：高等教育出版社，2007.

14. 〔日〕青木昌彦. 比较制度分析［M］. 周黎安译，上海：上海远东出版社，2001.

15. 〔英〕A. R. 拉德克利夫－布朗. 社会人类学方法［M］. 夏建中译. 济南：山东人民出版社，1988.

16. 〔英〕金. 教育大百科全书·职业技术教育［M］. 张斌贤，和震译审. 重庆：西南师范大学出版社，2011.

17. 〔英〕安迪·格林. 教育、全球化与民族国家［M］. 朱旭东，徐卫红等译. 北京：教育科学出版社 . 2003.

18. 〔英〕琳达·狄更斯. 英国劳资关系调整机构的变迁［M］. 聂尔伦译. 北京：北京大学出版社，2007.

19. 〔英〕琳达·克拉克，克里斯托弗·温奇. 职业教育：国际策略、发展与制度［M］. 翟海魂译. 北京：外语教育与研究出版社，2011.

20. 〔英〕罗纳德·多尔. 股票资本主义：福利资本主义［M］. 李岩，李晓桦译．北京：社会科学文献出版社，2002.
21. 国际劳工组织．2013年世界劳工报告［M］．中央财政经济出版社译．北京：中国财政经济出版社，2014.
22. 〔澳〕琳达·约斯，约翰·M. 霍布森．国家与经济发展：一个比较及历史性的分析［M］．黄兆辉，廖志强译．吉林：吉林出版集团有限责任公司，2009.
23. 〔美〕莫琳·T. 哈里楠．教育社会学手册［M］．傅松涛等译．上海：华东师范大学出版社，2004.
24. 美国国家教育统计中心．现代美国生涯与技术教育纵览——1990～2005年数据分析报告［M］．和震，高山艳等译，郑州：河南科学技术出版社，2013.
25. 陈李翔．能力·课程·资格——从工作中来，到工作中去［M］．北京：中国劳动社会保障出版社，2008.
26. 陈元晖．洋务运动时期教育［M］．上海：上海教育出版社，2007.
27. 邓泽民，张扬群．现代四大职教模式［M］．北京：中国铁道出版社，2006.
28. 方展画，刘辉，傅雪凌．知识与技能：中国职业教育60年［M］．杭州：浙江大学出版社，2009.
29. 工厂法［M］．北京：经济部投资业务处，1987.
30. 顾明远．教育大辞典（第1卷）［M］．上海：上海教育出版社，1990.
31. 国家教委职业技术教育中心研究所．历史与现状——德国双元制职业教育［M］．北京：经济科学出版社，1998.
32. 郝克明．当代中国教育结构体系研究［M］．广州：广东教育出版社，2001.
33. 贺国庆，朱文富等．外国职业教育通史（上卷）［M］．北京：人民教育出版社，2014.
34. 贺国庆，朱文富等．外国职业教育通史（下卷）［M］．北京：人民教育出版社，2014.
35. 姜大源．当代世界职业教育发展趋势研究［M］．北京：电子工业出版社，2012.
36. 柯武刚，史漫飞．制度经济学：社会制度与公共政策［M］．北京：商务印书馆，2000.
37. 李澜田，王萍．中国职业技术教育史［M］．北京：高等教育出版社，1994.
38. 李路曲．新加坡现代化之路：进程，模式与文化选择［M］．新华出版社，1996.
39. 梁茂信．美国人力培训与就业政策［M］．北京：人民教育出版社，2006.
40. 林聚任，刘玉安．社会科学研究方法［M］．济南：山东人民出版社，2004.
41. 刘英．美国工人工资变动型式研究［M］．北京：中央编译出版社，2009.
42. 罗荣渠．现代化新论——世界与中国的现代化进程［M］．北京大学出版社，1993.
43. 马早明．亚洲"四小龙"职业技术教育研究［M］．福建教育出版社，1998.
44. 彭泽益．中国近代手工业史资料（第三卷）［M］．北京：生活·读书·新知三联书店，1957.
45. 盛洪．为什么制度重要［M］．郑州：郑州大学出版社，2004.
46. 孙琳．产教结合职业教育发展新途径探索［M］．北京：高等教育出版社，2003.
47. 孙培青，杜成宪．中国教育史［M］．上海：华东师范大学出版社，2009.
48. 陶西平．教育评价词典［M］．北京：北京师范大学出版社，1998.
49. 滕大春．美国教育史［M］．北京：人民教育出版社，2001.
50. 王星．技能形成的社会建构：中国工厂师徒制变迁历程的社会学分析［M］．北京：社会科学文献出版社，2014.
51. 文军，蒋逸民．质性研究概论［M］．北京：北京大学出版社，2010.

52. 吴雪萍. 国际职业技术教育研究［M］. 杭州：浙江大学出版社，2004.
53. 夏德清. 亚洲"四小龙"经济与教育［M］. 北京：电子工业出版社，1992.
54. 杨伟国，代懋. 中国技能短缺治理［M］. 上海：复旦大学出版社，2011.
55. 翟海魂. 发达国家职业技术教育历史演进［M］. 上海：上海教育出版社，2008.
56. 郑振清. 工会体系与国家发展：新加坡工业化的政治社会学［M］. 北京：社会科学文献出版社，2009.
57. 朱传一. 科学技术发展与美国的就业问题［M］. 北京：劳动人事出版社，1985.

学位论文

1. 陈荣峰. 中外行业协会功能比较［D］. 武汉：华中师范大学，2010.
2. 陈永刚. 高职院校开展校企合作工学结合教育模式研究［D］. 上海：华东师范大学，2010.
3. 程二奇. 近代中国行业组织的历史变迁［D］. 郑州：郑州大学，2004.
4. 董仁忠. "大职教观"视野中的职业教育制度变革研究［D］. 上海：华东师范大学，2008.
5. 耿洁. 职业教育校企合作体制机制研究［D］. 天津：天津大学，2011.
6. 关晶. 西方学徒制研究［D］. 上海：华东师范大学，2010.
7. 贾建国. 我国城乡教育流动制度研究——制度变迁理论的视角［D］. 北京：北京师范大学，2010.
8. 张越. 我国高技能人才培养模式研究［D］. 上海：华东师范大学，2014.
9. 李继延. 高等职业教育产教结合机制与政策研究［D］. 北京：北京师范大学，2008.
10. 李琦. 农业职业教育校企合作模式研究［D］. 吉林：东北师范大学，2008.
11. 李艳红. 我国中等职业教育投资体制研究［D］. 河北：河北科技师范学院，2012.

12. 刘力．产学研合作的历史考察及比较研究［D］．杭州：浙江大学，2002.

13. 刘荣民．国际比较视野下国家技能形成体系构成要素及其关系研究［D］．北京：北京师范大学，2014.

14. 刘云旺．中国劳动力市场分割：理论与实证研究［D］．成都：西南财经大学，2004.

15. 马振华．我国技能型人力资本的形成与积累研究［D］．天津：天津大学，2007.

16. 邵毅静．高职院校毕业生就业质量研究［D］．长沙：湖南师范大学，2013.

17. 孙丽军．行业协会的制度逻辑［D］．上海：复旦大学，2004.

18. 孙玫璐．职业教育制度分析［D］．上海：华东师范大学，2008.

19. 王星．从“分配政治”到“生产政治”［D］．长春：吉林大学，2008.

20. 王彦军．日本劳动力技能形成研究［D］．长春：吉林大学，2008.

21. 辛鸣．制度论——哲学视野中的制度与制度研究［D］．北京：中共中央党校，2004.

22. 许竞．教育与经济竞争力：诠释和比较中外技能形成制度——以英、德、日及东亚“四小龙”为个案［D］．北京：北京师范大学，2008.

23. 臧志军．职业教育国家制度的比较研究［D］．上海：华东师范大学，2013.

24. 赵正国．企业技术积累和技术创新的关系研究［D］．北京：北京工业大学，2009.

论文

1. 李以渝．机制论：涵义、原理与设计［J］．四川工程职业技术学院学报，2006.

2. 陈解放．基于中国国情的工学结合人才培养模式实施路径选择［J］．中国高教研究，2007.

3. 陈柳芳，陈莉平．国外产学研合作的比较研究及启示［J］．沿海企业与科技，2007.

4. 陈锡勇，余晓华．关于校企合作制度建设的思考［J］．职业教育研究，2011.

5. 刁丽琳，朱桂龙，许治．国外产学研合作研究述评、展望与启示［J］．外国经济与管理，2011.

6. 方向阳，丁金珠．高等职业教育校企合作双方动机的冲突与治理［J］．现代教育管理，2010.

7. 国务院批转国家教委关于改革高等学校毕业生分配制度报告的通知［J］．中华人民共和国国务院公报，1989.

8. 和震．国际劳工组织的职业培训政策：框架、特征与问题［J］．现代远程教育，2010.

9. 和震．职业教育校企合作中的问题与促进政策分析［J］．中国高教研究，2013.

10. 和震，李玉珠．基于《国际教育标准分类法（2011）》构建中国现代职业教育体系［J］．首都师范大学学报，2014.

11. 侯伯民．产学合作教育的研究与实践［J］．职业技术教育，2007.

12. 姜大源，吴全全．德国职业教育学习领域的课程方案研究［J］．中国职业技术教育，2007.

13. 姜大源．世界职业教育课程改革的基本走势及其启示——职业教育课程开发漫谈［J］．中国职业技术教育，2008.

14. 姜大源．教产跨界合作的大手笔［N］．中国人民政协报，2012-8-8(C02).

15. 赖德胜．论劳动力市场的制度性分割［J］．经济科学，1996.

16. 李继延．构建高职教育产教结合良性互动机制［J］．江苏技术师范学院学报，2008.

17. 李霞．企业与高校成功合作创新的影响因素研究——概念模型［J］．科技管理研究，2007.

18. 李彦．美国汽车维修职业技能认证体系及其启示［J］．职业技术教育，2013.

19. 李阳琇．美国社区学院课程设置特点及其基本理念［J］．比较教育研究，2004.

20. 李玉珠，韩春梅．职业教育校企合作的互补性制度［J］．教育与职业，2014.
21. 李玉珠．中高职发展踏上“和谐号”［J］．教育与职业，2011.
22. 马君，潘海生．基于美国国家技能标准的职业教育课程开发技术研究［J］．职业技术教育，2011.
23. 潘书阁．美国职业教育培训资金的管理模式［J］．现代技能开发，1997.
24. 彭南生．近代工商同业公会制度的现代性刍论［J］．江苏社会科学，2002.
25. 彭南生．近代中国行会到同业公会的制度变迁历程及其方式［J］．华中师范大学学报：人文社会科学版，2004.
26. 上海共识：第三届国际职业技术教育大会“职业技术教育与培训的转型：培养工作与生活技能”建议书［J］．中国职业技术教育，2012.
27. 邵毅静．高职院校毕业生就业质量研究——以长沙民政职业技术学院为例［J］．现代商贸工业，2014.
28. 汤毅平．民国前期的劳动立法［J］．求索，2004.
29. 吴亚萍．关于学历证书和职业资格证书融通的再思考［J］．教育与职业，2009.
30. 邢晖，李玉珠．职教体制改革行至水深处［N］．中国教育报，2014－3－17（6）.
31. 许竞．英国教育领域关于劳动者技能形成研究现状综述［J］．比较教育研究，2007.
32. 闫志刚，李玉珠．中职免费的背后［J］．教育与职业，2009.
33. 杨伟国，代懋，王婧．美国技能短缺治理及对中国的借鉴［J］．中国人口科学，2008.
34. 姚先国，黎煦．劳动力市场分割：一个文献综述［J］．渤海大学学报（哲学社会科学版），2005.
35. 余祖光．职业教育校企合作的机制研究［J］．中国职业技术教育，2009.
36. 章竟．新中国成立60年来我国行业协会制度发展的回顾与展望［J］.

经济研究参考，2009.

37. 赵晖，祝灵君．从新制度主义看历史制度主义及其基本特点［J］．社会科学研究，2003.

38. 中共中央关于教育体制改革的决定［N］．中国教育报，1985－06－01001.

39. 钟名湖，王从容．周恩来职业教育思想及其启示［J］．教育与职业，2012.

后　记

尚未提笔，已得后记之“综合征”。近日，每至深夜，不唤便醒，睡意全无，仰望窗外星空，回首三年学术之旅，百感交集之余，更是恬静与收获。而此得自吾师、吾友、吾家人，言谢之不尽……

吾爱真理，吾更爱吾师。吾恩师和震先生博学儒雅、睿智多才、宽厚温和。吾之三年得益恩师之多不尽数。吾智愚才拙，先生不弃，收为弟子。学习，从读书始，诸如读何书、书何读、何读书，一应之事，先生皆悉心指导、耐心教诲；后至写作、创作，先生言之虽少，却甚为精准，或启或发，如吾之“智慧之匙”。雪打灯之时，恩师无暇欢聚助学生定题，海天云蒸之际，恩师不畏酷热辅学生开题。学生愚钝，先生思虑甚苦，指导颇艰，然，先生不辞劳苦、循循善诱、因势利导，终至题成。见题成，先生犹见百花生，喜悦之情溢于言表，虽如此，先生仍未懈怠，亲为吾改稿、画龙点睛。至于吾，感恩之心，感激之情，怎是“借得大江千斛水，研为翰墨颂师恩”足以表达？生活，从为人处世、待人接物起，先生言传身教，教吾视他人之长处，学之；见他人之短处，容之。此种海纳百川之胸襟，常使吾至豁然开朗之境界。先生常谓吾：“汝夫君，以一己之力，鼎全家之需，甚为不易，多谅之；汝子尚幼，多爱之。和而为家！”先生教导至此，堪为吾之人生导师。工作，先生亦为吾操之、虑之，广为推荐。先生关心、教导之无微不至，吾感激不尽，无以回报，只得反借亚里士多德之语表达：“吾爱真理，吾更爱吾师”！

吾之重返学府，除蒙恩师和震先生不弃外，亦得赵伟先生、邢晖先生所助。而立之年吾能得二位先生所信任与关爱，幸甚。赵伟先生和蔼，亦师亦友。吾考学之际，先生垂爱，亲书专家推荐信，一字一句之至诚至恳，令吾感动；读书之际，先生赏识，聘为特约记者，一则长吾自信，再则开吾眼界；论文选题之时，先生广为荐题、提供素材，开吾茅塞；每每自惭形秽、妄自菲薄之时，先生总能让吾重获自信、重整旗鼓、重鼓干劲。邢晖先生可亲，亦师亦友，蒙先生认可，常带吾写作，每篇小文，经先生之手，均能得以升华，吾习之，能力增进不少；先生思维敏捷，常有新思想、新观念，说与吾，助吾以更全面之视界习文研究；邢晖先生豁达、开朗，富有正能量，吾之学习、持家，从中受益良多。

求学之路，难离诸师之教诲、点拨与支持。题定之后，未及开学，吾便至图书馆烦扰于静老师，老师耐心教导，教吾数据库之选择与应用、检索式之编制、文献之筛选与管理诸事，于吾论文写作助益甚多。开题之始，请师长们审阅，俞启定先生高屋建瓴，一语中的道出吾之缺陷；赵志群先生谨言慎行、于细微处见精神，言吾之不足；庄榕霞先生严格，勘吾之错漏；白滨先生爽快，直诉吾之问题及改进之方。诸师解吾之困惑，助吾理顺思路、稳步前行。承蒙霍丽娟老师关爱，时刻询问吾进展、学术情况，题成之后，老师为吾作图，促吾文之美化、精确。

学海无涯，人生有涯，以有涯求无涯，更为苦也。唯有学长、同学、学弟、学妹感同身受。吾之学姐韩春梅，刚获博士学位，以己之经验教训劝吾集中精力、一鼓作气；以己之力助吾完成学业，帮吾寻职求业。吾之学长兼同学王江涛豁达开朗，吾每遇学业、就业、人生之困惑，学长均为吾出谋划策，助吾阔步前行；学妹郭赫男温柔恬静，常与吾聊天，共同鼓气，吾行至德国，更是对吾照顾细致入微，甚为感动；学弟刘荣民聪明、睿智，学术之路不可限量，然，将其全部数据、文献均送吾，便吾从研之路，其大气足见；学弟李洁踏实、热心，为吾得力助手，犹如亲弟。“和门”之其他兄弟姐妹，亦共同助吾完成大作，高山艳助吾查阅英文文献、校对文稿，魏明、谢良才、贺世宇为吾校对文稿，其满篇红之校稿，吾将收藏终生；李晨、常晓雪、柯梦琳亦解吾生活、学业之苦恼，免吾琐事之忧。吾同学周瑛仪冰雪聪明、勤恳努力，年纪虽轻，学术功底却颇为深厚，常与吾讨论一二，吾受益匪浅；申晓月踏实谨慎，做事按部就班，不急不躁，为吾之榜样；曹春平远在海外，帮吾查找文献，解吾燃眉之急；何兴国助吾改稿，增益吾文之精确，曹浩文、王珊、杨修娜于功课之努力，令吾佩服。职教所兄弟姐妹——李可敬、肖珊、王荣秀、李媛、刘改芹，求学艰辛路，有你们同行，毫不寂寞，快乐倍增。吾友王春美，师大有汝，吾同归家，感谢陪伴与激励。

文末，吾将吾全部爱与感恩回馈吾之家人。夫君贾岗帅，大度、宽容、进取、有爱，回首相识相处之二十载，一路有你，甚为幸福。高中三年苦读，吾与君之友谊单纯，或共同讨论，或相互学习，君之幽默赐吾快乐，君之坚定自信、豪爽侠义，让吾如得兄长之护佑，苦读亦不苦矣。大学四年，研究生三年，君被吾气炸肺多次，仍蒙不弃，相爱结婚。吾母病逝，君言“尚有吾、必加倍爱汝”，孕期君对吾之照顾，已兑现君言，吾至今难忘。后有子，吾重返校园，君既为父又为母，既为工作忧又为孩子扰，更甚时，亦需忍吾之气，以一己之力，鼎力全家，其间辛苦，愚妻虽钝，尚心知肚明，君对吾之爱、之体谅、之支持，吾无以回报，唯有一颗饱含爱慕与感恩之心，回报以君，望君不弃！吾子贾琛啸乖巧懂事，从未扰吾；聪明淘气，适时为吾增添乐趣，助吾放松心情；好奇热情，鼓励吾不断克服困难，努力前行。吾公婆，舍大家顾吾之小家，三年来对吾等之照料悉心，洗衣、做饭、接送孩子，从未称苦称累，然鬓间白发，已让吾心疼。吾母赐吾身体、养吾成人，然，母福薄命浅，吾未尝有丝毫回报，母便去，吾于梦中几度痛哭而醒，亦无力回天，唯有将对母之爱，并对父之情回馈于父。然，三年来，吾父独自居家，未尝守之，身体偶有恙，未尝护之，父体谅，未曾怪，吾却倍感惭愧。幸得长姐李娜时常护之，长兄李志英时常守之，了吾之担心，免吾后顾之忧，尤为感激。三十四载春秋，吾得益于家人甚多，回馈家人甚少，唯有将吾未来之光阴，多与家人，不求报得三春晖，但求无愧于心。

三年求学之路，助吾者颇多，不能一一尽言，不能一一致谢，然感恩之心已怀，感谢诸君之鼎力相助，助吾成长，赐吾幸运！

本书成于吾之博士论文，遂以博士论文之后记代之。以表吾对三年博士生涯及论文写作之敬意。本书出版得益于学校资助，感谢学校领导之支持、科研处同事之鼎力相助，感谢出版社陈凤玲、宋淑洁编辑之费心。吾定以此书为起点，踏实走好学术之路。

李玉珠

2017 年 10 月 17 日

图书在版编目(CIP)数据

技能形成制度的国际比较研究 / 李玉珠著. -- 北京：社会科学文献出版社，2018.7

ISBN 978 - 7 - 5201 - 2658 - 8

Ⅰ. ①技… Ⅱ. ①李… Ⅲ. ①职业技能 - 能力培养 - 对比研究 - 世界 Ⅳ. ①C975

中国版本图书馆 CIP 数据核字（2018）第 085870 号

技能形成制度的国际比较研究

著　　者 / 李玉珠

出 版 人 / 谢寿光
项目统筹 / 恽　薇　陈凤玲
责任编辑 / 宋淑洁　吕　颖

出　　版 / 社会科学文献出版社 · 经济与管理分社（010）59367226
地址：北京市北三环中路甲 29 号院华龙大厦　邮编：100029
网址：www.ssap.com.cn
发　　行 / 市场营销中心（010）59367081　59367018
印　　装 / 天津千鹤文化传播有限公司

规　　格 / 开 本：787mm × 1092mm　1/16
印 张：16.25　字 数：246 千字
版　　次 / 2018 年 7 月第 1 版　2018 年 7 月第 1 次印刷
书　　号 / ISBN 978 - 7 - 5201 - 2658 - 8
定　　价 / 89.00 元

本书如有印装质量问题，请与读者服务中心（010 - 59367028）联系